기독교문서선교회(Christian Literature Center: 약칭 CLC)는 1941년 영국 콜체스터에서 켄 아담스에 의해 시작되었으며 국제 본부는 미국 필라델피아에 있습니다.
국제 CLC는 59개 나라에서 180개의 본부를 두고, 약 650여 명의 선교사들이 이동 도서차량 40대를 이용하여 문서 보급에 힘쓰고 있으며 이메일 주문을 통해 130여 국으로 책을 공급하고 있습니다. 한국 CLC는 청교도적 복음주의 신학과 신앙 서적을 출판하는 문서선교기관으로서, 한 영혼이라도 구원되길 소망하면서 주님이 오시는 그날까지 최선을 다할 것입니다.

하나님의 나라와 유토피아
바이어하우스학회 편

Utopia or God's Kingdom
Edited by Dong Joo Lee
All rights reserved.
Korean Edition Copyright ⓒ 2023 by Christian Literature Center, Seoul, Korea.

하나님의 나라와 유토피아

바이어하우스학회 편

2023년 5월 30일 초판 발행

지 은 이 | 김상복, 김명혁, 이승구, 곽혜원, 이동주, 우병훈
편　　 집 | 전희정
디 자 인 | 박성숙, 서민정
펴 낸 곳 | (사)기독교문서선교회
등　　 록 | 제16-25호(1980. 1. 18.)
주　　 소 | 서울특별시 동대문구 천호대로71길 39
전　　 화 | 02-586-8761~3(본사) 031-942-8761(영업부)
팩　　 스 | 02-523-0131(본사) 031-942-8763(영업부)
이 메 일 | clckor@gmail.com
홈페이지 | www.clcbook.com
송금계좌 | 기업은행 073-000308-04-020 (사)기독교문서선교회
일련번호 | 2023-41

ISBN 978-89-341-2553-2 (03230)

이 책의 출판권은 (사)기독교문서선교회가 소유합니다.
신저작권법에 의하여 한국 내에서 보호받는 저작물이므로 무단 전재와 무단 복제를 금합니다.

바이어하우스학회 시리즈 2

하나님의 나라와 유토피아

이동주(책임 편집)

김상복 · 김명혁 · 이승구 · 곽혜원 · 우병훈 지음

CLC

목차

편집자 서문 6
이동주 박사 | 전 아세아연합신학대학교 선교신학 교수, 현 바이어하우스학회 회장

제1부 하나님의 나라 15

제1장 하나님의 나라와 유토피아 16
마태복음 3:1-12
김상복 박사 | 횃불트리니티신학대학원대학교 명예총장, 할렐루야교회 원로목사

제2장 성경과 교회사에 나타난 하나님의 나라에 대한 올바른 이해 42
눅 8:1; 행 1:3, 7, 8
김명혁 박사 | 강변교회 원로목사, 한국복음주의협의회 명예회장

제3장 기독교 세계관과 하나님 나라 64
이승구 박사 | 합동신학대학원대학교 조직신학 교수

제4장 블룸하르트 부자(夫子)의 '하나님 나라' 운동에 대한 신학적 성찰 83
맑스주의의 도전에 대한 기독교의 답변
곽혜원 박사 | 경기대학교 초빙교수, 21세기교회와신학포럼 대표

제2부 유토피아　　　　　　　　　　　　　　　　　　　　　　133

제5장 유토피아란 무엇인가?　　　　　　　　　　　　　　　　134
　　　이동주 박사 | 전 아세아연합신학대학교 선교신학 교수, 현 바이어하우스학회 회장

제6장 하나님 나라 관점에서 본 유토피아 사상 비판　　　　　177
　　　페터 바이어하우스의 통전적 하나님 나라 사상을 중심으로
　　　우병훈 박사 | 고신대학교 교의학 교수

제7장 유토피아니즘에 대한 비판적 고찰　　　　　　　　　　212
　　　곽혜원 박사 | 경기대학교 초빙교수, 21세기교회와신학포럼 대표

제8장 유토피아적 기독교 혼합주의 종말론　　　　　　　　　252
　　　이동주 박사 | 전 아세아연합신학대학교 선교신학 교수, 현 바이어하우스학회 회장

편집자 서문

이 동 주 박사
전 아세아연합신학대학교 선교신학 교수, 현 바이어하우스학회 회장

2018년 10월 5일 오후 2시 양재동 횃불회관 화평홀에서 창립예배와 총회를 개최하고 창립한 바이어하우스학회는 이듬해 봄부터 다음 세대를 위한 교육으로 매년 춘추로 심포지움과 세미나를 열기로 결의하여, 용산구 후암로에 위치한 '대한기독교여자절제회'(부회장 김정주 박사)에서 매해 춘추로 금요일 오후마다 5주간 10강좌를 유수한 전문교수들 초빙강연으로 개최하고, 마치는 날 수강자들에게 수료장을 수여해 왔다. 현재는 펜데믹 상황으로 대면과 비대면 세미나가 준비되고 있다.

2019년 봄 "바이어하우스 박사의 반종교다원주의 신학 고찰"이라는 주제로 첫 심포지움과 세미나를 열었다.

2019년 두 번째 세미나가 "젠더이데올로기 심층연구"라는 주제로 열렸고 이 내용은 바이어하우스학회 첫 번째 도서로(도서 시리즈 1) 2020년 8월에 출간하고 2022년 봄에 개정판을 냈다.

2020년 봄에 개최된 세 번째 심포지움과 세미나 테마는 "하나님의 나라와 유토피아"이고, 초빙교수님들의 발제 논문은 두 번째 바이어하우스학회 도서 시리즈로 출간한다.

『하나님의 나라와 유토피아』는 제1부 하나님의 나라와 제2부 유토피아로 구성되었고, 그 내용들은 아래 발췌문에서 확인할 수 있다.

김상복 박사는 이번 테마 "하나님의 나라와 유토피아"의 주제 강연에서 하나님 나라의 본질과, 하나님의 나라에 들어갈 수 있는 자와, 하나님 나라 시민들에게 요구되는 것들을 심도 있게 연구하였다. 저자는 16세기 초 토마스 모어의 정치소설 '유토피아'로 시작하여 오늘날까지 거듭 시도되고 있으나, 한 번도 달성하지 못한 유토피아와 대조하여, 참된 유토피아를 소개한다.

그 참된 유토피아는 왕이며 심판자이신 예수 그리스도께서 재림하시는 날 왕의 칭찬을 받는 사람들이 상속으로 받게 되는 '하나님의 나라'를 말한다(마 25:21, 23). 그 하나님의 나라는 비가시적이고 영적이며, 하나님 아버지가 통치하는 나라이며, 의와 공평과 영광의 나라이고, 현재적인 하나님의 나라와 예수께서 재림하실 때에 완성될 하나님의 나라가 있음을 증거한다. 하나님의 나라에는 들어갈 자와 들어가지 못할 자들로 구별된다.

누구든지 회개하고 예수 그리스도의 대속적 죽음에 의해 죄 사함을 받은 사람은 국적이나 피부색, 계층, 인종 또는 어떤 죄인들이라도 하나님께 돌아와 성령을 받고 거듭나 새사람이 되면 현재적으로 하나님의 통치를 받고, 성령 안에서 의와 평화와 희락을 누리게 된다. 이러한 새사람은 창조물의 종말에 예수께서 온 세상의 심판자로 재림하실 때 영원한 하나님의 나라에 들어가 영생을 얻는다.

그러나 하나님을 모르는 자들과, 주 예수를 거부한 자들, 불순종한 자들, 영적으로 거듭나지 못하고 육에 속한 사람들은 비록 교회에 출석하였다 할지라도 하나님의 나라에 들어갈 수가 없다. 이들은 마귀들을 위해 예비된 영원한 불지옥으로 마귀들과 함께 끌려 들어가게 된다고 증거하였다.

진리와 윤리·도덕이 혼탁해져 전도가 불투명한 시대에 태어나 구원을 소망하는 구도자들이 이 글을 읽는다면 분명히 생명의 길이 열리는 것을 볼 수 있게 될 것이다.

김명혁 박사는 "성경과 교회사에 나타난 하나님의 나라에 대한 올바른 이해"라는 발제를 통해 하나님의 나라에 대한 많은 오해를 열거하면서 성경적이고 예수 그리스도께서 가르치신 참된 하나님의 나라를 소개하였다.

예수께서 갈릴리 지방에서 전파하신 첫 번째 메시지와 제자들을 파송하시며 전파하게 하신 중심 메시지는 '하나님의 나라'였고, 역시 사도 바울의 중심 메시지이기도 하였다. 예수께서 가르치시고, 강론하시고, 치유하시고, 귀신을 내쫓은 사역도 모두 하나님 나라의 일들이었다. 예수께서 부활 후 40일간 하신 일도 하나님의 나라에 관한 메시지였다.

하나님의 나라는 구원과 동일한 것이었다. 하나님의 나라는 현재적인 하나님의 나라와 미래적인 하나님의 나라가 있는데, 전자는 그리스도와 성령의 강림으로 이미 실현된 메시아의 왕국이고, 후자는 예수 그리스도의 재림으로 임하는 하나님의 나라임을 확언하였다.

그는 물질적 형태의 천년왕국주의부터 신비주의, 영지주의, 교회제도주의, 세속주의 등과 같이 하나님 나라에 대한 다양한 견해를 예로 들고, 저자가 지지하는 하나님의 나라는 어거스틴의 신국론으로서 우리가 하나님과의 충만한 교제를 추구하면서도 부활 이전에는 계속 살아 있는 옛사람의 성품 때문에 완전히 회복될 수 없고, 오직 예수 그리스도의 재림 시 우리가 부활하게 됨으로써 완전히 회복된다고 설명한다.

김 박사는 그 밖에 위대한 선배들의 신앙과 삶에서 보이는 하나님의 나라를 소개하며, 하나님의 나라에 관한 올바른 이해를 돕고자 하였다.

이승구 박사의 논제 "기독교 세계관과 하나님 나라"는 각가지 서로 다른 의미들을 제시하고, "하나님의 나라"를 전통적 사상으로, 세대주의자들의 천년왕국으로, 자유주의자들의 윤리적이고 인도주의적인 나라로 예로 들며, 이를 예수 그리스도와 성경이 말하는 하나님의 나라와 대조하여 진정한 하나님의 나라가 무엇인지를 파헤쳤다.

　그는 하나님의 나라를 정확하게 성경적인 의미로 '하나님의 통치'로 해석하고, 하나님의 통치를 두 가지로 구별하여 무소부재하신 하나님의 일반적인 우주 통치와 아주 특별한 하나님의 왕국통치로 구별하여 설명한다. 저자가 뜻하는 그 특별한 하나님의 통치란 하나님이 부르신 아브라함과 그 후손 이스라엘 백성과 하나님이 언약하신 통치자 메시아에 관한 아주 특별한 언약으로 설명한다.

　그 특별한 언약의 내용은 이스라엘만이 아니라, 그 메시아를 믿는 이 세상 모든 사람이 구원을 받고 하나님 나라에 들어가게 하시는 하나님의 계획이다. 저자는 하나님 나라의 현재성에 관해서 여러 가지로 입증하였지만, 특히 "내가 하나님의 성령을 힘입어 귀신을 쫓아내는 것이면 하나님의 나라가 이미 너희에게 임하였느니라"(마 12:28)라는 말씀으로 증명하고, 저자는 이를 "영적 하나님의 나라"라고 설명한다. 그는 사실 현재적으로 이 땅에서 죄 사함을 받고 하나님의 통치를 받고 사는 성령의 사람들에게 이미 하나님의 나라가 현존하고 있음을 증거한다.

　저자는 성경이 이러한 하나님의 백성을 "신령한 자"(고전 2:15)라고 호칭하는 것과 이 땅에서 이미 하나님의 나라에 속한 사람은 영원한 하나님 나라의 백성이라고 설명한다. 하나님의 언약과 같이 예수께서 심판자와 왕권으로 재림하실 때는 성도들이 주님과 같은 몸으로 부활하여 하나님 구원의 최종 목적인 새 하늘과 새 땅을 "영광의 왕국"이라고 칭한다. 확실한 것은 현재적 하나님 나라의 백성만이 미래적 영원한 하나님 나라의 백성이 된다는 사실이다.

곽혜원 박사의 "블룸하르트 부자(父子)의 '하나님 나라' 운동에 대한 신학적 성찰"은 하나님 나라에 대한 심도 있는 신학적 연구와 실천 방안의 모색이 21세기 한국 신학계에 매우 절실히 요청되는 시점에 블룸하르트(C. Blumhardt) 부자(夫子)의 하나님 나라 운동의 핵심 논제를 다룬다.

현재 '하나님의 나라'를 21세기 한국 교회의 중요한 주제로 인식하고, 향후 한국 교회의 올바른 방향을 제시함에 있어, 하나님 나라를 어떻게 이해하고 이를 삶의 영역에 어떻게 적용·실천하느냐에 한국 교회의 명운이 달려 있다고 해도 과언이 아닌 상황이다.

이에 본 논문은 블룸하르트 부자의 하나님 나라 운동이 지닌 원동력(신앙과 삶의 일치, 하나님의 실재에 대한 확신, 하나님 나라에 대한 열망, 성육신적 목회, 공동체에 대한 긍정)을 근간으로 온 세계와 전 피조물을 포괄하는 하나님 말씀 중심의 하나님 나라 운동의 특성을 세밀하게 논의한다. 이를 통해 본 논문은 하나님 나라를 구현해야 할 하나님 나라의 공동체요, 하나님 나라의 시민으로서 한국 교회와 성도들이 책임을 통감하고 살아갈 수 있도록 동기를 부여한다.

『하나님의 나라와 유토피아』 제2부는 '유토피아'를 주제로 발제한 것들이다. 기독교인들에게 생소한 유토피아 개념을 먼저 소개하고, 그 이념과 정체에 대한 이해를 돕는 이유는 오늘날 가장 세계화된 맑스주의 유토피아가 세상 한구석에 머물러 있는 이념이 아니라, 온 세상으로 확산되고 있는 사라지지 않는 이념이며, 서구에서 60년 전부터 새 인간을 만들고자 연구하고 실습하여 만들어진 신맑스주의 젠더 이데올로기로서, 타고난 성정체성을 파괴하여 인간의 본질을 파괴하고, 성적 자유와 모든 가부장적 권위와 모든 브루주아인 "착취자"들과, 가부장적인 문화와 억압적 윤리와 규범에서 완전히 해방된 새 사회와 새 인간을 생산해 내고자 하는 신맑스주의교육 목적이 밝혀지고 있다.

우리는 모든 수단과 방법을 다하여 급히 세계로 확산되는 신맑스주의 운동의 정체를 알아야 할 시급한 이유가 있다. 그것은 교육을 통한 장기간에 걸친 혁명으로 실현하고자 하며, 신맑스주의 유토피아를 목표를 두고 실천하는 한 가지 수단은 어린이교육으로부터 대학교육까지 연속되는 필수과목인 소위 "성교육"이고, 이러한 신맑스주의적 유토피아를 구현하려는 과정과 결과들을 서구 신맑스주의교육에서 필히 파악하지 않으면 안 된다.

앞으로 하나님이 창조하신 이성(異性)적인 인간의 생물학적 성을 파괴하고, 그들이 "창조한" "새 인간"인 성전환자, 동성애자들로 채워 가는 소위 "새 사회"는 창세기의 소돔과 고모라 땅 같은 성중독자들과 무법자들에게 하나님의 저주가 임할 것이 뻔하다. 신맑스주의자들이 교육을 통해 만들어 내는 신세계 프롤레타리아 통합운동의 결과를 우리는 현대 서구 교육을 통찰하여 파악해야 하고, 구소련의 무신론적이고 반신록적 독재적 "새 사회"를 보고 알아야 한다.

그들은 그때보다 더 큰 온 세계 통합적 프롤레타리아의 대유혈 혁명을 계획하고 있고, 그들을 총지배했던 프롤레타리아 독재자 레닌과 스탈린의 대대적인 숙청과 학살을 통한 "새 사회"라는 구소련적 유토피아를 훨씬 능가하는 거대한 세계 통합적 반신론적 반기독교적 말살 행동의 자행이 예견되는데, 그 가운데서 신앙을 지키며 구원을 받아야 할 우리들의 후손을 위해 우리가 해야 할 사명이 무엇인지를 우리가 깨닫고 행하지 않으면 후손들의 배교와 피값을 누가 담당할 것인가?

우리는 이제 맑스주의 유토피아의 정체성의 일부를 연구하여 여기게 공개한다.

이동주 박사는 "유토피아란 무엇인가?"를 통해 1. 유토피아의 특징, 2. 숨겨진 칼 맑스의 정체성, 3. '공산당 선언문'과 유토피아, 4. 구소련의 디스토피아, 5. 유토피아 아니키즘에 관해 연구하고, '공산당 선언문'에 밝히는 바와 같이 노동자계급이 모든 전통적 가정과 사회와 국가와 계급들을 다 유혈 혁명으로 파괴하고 온 세계를 포괄한 하나의 새 사회를 세우려는 목표와 그 방편으로 일시적으로 프롤레타리아 독재자가 필요하다는 것과 한번 공산주의 독재자가 들어선 곳에는 그 나라가 깨지거나 부서질 때까지 독재자는 떠나지 않는다는 역사적 사실을 환기하였다.

그는 "숨겨진 칼 맑스의 정체성"에서 맑스가 "신도들과 그리스도와의 연합"이라는 고등학교 졸업논문을 쓸 때까지 확실한 크리스천이었으나, 대학교 시절에 모세스 헤스의 영향력하에 급속도로 반기독인이 되어 "나는 저 위에서 통치하고 있는 유일한 그에게 복수할 것이다"라는 시구를 쓰고, 마침내는 "나의 영혼은 한때 하나님께 속하였으나, 이제는 지옥으로 확정되었다"라는 고백을 시로 쓰기도 하였다는 사실을 밝히고 있다.

우병훈 박사는 페터 바이어하우스 박사가 "하나님 나라 관점에서 본 유토피아 사상 비판"이라는 논문을 통해 신맑스주의와 '메시아주의적 맑스주의' 유토피아 이데올로기가 왜 비기독교적이고 반선교적인지를 예리한 시각으로 통찰하였다고 한다.

이러한 신학들의 특징은 하나님을 부정하고, 특별히 에른스트 블로흐(Ernst Bloch)가 "인간이 하나님과 같이 되려던 죄악을" 뒤집어서 "인간이 하나님처럼 되지 않으려는 죄가 가장 큰 죄"라고 하는 신성모독적인 주장과 인간이 스스로를 해방자로 자처하며, "하나님을 철저히 반대하고 인간 편에 선 메시아"라고 하고, 가난한 자들과 연대하여 종래의 권력구조를 전복시키는 존재로 예수 그리스도를 왜곡시킨 E. 블로흐를 절처하게 비판한 바이어하우스 박사의 입장에 동의하고, 바이어하우스 박사의 하나님의 나라와 선교에 대한 성경적인 개념에 명료하게 동의하였다.

저자는 하나님의 나라는 선교의 핵심이고, 예수 그리스도께서 그의 희생적인 죽음과 부활을 통해 인간들을 죄와 포로 상태와 죽음에서 해방하시고, 창조주 하나님과 화목하게 하시고, 하나님의 나라로 이끄신 '영혼의 구원자'라고 하는 바이어하우스 박사의 주장을 올바른 신학으로 설명하고 확언하였다.

또 저자는 자본주의 체제를 사탄적인 정사와 권세로 보는 E. 블로흐의 오해를 풀어 주고자 하는 바이어하우스 박사의 신학적 변증에 동의하였다. 그리고 선교는 정치적 해방이나 경제적 평등을 이루는 것이 아니고, 인간 영혼의 구원이라는 바이어하우스 박사의 주장에 동의하고 있다.

곽혜원 박사의 "유토피아니즘에 대한 비판적 고찰"은 모든 인류가 지향하는 이상 세계를 논하는 '유토피아니즘'(utopianism)이 인류문명사가 변곡점을 맞이하는 21세기에 더욱 의미심장한 논제임을 강조한다. 지난 세기 신자유주의 발흥으로 인해 악화일로로 치닫던 사회 양극화(극심한 빈부 격차) 속에서 COVID-19 팬데믹 재난이 가중되어 디스토피아(dystopia)에 봉착한 이 시대에 많은 사람이 유토피아(utopia)를 갈망하고 있기 때문이다. 이러한 문제의식에서 곽혜원 박사는 먼저 유토피아니즘의 근대 고전적 유토피아니즘(토마스 모어, 프랜시스 베이컨, 토마스 캄파넬라)에 대해 살펴본다. 또한, 정치적 유토피아니즘(칼 맑스)의 전반적 문제점을 비판한다. 그러고 나서 '하나님 나라'를 지향하는 기독교의 희망에 비추어 유토피아니즘의 희망을 조망하면서 양자가 어떤 근본적 차이점을 가지는지 논한다.

끝으로 '하나님 나라'에 대한 희망 속에서 이를 인간세계에 대한 막중한 책임으로 구현해야 할 그리스도인의 책무에 대해 강조하면서 끝을 맺는다.

이동주 박사의 "유토피아적 기독교 혼합주의 종말론"은 중세 토마스 뮌처의 "천년왕국 운동"에서 발견한 칼 만하임의 초기 기독교 유토피아 운동과 1960년대 이래 남미의 해방신학과 WCC의 혁명신학과 같은 세속화 신학을 소개하고, 가톨릭과 정교회를 포괄하고 있는 초대형 공동체인 WCC가 공산주의 혁명과 같은 목표를 지향하는 현대 행동신학(Doing thelogy)의 발로임을 밝히며, 특히 하나님의 나라에 관하여는 현재적 하나님의 나라와 예수께서 재림하실 때 완성될 미래적 하나님의 나라가 있다는 것을 공산주의자들도 이해할 수 있도록 쉽게 설명하고 있다.

또한, 성도들의 경성과 준비를 위하여 하나님의 나라가 임하기 전에 나타날 종말 전 현상들을 예시하는 것도 잊지 않았다.

제1부

하나님의 나라

제1장 하나님의 나라와 유토피아
　　　　마태복음 3:1-12

제2장 성경과 교회사에 나타난 하나님의 나라에 대한 올바른 이해
　　　　눅 8:1; 행 1:3, 7, 8

제3장 기독교 세계관과 하나님 나라

제4장 블룸하르트 부자(夫子)의 '하나님 나라' 운동에 대한 신학적 성찰
　　　　맑스주의의 도전에 대한 기독교의 답변

제1장

하나님의 나라와 유토피아

마태복음 3:1-12

김 상 복 박사
횃불트리니티신학대학원대학교 명예총장, 할렐루야교회 원로목사

'유토피아'(*eu*, good + *topos*, place)는 이상향을 뜻하는 표현이나 1516년 종교개혁이 일어나기 직전, 영국의 토마스 모어가 그의 정치소설에서 사용한 이상적인 작은 섬나라 이름이었다. 그가 상상했던 유토피아는 지금 우리가 생각하는 이상향은 아니다. 노예제도도 있었고 전쟁도 있어 전쟁이 나면 용병을 우선 동원하고 안 되면 외국인을 쓰고 자국민은 전쟁을 하지 않지만 모든 방법이 소진한 후에는 최후의 방법으로 그들도 참가하는 나라이다. 아이들의 식사는 대충 해결하고 무신론자나 영혼이 없다고 하는 사람은 비난을 받는다.

문제와 어려움이 많은 현대에 이르러서도 유토피아를 꿈꾸는 사람들이 있다. 이상향은 창세기 11장 바벨탑에서부터 인간이 꿈 꾸어 온 세상이었고 역사 속에서 유토피아의 꿈을 버리지 못하고 있다. 토마스 모어의 유토피아는 섬나라이지만 인류 역사 속에서 제국들과 제왕들도 세계를 정복해 유토피아를 이루려는 야망을 시도해 왔다. 종교에서도 그 시도는 끊이지 않고 있다. 그러나 어디서도 이루지 못한 유토피아의 추구는 오늘도 계속 되고 있다.

'하나님의 나라'라는 주제는 나에게 개인적으로 상당한 관심을 끌었던 적이 있었다. 신학대학원 석사 과정에서 학위 논문 제목으로 하나님 나라를 선정했던 적이 있었다. 오랫동안 하나님 나라에 대한 견해를 담은 서적 목록을 최대한도로 수집해 왔었고 그 책들을 읽어 보면서 하나님 나라라는 주제는 너무도 다양한 견해가 있어서 혼란스럽기까지 했다.

그래서 석사 논문을 통해 그 모든 견해를 검토하고 결정적인 해결안을 내놓고 싶었다. 그래서 나의 논문 지도교수에게 참고 문헌 목록과 함께 포르포절을 제시했다. 나의 견해와 자료들을 들여다보고 나서 그 교수는 내 논문 제안에 대해 만족해하지 않으면서 하나님 나라에 대한 논문은 그 주제가 너무도 방대해서 박사 학위 논문이면 모르거니와 석사 논문으로서는 적합하지 않다고 하면서 내 제안을 거부하고 좀 더 현실성이 있는 다른 주제를 생각해 오라고 했다.

하나님 나라라는 복잡한 문제를 검토하고 이 문제를 깨끗하게 해결해 보겠다는 나의 당찬 포부에 찬물을 부은 셈이 되었다. 실망했으나 어쩔 수 없이 현실감 있는 주제를 선택했고 재미있게 논문을 써서 학위를 마쳤다.

1960년대에 큰 화제 거리가 되어 「뉴욕타임즈」 베스트셀러로 영화까지 제작되었던 영국의 신약학자라고 자칭하는 유대인 휴 조셉 손필드(Hugh Joseph Schonfield)의 『유월절 음모』(The Passover Plot)는 예수님께서 구약의 메시아 예언들에 근거해 자신의 부활을 치밀하게 계획한 음모였다는 이론을 제기해 물의를 일으키고 있었다. 나는 그 책에서 제시한 열 가지 증거를 자세히 검토하고 그 이론들의 부당함을 소상하게 반박하는 논문을 썼던 적이 있었다.

나의 지도교수는 유대인 기독교인이었는데 박사 학위가 끝난 후에 하나님 나라 문제를 다루어 보라는 제안을 한 적이 있었다. 아직까지도 하나님 나라의 학설들은 동일하게 다양하고 복잡하다. 그러나 나는 내가 본래 가졌던 신학자들의 철학적 신학적 이념적 하나님 나라에는 더 이상 관심이 없어졌고 지금은 성경이 가르쳐 주는 하나님 나라를 중요하게 여기고 있다.

아무리 좋은 학설들이 학자들 간에 토론되고 있다 해도 오늘에 와서 나에게는 하나님의 절대적 계시인 성경이 말해 주는 하나님 나라가 최후의 대답이기 때문이다. 그래서 이 글에서는 모든 신학자의 논쟁을 제쳐 놓고 성경에 나타나 있는 하나님 나라를 종합해 보고 그 결과를 주재별로 제시해 보며 하나님 나라 조직신학의 자료를 시도해 보았다. 마지막에 가서 유토피아는 예수님의 재림과 함께 세우시는 하나님 나라만이 참된 유토피아이기 때문이다.

1. 하나님 나라의 본질

하나님 나라는 어떤 나라인지 그 본질을 먼저 알아본다.

(1) 하나님 나라는 하늘에 계신 하나님 아버지께서 통치하시는 나라이다. 하나님께서 완전히 다스리시는 나라가 이 땅에도 임하여야 할 나라이고 하나님의 이름이 거룩히 여김을 받는 나라요 하나님의 뜻이 하늘에서 이루어지는 것처럼 땅에서도 이루어져야 할 나라이다.

> 하늘에 계신 우리 아버지, 당신의 이름이 거룩히 여김을 받으시오며 당신의 나라가 임하옵시며 당신의 뜻이 하늘에서 이룬 것 같이 땅에서도 이루어지이다(마 6:9-10).

(2) 비가시성, 하나님의 나라는 눈으로 볼 수 있게 임하는 나라가 아니다.

> 바리새인들이 하나님의 나라가 어느 때에 임하나이까 묻거늘 예수께서 대답하여 가라사대 하나님의 나라는 볼 수 있게 임하는 것이 아니요(눅 17:20).

(3) 영적 나라이다. 하나님 나라는 썩어질 육신의 나라가 아니고 썩지 아니할 영적 유업이다.

> 형제들아 내가 이것을 말하노니 혈과 육은 하나님 나라를 유업으로 받을 수 없고 또한 썩은 것은 썩지 아니한 것을 유업으로 받지 못하느니라(고전 15:50).

(4) 하나님 나라의 특징은 의와 평화와 기쁨이다.

> 하나님의 나라는 먹는 것과 마시는 것이 아니요 오직 성령 안에서 의와 평강과 희락이라(롬 14:17).

(5) 하나님 나라에 택함 받은 자들에게는 기쁨과 즐거움과 자랑이 있다.

> 나로 주의 택하신 자의 형통함을 보고 주의 나라의 기쁨으로 즐거워하게 하시며 주의 기업과 함께 자랑하게 하소서(시 106:5).

(6) 하나님 나라에는 들어갈 자와 못 들어갈 자, 두 그룹이 있다. 곡간에 들어갈 알곡과 꺼지지 않는 불에 들어갈 쭉정이가 있다.

> 손에 키를 들고 자기의 타작마당을 정하게 하사 알곡은 모아 곡간에 들이고 쭉정이는 꺼지지 않는 불에 태우시리라(마 3:12).

(7) 하나님 나라는 예수님께서 집중해서 선포했던 3대 사역 중에 하나였다. 하나님 나라의 복음 전파, 말씀교육, 질병의 치유였다. 제자들과 동행하며 하나님 나라를 선포하셨다.

> 예수께서 온 갈릴리에 두루 다니사 저희 회당에서 가르치시며 천국 복음을 전파하시며 백성 중에 모든 병과 모든 약한 것을 고치시니(마 4:23; cf. 마 9:35; 10:7; 눅 4:43; 8:1; 9:2).

(8) 하나님 나라는 하나님의 능력이 나타나는 나라이다.

> 하나님의 나라는 말에 있지 아니하고 오직 능력에 있음이라(고전 4:20).

(9) 하나님 나라를 위한 삶에는 고난도 포함되어 있다.

> 이는 하나님의 공의로운 심판의 표요 너희로 하여금 하나님의 나라에 합당한 자로 여기심을 얻게 하려 함이니 그 나라를 위하여 너희가 또한 고난을 받으리(살전 1:5).

(10) 마지막 승천하시기 전 40일 동안에도 예수님은 하나님 나라 일을 말씀하셨다.

> 해 받으신 후에 또한 저희에게 확실한 많은 증거로 친히 사심을 나타내사 사십 일 동안 저희에게 보이시며 하나님 나라의 일을 말씀하시니라. 예수님의 지상사역의 시작이 하나님의 나라였고 끝이 하나님의 나라였다(행 1:3).

(11) 사도 바울도 사역의 중심이 하나님 나라 전파였다.

> 보라 내가 너희 중에 왕래하며 하나님 나라를 전파하였으나 지금은 너희가 다 내 얼굴을 다시 보지 못할 줄 아노라(행 20:25).

(12) 하나님이 영원한 하나님 나라의 공평한 왕이시다. 공평(justice)이 하나님 나라의 본질이 있다.

> 하나님이여 주의 보좌가 영영하며 주의 나라의 홀은 공평한 홀이니이다(시 45:6).

> 아들에 관하여는 하나님이여 주의 보좌가 영영하며 주의 나라의 홀은 공평한 홀이니이다 (히 1:8).

(13) 창조된 세계는 하나님의 작품으로 하나님 나라의 영광과 힘과 위엄을 나타내고 있다.

> 저희가 주의 나라의 영광을 말하며 주의 능을 일러서 주의 능하신 일과 주의 나라의 위엄의 영광을 인생에게 알게 하리이다(시 145:11-12).

(14) 하나님 나라는 영원한 나라요 통치는 대대에 이른다.

> 주의 나라는 영원한 나라이니 주의 통치는 대대에 이르리이다(시 145:13).

(15) 하나님 나라에서 지위의 결정은 전적으로 하나님의 권한에 속한다.

> 예수께서 가라사대 무엇을 원하느냐 가로되 이 나의 두 아들을 주의 나라에서 하나는 주의 우편에 하나는 주의 좌편에 앉게 명하소서(마 20:21).

(16) 하나님의 왕국은 영원한 왕국으로 결국에는 땅의 모든 통치자들이 지극히 높으신 하나님을 왕으로 경배하고 순종하게 된다.

> 나라와 권세와 온 천하 열국의 위세가 지극히 높으신 자의 성민에게 붙인 바 되리니 그의 나라는 영원한 나라이라 모든 권세 있는 자가 다 그를 섬겨 복종하리라 하여(단 7:27).

(17) 하나님 나라는 신앙인이 추구할 최상, 최우선의 목표가 되어야 한다.

> 너희는 그의 나라와 그의 의를 구하라 그리하면 이 모든 것을 너희에게 더하시리라. 모든 축복의 뿌리는 하나님 나라를 추구하는 하나님 나라 최우선주위에 있다(마 6:33; 눅 12:31).

(18) 사도 바울은 하나님 나라와 그리스도의 나라를 동일시했다.

> 하나님 앞과 산 자와 죽은 자를 심판하실 그리스도 예수 앞에서 그의 나타나실 것과 그의 나라를 두고 엄히 명하노니(딤후 4:1).

(19) 이스라엘 국가를 하나님께 속한 "여호와의 나라"라 부르기도 했다.

> 여호와께서 내게 여러 아들을 주시고 그 모든 아들 중에서 내 아들 솔로몬을 택하사 여호와의 나라 위에 앉혀 이스라엘을 다스리게 하려 하실새 (대상 28:5; cf. 대하 13:8).

하나님 나라에도 향연이 있다. 예수님의 최후의 만찬은 지상에서 최후의 만찬이었다.

우리가 소상히 이해하지는 못해도 하나님 나라에서도 먹고 마심이 있다고 하셨다.

> 내가 너희에게 이르노니 이 유월절이 하나님의 나라에서 이루기까지 다시 먹지 아니하리라 하시고(눅 22:16, cf. 눅 22:18; 막 14:25).

(20) 하나님 나라는 예수님의 재림과 함께 완전히 나타난다.

사탄과 악령들과 그들을 섬기던 짐승들도 다 무저갱으로 사라지고 눈물도 사망도 애통하는 것도 곡하는 것이나 아픈 질병도 없는 완전한 이상적 유토피아가 주님이 만왕의 왕으로 다시 오실 때에 영원히 이루어질 것이다.

> 일곱째 천가사 나팔을 불매 하늘에 큰 음성이 나서 이르되 세상나라가 우리 주와 그의 그리스도의 나라가 되어 그가 세세토록 왕 오릇 하시리로다 하니(계 11:15).

> 내가 또 들으니 하늘에 큰 음성이 있어 이르되 이제 우리 하나님의 구원과 능력과 나라와 또 그의 그리스도의 권세가 나타났으니 우리 형제들을 참소하던 자 곧 우리 하나님 앞에서 밤낮 참소하던 자가 쫓겨났고(계 12:10).

(21) 하나님 나라의 왕이신 예수 그리스도에게 모든 피조물이 모든 영광을 올려드리는 나라이다.

> 내가 또 들으니 하늘 위에와 땅 위에와 땅 아래와 바다 위에와 또 그 가운데 모든 피조물이 이르되 보좌에 앉으신 이와 어린양에게 찬송과 존귀와 영광과 권능을 세세토록 돌릴지어다 아멘 하더라(계 5:13).

2. 하나님 나라의 시기

(1) 가까이 온 나라. 예수의 오심이 하나님 나라의 시작이다. 회개하고 복음을 믿는 데서부터 시작한다.

가라사대 때가 찼고 하나님 나라가 가까왔으니 회개하고 복음을 믿으라 하시더라(막 1:15).

(2) 현재성, 하나님 나라는 이미 "너희 안에" 임한 나라이다.

또 여기 있다 저기 있다고도 못하리니 하나님의 나라는 너희 안에 있느니라(눅 17:21).

(3) 이미 임한 나라. 귀신 축출은 하나님 나라 도래의 증거였다.

그러나 내가 하나님의 성령을 힘입어 귀신을 쫓아내는 것이면 하나님의 나라가 이미 너희에게 임하였느니라(마12:28; cf. 눅 11:20).

(3) 현재 진행 중인 나라, 세례 요한과 예수의 오심부터 하나님 나라 복음이 전파되고 들어간다.

율법과 선지자는 요한의 때까지요 그 후부터는 하나님 나라의 복음이 전파되어 사람마다 그리로 침입 하느니라(눅 16:16).

(4) 악에서 구원 받은 후

주께서 나를 모든 악한 일에서 건져내시고 또 그의 천국에 들어가도록 구원하시리니 그에게 영광이 세세 무궁토록 있을지어다 아멘(딤후 4:18).

(5) 미래성, 천국 복음이 전 세계에 전파된 후에 완전히 나타날 나라

이 천국 복음이 모든 민족에게 증거되기 위하여 온 세상에 전파되리니 그제야 끝이 오리라(마 24:14).

세례 요한과 예수님이 사역을 시작했을 때 하나님 나라가 나타나기 시작한 때였다.

(6) 이스라엘의 회복. 무화과나무의 싹이 날 때

> 이와 같이 너희가 이런 일이 나는 것을 보거든 하나님의 나라가 가까운 줄을 알라 (눅 21:31).

이스라엘의 회복을 암시한다.
하나님의 나라는 과거성과 현재성과 미래성이 포괄하는 영원한 영적 나라이다.

3. 하나님 나라 비유

(1) 옥토 비유

> 아무나 천국 말씀을 듣고 깨닫지 못할 때는 악한 자가 와서 그 마음에 뿌리는 것을 빼앗나니 이는 곧 길가에 뿌리운 자요(마 13:19).

> 예수께서 그들 앞에 또 비유를 베풀어 가라사대 천국은 좋은 씨를 제 밭에 뿌린 사람과 같으니(마 13:24).

> 밭은 세상이요 좋은 씨는 천국의 아들들이요 가라지는 악한 자의 아들들이요(마 13:38).

옥토와 같은 사람들은 하나님 나라 자녀들은 하나님 나라 말씀을 듣고 깨달아 많은 열매를 맺는다. 구원받은 하나님 나라의 아들들과 구원받지 못한 악한 자의 아들들이 있다.

(2) 겨자씨 비유

> 또 비유를 베풀어 가라사대 천국은 마치 사람이 자기 밭에 갖다 심은 겨자씨 한 알 같으니(마 13:31; cf. 눅 13:18).

시작은 미미하나 점차 큰 나무처럼 성장하고 확장되는 나라이다.

(3) 밀가루의 누룩 비유

> 또 비유로 말씀하시되 천국은 마치 여자가 가루 서 말 속에 갖다 넣어 전부 부풀게 한 누룩과 같으니라(마 13:33).

(4) 감추인 보물의 비유

> 천국은 마치 밭에 감추인 보화와 같으니 사람이 이를 발견한 후 숨겨두고 기뻐하여 돌아가서 자기의 소유를 다 팔아 그 밭을 샀느니라(마 13:44).

모든 것을 다 투자할 만한 가지가 있는 나라이다.

(5) 감추인 진주 비유

> 또 천국은 마치 좋은 진주를 구하는 장사와 같으니(마 13:45).

(6) 그물의 비유

또 천국은 마치 바다에 치고 각종 물고기를 모는 그물과 같으니(마 13:47).

(7) 추수하는 농부와 곳간의 비유

예수께서 가라사대 그러므로 천국의 제자된 서기관마다 마치 새 것과 옛 것을 그 곳간에서 내어 오는 집 주인과 같으니라(마 13:52).

(8) 회계하는 임금 비유

이러므로 천국은 그 종들과 회계하려 하던 어떤 임금과 같으니(마 18:23).

(9) 포도원 주인과 일꾼 비유

천국은 마치 품꾼을 얻어 포도원에 들여보내려고 이른 아침에 나간 집 주인과 같으니(마 20:1).

(10) 임금의 결혼 잔치 비유

천국은 마치 자기 아들을 위하여 혼인 잔치를 베푼 어떤 임금과 같으니(마 22:2).

(11) 등불을 든 열 처녀 비유

그 때에 천국은 마치 등을 들고 신랑을 맞으러 나간 열 처녀와 같다 하리니(마 25:1).

한마디로 설명할 수 없는 신비들이 들어 있는 나라여서 다양한 비유를 통해 하나님 나라의 다양한 면을 보여 주고 있다. 다이아몬드를 다각도에서 보는 것 같다.

4. 하나님 나라에 적합한 자

(1) 죄를 자복하고 회개하고 거듭나 세례 받은 자들에게 하나님의 나라는 열린다.

> 회개하라 하나님 나라가 가까웠느니라(마 3:2; 4:17).

세례 요한과 예수님이 동일하게 외친 첫 메시지이다. 인간의 죄에 대한 하나님의 진노와 심판이 임박해 오고 있다. 절박감이 나타나 있다. 가까이 와 있는 하나님 나라가 도래하면 죄에 대한 하나님의 진노가 나타날 것이니 그 진노를 피할 수 있는 길은 가장 근본적인 죄의 문제를 먼저 해결하고 돌아서서 하나님께로 나아가야 한다.

> 그 때에 세례 요한이 이르러 유대 광야에서 전파하여 가로되 회개하라 천국이 가까왔느니라 하였으니 저는 선지자 이사야로 말씀하신 자라 일렀으되 광야에 외치는 자의 소리가 있어 가로되 너희는 주의 길을 예비하라 그의 첩경을 평탄케 하라 하였느니라 이 요한은 약대 털옷을 입고 허리에 가죽 띠를 띠고 음식은 메뚜기와 석청이었더라 이때에 예루살렘과 온 유대와 요단강 사방에서 다 그에게 나아와 자기들의 죄를 자복하고 요단강에서 그에게 세례를 받더니(마 3:1-6).

(2) 회개에 합당한 열매를 맺는 사람들이다.

> 그러므로 회개에 합당한 열매를 맺고(마 3:8).

(3) 예수를 구원자로 믿고 영적으로 거듭난 자라야 볼 수 있고 들어갈 수 있는 나라이다.

> 예수께서 대답하여 가라사대 진실로 진실로 네게 이르노니 사람이 거듭나지 아니하면 하나님 나라를 볼 수 없느니라(요 3:3).

> 예수께서 대답하시되 진실로 진실로 네게 이르노니 사람이 물과 성령으로 나지 아니하면 하나님 나라에 들어갈 수 없느니라(요 3:5).

부모로부터 한번만 태어난 자연인(natural man, 육체 속한 사람, 고전 2:14)은 이해할 수도 보이지도 들어갈 수도 없는 나라이다. 영적으로 다시 태어난 사람에게만 열리는 나라이다.

(4) 예수님을 통해서 성령과 불로 세례를 받은 자들의 나라이다.

(5) 심령이 가난한 자들의 나라이다.

> 심령이 가난한 자는 복이 있나니 천국이 저희 것임이요(마 5:3).

> 예수께서 눈을 들어 제자들을 보시고 가라사대 가난한 자는 복이 있나니 하나님의 나라가 너희 것임이요. 영혼이 가난한 자들이다(눅 6:20).

(6) 의를 위해 핍박을 받는 자들의 나라이다.

> 의를 위하여 핍박을 받은 자는 복이 있나니 천국이 저희 것임이라(마 5:10).

(7) 말씀을 그대로 행하고 가르치는 자들의 나라이다.

> 그러므로 누구든지 이 계명 중에 지극히 작은 것 하나라도 버리고 또 그같이 사람을 가르치는 자는 천국에서 지극히 작다 일컬음을 받을 것이요 누구든지 이를 행하며 가르치는 자는 천국에서 크다 일컬음을 받으리라(마 5:19).

(8) 의(righteousness)가 바리새인보다는 나은 자들의 나라이다.

> 내가 너희에게 이르노니 너희 의가 서기관과 바리새인보다 더 낫지 못하면 결단코 천국에 들어가지 못하리라(마 5:20).

(9) 하나님 뜻대로 사는 자들의 나라이다.

> 나더러 주여 주여 하는 자마다 천국에 다 들어갈 것이 아니요 다만 하늘에 계신 내 아버지의 뜻대로 행하는 자라야 들어가리라(마 7:21).

(10) 하나님 나라에는 전 세계에서 찾아온다. 국적과 민족의 차별이 없다.

> 또 너희에게 이르노니 동서로부터 많은 사람이 이르러 아브라함과 이삭과 야곱과 함께 천국에 앉으려니와(마 8:11; cf. 눅 13:29).

(11) 세례 요한보다 큰 자들의 나라이다.

> 내가 진실로 너희에게 말하노니 여자가 낳은 자 중에 세례 요한보다 큰 이가 일어남이 없도다 그러나 천국에서는 극히 작은 자 라도 저보다 크니라(마 11:11; cf. 눅 7:28).

(12) 하나님 나라는 침노하는 자들의 나라이다.

> 세례 요한의 때부터 지금까지 천국은 침노를 당하나니 침노하는 자는 빼앗느니라(마 11:12).

(13) 천국의 비밀을 아는 자들의 나라이다.

> 대답하여 가라사대 천국의 비밀을 아는 것이 너희에게는 허락되었으나 저희에게는 아니 되었나니(마 13:11).

(14) 하나님 나라 열쇠를 받은 자들의 나라이다.

> 내가 천국 열쇠를 네게 주리니 네가 땅에서 무엇이든지 매면 하늘에서도 매일 것이요 네가 땅에서 무엇이든지 풀면 하늘에서도 풀리리라 하시고(마 16:19).

(15) 예수님처럼 섬기는 자들의 나라이다.

> 그 때에 제자들이 예수께 나아와 가로되 천국에서는 누가 크니이까, 섬기는 자가 큰 자다(마 18:1).

(16) 어린이 같이 순수하고 겸손한 자들의 나라이다.

> 가라사대 진실로 너희에게 이르노니 너희가 돌이켜 어린 아이들과 같이 되지 아니하면 결단코 천국에 들어가지 못하리라(마 18:3-4).

> 그러므로 누구든지 이 어린 아이와 같이 자기를 낮추는 그이가 천국에서 큰 자니라 (마 19:14; cf. 눅 18:16-17).

(17) 하나님 나라를 자신의 육신의 몸보다 더 소중히 여기는 자들의 나라이다. 완전히 헌신한 자, 천국 위해 스스로 고자가 된 자.

> 어미의 태로부터 된 고자도 있고 사람이 만든 고자도 있고 천국을 위하여 스스로 된 고자도 있도다 이 말을 받을 만한 자는 받을찌어다(마 19:12).

(18) 하나님 나라를 위해 가족까지도 희생한 자들의 나라이다.

> 이르시되 내가 진실로 너희에게 이르노니 하나님의 나라를 위하여 집이나 아내나 형제나 부모나 자녀를 버린 자는(눅 18:29).

(19) 스스로 의인인 바리새인들보다 죄를 회개한 세리와 창녀들이 먼저 들어갈 나라이다.

> 그 둘 중에 누가 아비의 뜻대로 하였느냐 가로되 둘째 아들이니이다 예수께서 저희에게 이르시되 내가 진실로 너희에게 이르노니 세리들과 창기들이 너희보다 먼저 하나님의 나라에 들어가리라(마 21:31).

(20) 권능의 하나님 나라를 직접 볼 특권을 받은 자의 나라이다. 요한이 었다.

> 또 저희에게 이르시되 내가 진실로 너희에게 이르노니 여기 섰는 사람 중에 죽기 전에 하나님의 나라가 권능으로 임하는 것을 볼 자들도 있느니라 하시니라 (막 9:1; cf. 눅 9:27).

(21) 지혜로운 자들의 나라이다.

> 예수께서 그 지혜 있게 대답함을 보시고 이르시되 네가 하나님의 나라에 멀지 않도다 하시니 그 후에 감히 묻는 자가 없더라. 하나님을 아는 영적인 지혜를 말한 것이다 (막 12:34).

> 하나님을 경외하는 것이 지혜의 시작이다 (잠언 19:10).

(22) 기다리고 있는 자들의 나라이다.

> 아리마대 사람 요셉이 와서 당돌히 빌라도에게 들어가 예수의 시체를 달라 하니 이 사람은 존귀한 공회원이요 하나님의 나라를 기다리는 자라 (막 15:43).

(23) 하나님의 능력으로 치유를 경험하고 치유자 하나님을 만난 자들의 나라이다.

> 거기 있는 병자들을 고치고 또 말하기를 하나님의 나라가 너희에게 가까이 왔다 하라 (눅 10:9).

병 고침만이 아니라 병 고쳐 주신 분이 누구신지 알게 되면 하나님 나라에 들어간다.

(24) 하나님 나라의 비밀을 알게 된자들의 나라이다.

> 가라사대 하나님 나라의 비밀을 아는 것이 너희에게는 허락되었으나 다른 사람에게는 비유로 하나니 이는 저희로 보아도 보지 못하고 들어도 깨닫지 못하게 하려 함이니라(눅 8:10).

5. 하나님 나라에 부적합한 자

(1) 예수 믿고 영적으로 거듭나지 않은 자들

> 예수께서 대답하여 가라사대 진실로 진실로 네게 이르노니 사람이 거듭나지 아니하면 하나님 나라를 볼 수 없느니라(요 3:3).

> 예수께서 대답하시되 진실로 진실로 네게 이르노니 사람이 물과 성령으로 나지 아니하면 하나님 나라에 들어갈 수 없느니라(요 3:5).

(2) 예수를 거부한 자들

> 그러므로 내가 너희에게 이르노니 하나님의 나라를 너희는 빼앗기고(마 21:43).

(3) 회개하고 예수를 믿지 않고 회개의 열매가 없는 사람은 불에 던지움을 받는다.

이미 도끼가 나무뿌리에 놓였으니 좋은 열매 맺지 아니하는 나무마다 찍혀 불에 던지우리라(마 3:1-10).

(4) 하나님 나라를 거부하는 자

너희 동네에서 우리 발에 묻은 먼지도 너희에게 떨어 버리노라 그러나 하나님의 나라가 가까이 온 줄을 알라 하라(눅 10:11).

(5) 아브라함의 후손들이라도 바리새인들과 같은 자들은 들어가지 못한다.

너희가 아브라함과 이삭과 야곱과 모든 선지자는 하나님 나라에 있고 오직 너희는 밖에 쫓겨난 것을 볼 때에 거기서 슬피 울며 이를 갊이 있으리라(눅 13:28).

(6) "독사의 자식"들 곧 종교적 위선주의자들과 자연주의적 지성인들에게 임박한 재앙에 대한 경고를 하고 있다. 죄를 자복하고 회개한 자들은 세례를 받아 하나님 나라의 새 백성이 된다.

요한은 많은 바리새인(religious hypocrites, 종교적 형식 위주, 율법주의자)과 사두개인(naturalistic intellectuals, 반초월주의자)이 세례 베푸는 데로 오는 것을 보고 이르되 독사의 자식들아 누가 너희를 가르쳐 임박한 진노를 피하라 하더냐(마 3:7).

(7) 재물을 우상화하는 부자들

예수께서 제자들에게 이르시되 내가 진실로 너희에게 이르노니 부자는 천국에 들어가기가 어려우니라(마 19:23; cf. 막 10:23-25; 눅 18:24-25).

다시 너희에게 말하노니 약대가 바늘귀로 들어가는 것이 부자가 하나님의 나라에 들어가는 것보다 쉬우니라 하신대(마 19:24).

(8) 불의한 자

불의한 자가 하나님의 나라를 유업으로 받지 못할 줄을 알지 못하느냐 미혹을 받지 말라(고전 6:9).

(9) 음란하는 자, 우상 숭배하는 자, 간음하는 자, 탐색하는 자(passive homosexual partners), 남색하는 자(practicing homosexual), 도적, 탐람(greedy)하는 자, 술 취하는 자, 후욕하는 자(verbally abusive), 토색하는 자(swindlers 사기꾼들)는 하나님의 나라를 유업으로 받지 못한다(고전 6:10).

너희도 이것을 정녕히 알거니와 음행하는 자나 더러운 자나 탐하는 자 곧 우상 숭배자는 다 그리스도와 하나님 나라에서 기업을 얻지 못하리니(에 5:5).

(10) 하나님 나라를 유업으로 받지 못할 자들

음행과 더러운 것과 호색과 우상 숭배와 주술과 원수 맺는 것과 분쟁과 시기와 분냄과 당 짓는 것과 분열함과 이단과 질투(envyings)와 살인과 술 취함과 방탕함과 또 그와 같은 것들이라 전에 너희에게 경계한 것같이 경계하노니 이런 일을 하는 자들은 하나님의 나라를 유업으로 받지 못할 것이요(갈 5:19-21).

(11) 쟁기를 잡고 뒤를 돌아보는 자

> 예수께서 이르시되 손에 쟁기를 잡고 뒤를 돌아보는 자는 하나님의 나라에 합당치 아니하니라 하시니라(눅 9:62).

(12) 두려워하는 자들(the cowardly, 사탄과 세상의 악의 세력이 두려워 하나님을 믿지 않는 자들)과 믿지 아니하는 자들과 흉악한 자들(the abominable, 혐오감을 일으키는 자들)과 살인자들과 행음자들과 술객들과 우상 숭배자들과 모든 거짓말하는 자들은 불과 유황으로 타는 못에 참예하는데 이것은 둘째 사망이다(계 21:8).

(13) 개들과 술객들(sorcerers, 무당과 같은 자들)과 행음자들과 살인자들과 우상 숭배자들과 및 거짓말을 좋아하며 지어내는 자마다 성 밖에 있게 된다(계 22:15).

6. 하나님 나라 시민에게 요구되는 것들

(1) 철저한 헌신

> 만일 네 눈이 너를 범죄케 하거든 빼어버리라 한 눈으로 하나님의 나라에 들어가는 것이 두 눈을 가지고 지옥에 던지우는 것보다 나으니라(막 9:47).

(2) 하나님 나라 복음 전파

이후에 예수께서 각 성과 촌에 두루 다니시며 하나님의 나라를 반포하시며 그 복음을 전하실 새 열 두 제자가 함께 하였고(눅 8:1).

(3) 전도의 확실한 내용
복음의 내용이 하나님 나라와 예수 그리스도였고 믿고 세례를 받았다.

빌립이 하나님 나라와 및 예수 그리스도의 이름에 관하여 전도함을 저희가 믿고 남녀가 다 세례를 받으니(행 8:20).

(4) 많은 환란에 대한 각오

제자들의 마음을 굳게 하여 이 믿음에 거하라 권하고 또 우리가 하나님 나라에 들어가려면 많은 환난을 겪어야 할 것이라 하고(행 14:22).

(5) 담대함
하나님 나라는 바울의 담대한 강론과 권면의 주제였다.

바울이 회당에 들어가 석 달 동안을 담대히 하나님 나라에 대하여 강론하며 권면하되 (행 19:8).

담대히 하나님 나라를 전파하며 주 예수 그리스도께 관한 것을 가르치되 금하는 사람이 없었더라(행 28:31).

(6) 장소에 무관하게 하나님 나라 강론, 바울은 로마의 감옥에서도 구약을 통해 예수님을 증거했다.

> 저희가 일자를 정하고 그의 우거하는 집에 많이 오니 바울이 아침부터 저녁까지 강론하여 하나님 나라를 증거하고 모세의 율법과 선지자의 말을 가지고 예수의 일로 권하더라 (행 28:23).

(7) 하나님 나라 동역자들 위로

> 유스도라 하는 예수도 너희에게 문안하니 저희는 할례당이라 이들만 하나님 나라를 위하여 함께 역사하는 자들이니 이런 사람들이 나의 위로가 되었느니라(골 4:11).

하나님 나라는 하나님께서 다스리시는 영적 나라이다. 세례 요한과 예수님이 요단강에 나타나셨을 때 "회개하라 하나님 나라가 가까이 왔다"고 선언하심으로 이 땅에서 하나님 나라 사역이 시작되었다. 사람들이 죄를 자백하고 회개하고 하나님 나라를 맞이하기 시작했다.

그 나라 왕이신 예수를 믿고 영접함으로 영원한 생명을 받아 거듭나 하나님 나라의 시민으로 회개에 합당한 열매를 맺으며 하나님 나라를 위해 살기 시작한다. 하나님 나라를 삶의 최우선 목적으로 추구하면서 예수님을 섬기며 그분의 다스림을 받으면서 그 나라의 복음을 전하는 삶을 살아간다.

하나님 나라는 육체적 물리적 세계가 아니고 비가시적 영의 세계이다. 이미 이 땅에서 시작된 그 나라의 임재는 하나님의 능력이 나타남으로 증거 된다. 왕이신 예수를 마음에 받아들여 새 생명이 생기면 그때부터 하나님 나라가 이해되고 보이기 시작한다.

영적으로 거듭나기 전까지는 영적 생명이 없는 "육에 속한" 자연인(natural man)이어서 하나님과 하나님 나라에 대한 영적인 것을 들어도 들리지 않고 보아도 보이지 않고 때로는 복음이 어리석게 들려 심지어 적극적으로 반대하기도 한다. 그래서 하나님 나라 이해는 성령으로 거듭남이 절대적 조건이다(You must be born again). 예수를 믿어 거듭남이 없이는 교회를 다녀도 신학을 공부하고 목사와 신학교수가 되어도 하나님 나라를 제대로 이해하지 못해 그들의 말과 글에 모호함과 오류가 있고 무언가 핵심이 빠져 있는 것 같은 느낌을 준다.

하나님 나라에 대한 진리의 심오함은 높이와 깊이와 너비가 너무 놀라워 말로 다 설명할 수 없기 때문에 예수님은 열한 가지 비유로 설명을 시도하셨다. 하나의 다이아몬드가 보는 각도에 따라 빛과 색깔이 다른 것과 마찬가지이다.

하나님 나라 시민이 되면 내적 변화가 보이기 시작하며 회개에 합당한 열매들이 나타난다. 하나님 나라에 들어갈 자들은 성령 안에서 의와 평화와 기쁨과 즐거움과 자랑하고 싶은 것들과 같은 성령의 열매들을 경험한다.

하나님 나라의 왕이신 예수 그리스도를 끝까지 거부하고 회개함이 없이 하나님께로 돌아오지 않고 온갖 악한 세상과 육신의 정욕과 악에 빠져 고집스럽게 걸어가던 그 길을 계속 가면 도착지는 하나님이 없는 영원한 지옥이다. 그래서 하나님 나라를 알고 믿고 그 가치를 아는 사람들은 하나님 나라 복음을 들어보지 못한 사람들에게 부지런히 사랑으로 들려주어야 한다.

회개하지 않고 스스로 거부하는 사람들을 어찌 할 수 없으나 최소한도 모두 한 번은 명확하게 그 좋은 소식을 들어야 한다. 하나님 나라 복음을 믿고 전하며 사는 삶을 이해하지 못하고 반대하는 사람들로 인해 때로는 자신과 가족들에게 고통이 있을 수 있으나 하나님 나라를 증거 하는 복음의 동역자들을 항상 격려하며 끝까지 충성스럽게 하나님과 그 나라를 위해 살아야 한다.

주님이 재림하시는 인류 역사 최후의 심판 날, "착하고 신실한 종아 … 네 주인의 즐거움에 참여할찌어다"라는 그 나라 왕의 칭찬을 들으며 참된 유토피아에 들어갈 것이다. 또 "내 아버지께 복 받을 자들이여 나와 창세로부터 너희를 위하여 예배된 나라를 상속하라"(마 25:21, 23)라는 마지막 축복의 말씀을 들을 것이다.

그러나 끝까지 하나님과 그분의 나라를 거부하고 반대한 자들은 "저주받은 자들아 나를 떠나라 마귀와 그 사자들을 위하여 예비된 영원한 불에 들어가라"(마 25:41)라는 비극적 종말을 맞게 될 것이다.

제2장

성경과 교회사에 나타난 하나님의 나라에 대한 올바른 이해

눅 8:1; 행 1:3, 7, 8

김 명 혁 박사
강변교회 원로목사, 한국복음주의협의회 명예회장

'하나님의 나라'(Kingdom of God)는 예수님과 사도 바울이 전한 메시지의 중심을 이루고 있었습니다. 예수님께서 갈릴리 지방에 오셔서 전파하신 첫 메시지의 내용이 바로 '천국'과 '하나님의 나라'에 대한 것이었습니다.

> 회개하라 천국이 가까왔느니라(마 4:17).

> 하나님 나라가 가까왔으니 회개하고 복음을 믿으라(막 1:15).

예수님께서 12제자를 택하여 세우시고 내보내시면서 그리고 70인을 따로 세우시고 내보내시면서 저들에게 명하신 말씀도 천국과 하나님의 나라를 전파하라는 것이었습니다.

> 가면서 천국이 가까웠다고 전파하라(마 10:7).

하나님의 나라가 너희에게 가까이 왔다 하라(눅 10:9).

예수님께서 전하신 비유들의 주제와 내용들도 모두 '천국'과 '하나님의 나라'에 관한 것이었습니다.

천국은 마치 밭에 감추인 보화와 같으니라(마 13:44).

예수님께서 행하신 구원과 치유의 사역도 "하나님의 나라"와 연결시켰습니다.

내가 하나님의 성령을 힘 입어 귀신을 쫓아내는 것이면 하나님의 나라가 이미 너희에게 임하였느니라(마 12:28).

예수님께서는 '천국'과 '하나님의 나라'를 구원과 동일시했고 구원의 완성으로 보시기도 했습니다.

천국은 마치 등을 들고 신랑을 맞으러 나간 열 처녀와 같다 하리니(마 25:1).

부활하신 후에도 예수님께서는 40일 동안 제자들에게 계속해서 "하나님 나라의 일을 말씀하셨다"(행 1:3)라고 했습니다. 사도 바울도 "하나님의 나라"를 계속해서 전파했습니다.

바울이 회당에 들어가서 석 달 동안 담대히 하나님 나라에 대하여 강론하며 권면하되 (행 19:8).

> 바울이 제자들의 마음을 굳게 하여 이 믿음에 거하라 권하고 또 우리가 하나님 나라에 들어가려면 많은 환난을 겪어야 할 것이라 하고 (행 14:22).
>
> 바울이 온 이태를 자기 셋집에 유하며 자기에게 오는 사람을 다 영접하고 담대히 하나님 나라를 전파하며 주 예수 그리스도에 관한 것을 가르치되 금하는 사람이 없었더라 (행 28:30,31).

 예수님의 메시지와 사역의 중심은 하나님의 나라였고 사도 바울의 메시지와 사역의 중심도 하나님의 나라였습니다.
 그런데 예수님께서는 하나님의 나라가 주님의 사역을 통해서 지금 이루어지고 있는 '현재적' 나라인 동시에 앞으로 주님의 재림으로 완성될 '미래적' 나라임을 가르치셨습니다.

> 하나님의 나라가 이미 너희에게 임하였느니라 (마 12:28).
>
> 천국은 마치 등을 들고 신랑을 맞으러 나간 열 처녀와 같다 하리니 (마 25:1).
>
> 인자가 자기 영광으로 모든 천사와 함께 올 때에 자기 영광의 보좌에 앉으리니 (마 25: 31).

 그래서 신약의 신자들은 오랫동안 기다리던 메시아의 왕국이 예수 그리스도와 성령의 오심과 사역가운데 이미 지금 실현되어 가고 있음을 확신하고 있으면서도, 그리스도의 재림으로 앞으로 하나님의 나라가 완성될 것을 고대했습니다. 그래서 인사를 할 때는 "마라나타"(Maranatha) 즉 "주 예수여 오시옵소서"라고 인사했고, 기도할 때는 "나라이 임하옵시며"(마 6:10) 또는 "주 예수여 오시옵소서"(계 22:20) 라고 기도했으며, 편지를 쓸

때는 "주께서 임하시느니라"(고전 16:22)라고 편지를 썼습니다. 신약 시대의 신자들이 지녔던 하나님의 나라에 대한 신앙의 특징은 하나님의 나라가 '현재적인' 동시에 '미래적인' 것으로 선포되었음을 믿는 신앙이었다고 말할 수 있을 것입니다.

그럼에도 불구하고 사람들은 거의 모두 비판적이고 배타적이고 위선적이고 독선적인 죄성을 지니고 분쟁과 분열에 치우치고 있기 때문에 초대 교회 안에는 하나님의 나라에 대한 다양한 이해와 주장들이 존재하게 되었습니다. 그러면 이제부터 초대 교회에 나타난 하나님의 나라에 대한 다양한 이해에 대해서 말씀을 드리겠습니다.

초대 교회는 그들이 처한 상황에 따라서 때로는 하나님의 나라에 대한 미래적인 면을 강조하며 이해하기도 했고, 때로는 현재적인 면을 강조하며 이해하기도 했습니다. 때로는 '역사적 실재'로 이해하기도 했고, 때로는 '초역사적 실재'로 이해하기도 했습니다. 여기서 우리는 하나님의 나라에 대한 인간의 이해가 언제나 인간이 처한 상황이나 인간이 지닌 사고 방식이나 기질에 따라서 다양하게 나타나고 있음을 발견합니다.

박해가 계속됨에 따라 많은 신자가 하나님 나라의 실현은 미래에 이루어질 수 있을 것으로 믿게 되었습니다. 그러나 재림이 지연됨에 따라 미래에 대한 관심을 점차 현재에로 기울이게도 되었습니다. 그런데 복음이 세상에 뿌리를 내리고 교회가 든든하게 세워져 감에 따라 현재적 정치구조와 교회구조에 관심을 기울이기도 했습니다. 이제부터 초대 교회에 나타난 하나님의 나라에 대한 다양한 이해를 살펴보겠습니다.

첫째, 천년왕국주의(Millenarianism)적 하나님 나라의 이해입니다.

천년왕국에 대한 신앙은 초대 교회의 대표적 신앙이었습니다. 초대 교회 신자들은 이미 새로운 메시아 시대에 도래했음을 의심치 않았으나, 그럼에도 불구하고 현세는 너무나 적대적이었고 박해 세력이 너무 강했기 때문에 앞으로 도래할 "하나님의 나라"를 바라볼 수밖에 없게 되었습니다.

창세기의 여섯 날이 인간 역사의 여섯 '천 년의 시기'를 가리키는 것으로 이해하면서 일곱째 안식일은 앞으로 도래할 일곱째 '천 년의 시기'를 가리키는 것으로 보았습니다. 이사야 65:17-25과 요한계시록 20장이 앞으로 도래할 천년왕국을 예시하는 것으로 해석되었습니다. 앞으로 주님께서 예루살렘에 재림하셔서 '천년왕국'을 이루시게 될 것이라고 내다보았습니다.

파피아(Pipias)는 천년왕국을 물질적인 형태로 묘사했습니다. '바나바의 편지'(Letter of Barnabas)와 순교자 저스틴(Justin Martyr)도 천년왕국에 대한 신앙을 표명했습니다. 이레니우스(Irenaeus)도 천년왕국에 대한 신앙을 받아들이며 그리스도의 구속 사역이 앞으로 올 천년왕국에서 완성되리라고 주장했습니다.

몬타니즘(Montanism)은 천년왕국에 대한 신앙을 과격하게 주장한 분파로 그들은 이미 땅 위에 내려올 준비가 되어 있는 새 예루살렘이 하늘 지평선 위에 비치어 있는 환상을 보았다고까지 주장했습니다. 터툴리안(Tertullian)과 락탄티우스(Lactantius)도 천년왕국에 대한 신앙을 강하게 주장했습니다. 한국 교회의 일부도 지금 '천년왕국' 신앙을 견지하고 있다고 생각합니다.

둘째, 신비주의(Mysticism)적 하나님 나라의 이해입니다.

임박한 재림이 지연됨에 따라 미래에 대한 관심이 점차 현재에로 기울게 되었습니다. 그래서 일부 그리스도인들은 하나님 나라의 실현을 성령의 신비적 체험과 내재에서 찾으려고 했습니다.

바나바의 편지는 바울의 전통에 서서 "영적 사람들이 되자, 하나님께 합당한 온전한 성전이 되자"라고 권고하면서 하나님의 나라가 신자들의 마음속에 영적으로 실현되는 것을 강조했습니다. 이 편지는 하나님의 성전이 영화롭게 이루어질 것을 예언하면서 그 이루어지는 방법은 "우리가 죄 사함을 받아 … 거듭나고 새로 지음을 받을 때, 그래서 하나님께서 우리들 가운데 거처를 정하시고 사시게 되실 때 이루어진다"라고 설명했습니다.

알렉산드리아의 클레멘트(Clement of Alexandria)는 그리스도인의 생활을 "위로 올라가는 사다리"와 같은 것으로 묘사하면서 생활의 영적 변화를 강조했습니다.

> 참그리스도인은 자기 안에 하나님을 모시고 있는 사람이며 하나님에 의해 지배를 받고 있는 사람인데 …. 그는 영지에 의해 하늘에 부착되는바, 여러 단계의 영계를 거쳐 하늘의 보좌에 이르게 된다.

이와 같은 신비주의적 경향은 하나님의 나라를 초역사적 영적 영역으로 이해했고 신비적 경험을 통해 하나님 나라의 영역에 들어가는 것으로 보았습니다.

셋째, 노스틱주의(Gnosticism)적 하나님 나라의 이해입니다.

자연과 역사를 부인하는 이원론적 이단인 노스틱주의는 극단적인 형이상학적 구원론을 주장했습니다. 영혼의 궁극적인 구원을 미래에 완성될 종말론적 사건으로 보는 대신 지금 신비적으로 하늘에 상승하여 풀레로마(Pleroma)로 귀의하는 것으로 보았습니다. 영지자들은 현세에서도 이미 하늘의 "휴식 장소"(place of rest)에서 살고 있다라고 주장했습니다.

발렌티누스(Valentinus)는 자기는 이미 "휴식의 처소"에 들어갔다고 기록했고 "참신자들은 이미 풀레로마에 들어가고 있다"라고 주장했습니다. 3세기 말 노스틱파의 저술인 피스티스 소피아(Pistis Sophia)도 영지의 신비를 받은 자는 현세에서 이미 하나님과의 초월적 연합을 즐기고 있다고 주장했습니다.

넷째, 유세비안주의(Eusebianism)적 하나님 나라의 이해입니다.

복음이 점차 사회정치적 구조에 스며들어 가고 로마제국이 기독교 신앙을 옹호하게 되면서 일부 신자들은 종말론적 '하나님의 나라'가 세계 역사 속에서 실현되고 있는 것으로 이해하게 되었습니다.

이와 같은 하나님의 나라의 현세적 이해를 지원했던 사상은 이상적 사회를 완전에로 이르는 수단, 즉 "상승의 사다리"(ladder of ascent)로 보는 희랍 사상과 지상의 통치를 하늘의 하나님의 통치의 "지상적 사본"(teresrial copy)으로 보는 헬레니즘적 사상이었습니다. 교회사가요 궁정 신학자였던 유세비우스(Eusebius of Caesarea)는 종말이 이미 현세의 역사 속에서 실현되어 가고 있는 것으로 보았습니다.

그리스도의 초림과 함께 "어두움의 세력"이 이미 파멸되었고 기독교 신앙의 승리가 아우구스투스 황제의 통치와 함께 실현되기 시작했다고 주장했습니다. 즉, 아우구스투스 황제가 대로마제국을 이룩한 것이 예수의 때에 된 것은 결코 "우연한 사건"이 아니라 "전능하신 하나님이 이루신 일임에 틀림없다"라고 지적했습니다. 그리스도의 오심으로 실현되기 시작한 메시아 왕국은 콘스탄틴 황제 때에 이르러 그 절정에 이르고 있다고 확신했습니다.

시편 72:7f, 이사야 2:4의 예언이 지금 콘스탄틴 황제의 치세에 이루어지고 있는 것으로 확신했습니다. "히브리말로 오래 전에 예언되었던 이 예언들이 오늘 우리들의 눈에 보이게 실현되고 있다." 그래서 유세비우스는 콘스탄틴 대제를 극구 찬양했습니다.

> 그의 성품은 전능하신 자의 덕을 드러내고 있으며 하나님께서는 그의 신앙과 헌신을 기뻐하사 그의 치세의 기간을 30년에 제한하시지 않으시고 오랜 기간까지, 즉 영원의 기간까지 연장하시기를 기뻐하신다.

즉, 유세비우스는 콘스탄틴 대제의 제국을, "하늘에서의 하나님의 통치의 지상적 복사"로 보았습니다. 그러므로 매시 세퍼드(Massey H. Shepherd) 교수는 유세비우스에 의해서 "하나님의 현현이 종말론을 대치하게 되었다"(theophany replaced eschatology)라고 지적했습니다.

이와 같은 하나님의 나라에 대한 현세적 이해는 동방 비잔틴 제국의 황제들에 의해 주장되었고 그 이후에는 기독교화되고 있던 영국과 미국에서도 나타났습니다. 사실 유세비안주의적인 하나님의 나라 이해는 거의 모든 기독교 정치가에게 가장 매력적인 것으로 받아들여졌습니다.

다섯째, 교회제도주의(Ecclesiastical Institutionalism)적 하나님 나라의 이해입니다.

교회가 성장하고 교회조직이 발전됨에 따라 하나님의 나라가 교회제도 속에서 실현되어 가고 있다는 견해가 대두하게 되었습니다. 이와 같은 견해는 세계를 복음화하려는 그리스도인들의 열정에 의해 높이 주장되었으며 제도적 성례를 통해 하나님의 은혜가 주어진다는 성례주의에 의해 더욱 강화되었습니다.

유세비우스는 하나님의 나라가 로마제국과 함께 제도적 교회라는 두 가지 형태 가운데서 실현되어 가고 있다는 견해를 취했는데 "교회 가운데 하늘나라가 선언되었다"라고 지적하면서 교회와 하나님 나라를 동일시했습니다.

라틴교회 감독 키프리안은 재림을 통한 메시아 왕국의 도래에 대한 기대와 함께 지상의 제도적 교회에 대한 적극적 의미를 부여하며 지상의 가견적이고 제도적인 교회인 "감독들의 교회"(church of the bishops)를 하나님의 나라와 동일시하기도 했습니다. 키프리안은 제도적 교회의 적극적인 의미를 강조하면서 "교회 밖에는 구원이 없다"라는 유명한 말을 했습니다.

밀란의 감독 암브로스도 영적 불가견적 교회에 대한 개념을 견지하면서도 제도적 교회의 적극적 의미를 강조했습니다. 하나님의 도성이 교회 안에서 실현되어 가고 있다고 선언하면서 교회에 들어오는 자는 누구든지 하늘의 도성의 시민이 됨을 확신할 수 있다고 했습니다.

아프리카의 배타적인 전통에 서서 과격한 교회관을 내세웠던 도나티스트들은 자기들의 교회만이 참되고 순전한 교회라고 주장하며 자기들의 교회를 하나님의 나라와 동일시했습니다. 이와 같은 교회제도주의의 일면을 어거스틴에서도 찾아볼 수 있으나 이 견해의 절정은 중세에 나타나는데, 중세 교회는 제도적인 교회를 하나님의 나라와 완전히 동일시했습니다.

여섯째, 어거스틴의 종합적이고 포괄적인 하나님 나라의 이해입니다.

위에서 지적한 다섯 가지 종류의 하나님 나라에 대한 이해들은 공감할 수 있는 부분들도 있지만 한편으로 치우치는 잘못된 이해들이라고 생각합니다.

초대 교회의 다양한 극단적 전통들을 비판하면서도 포괄적으로 종합한 대표적 역사가인 어거스틴의 하나님의 나라에 대한 이해를 여섯째로 살펴보려고 합니다. 저는 하나님의 나라에 대한 성 어거스틴의 이해가 가장 바람직한 양면적이고 포괄적이고 종합적인 이해라고 생각합니다. 어거스틴은 역사의 의미와 역사 속에서의 인간 존재의 의미를 추구하면서 하나님의 나라에 대한 다양한 견해를 종합해서 비판하면서 하나의 포괄적 견해를 내세웠습니다.

어거스틴의 하나님 나라 개념의 특징은 일방적인 견해들을 비판하여 거부하면서도 동시에 다양한 요소를 포괄하는 변증법적 통일(dialectical unity)을 유지한 점이라고 하겠습니다.

저는 "성 어거스틴의 종말론적 전망과 신의 도성"이라는 제목으로 박사 학위 논문을 썼는데 저는 어거스틴으로부터 귀중한 진리를 많이 배우게 되었습니다. 역사적 안목과 역사적 통찰력을 배웠고, 양면성과 균형성과 포괄성을 배웠고, 변증법적 통일성을 배웠습니다. 어거스틴은 참으로 위대한 신앙과 역사와 신학의 스승이고 삶과 사역의 스승입니다. 어거스틴은 하나님의 나라가 지상적, 역사적, 사회정치적 구조 속에서 실현된다고 주장하는 유세비안적 견해들에 반하여 하나님 나라의 영적, 초역사적, 종말론적인 면을 강조했으며 동시에 하나님의 나라를 순전히 초역사적, 초시간적 실재로 보는 형이상학적 개념에 반하여 하나님의 나라가 역사적 현세(historical saeculum) 속에서 지금 현재 하나님 나라의 구성원들 가운데 이루어져 가고 있음을 강조했습니다.

어거스틴은 하나님의 도성 또는 하나님의 나라를 구속함을 받은 인간들과 천사들로 구성된 즉 "하나님과 그리스도께 속한" "개인들의 집단"(collection of individuals)으로 정의했습니다. 하나님과 그의 피조물과의 거룩한 교제를 본질로 하는 무리들의 집단인 하나님의 나라 또는 하나님의 도성은 하나님 자신이 의도하신 것이요 창조하신 것이라고 했습니다.

아담의 타락으로 인간 속에서 하나님의 형상이 손상을 입게 되었고 따라서 하나님과의 복된 교제가 파괴되어 인간은 하나님으로부터 멀어지게 되었는데, 잃어버린 하나님과의 교제의 회복이 "예수 그리스도의 구속으로만 이루어지는 바" "이 교제의 삶은 주님의 수난의 오심으로 시작해서 심판의 날까지 계속된다"라고 지적했습니다.

그리스도의 구속 능력은 또한 역사를 뒤로 소급하여 구약 시대에 살던 사람들의 마음속에서도 역사하여 그들도 "그리스도에 대한 믿음으로 말미암아 하나님의 도성, 하나님의 집, 즉 하나님의 성전에 속할 수 있게 되었다"라고 주장했습니다. 그러나 그 구속의 능력은 기독교 시대에 더욱 강하게 역사하고 있다고 강조하며 그리스도 중심의 구속사관을 세웠습니다. 즉, 그리스도의 죽음과 부활을 통해서 하나님의 나라가 이 땅에 실현되기 시작한 것을 강조했습니다. 그리스도가 "강한 자"의 집에 들어가 그를 사슬에 결박함으로써 천년왕국을 실현시키게 되었다고 주장하면서 천년왕국을 교회 시대와 동일시했습니다.

이와 같은 입장을 후에 칼빈이 주창했습니다. 저도 이 입장에 동조합니다.

어거스틴은 하나님 나라의 실현과 하나님과의 교제의 회복은 현세에서는 아직까지 불완전하다고 지적했습니다. 그리스도인들은 아직 동물적인 몸(animal body)을 가지고 있으며 "옛사람"의 성품을 소유하고 있는데 "우리들이 부활할 때 동물적 몸이 영적 몸(spiritual body)으로 변화되어" "약속된 하나님의 나라에 들어가 왕자와 함께 다스리게 될 것이다"라고 지적했습니다.

어거스틴은 아담으로부터 그리스도의 재림까지의 기간을 여섯 시대로 구분하며 재림으로 시작되는 일곱째 시대는 영원의 시대로 연결되어 하나님의 나라가 완성된다고 보았습니다.

> 거기서 우리는 쉬고 보며, 보며 사랑하고, 사랑하고 찬양하게 될 것이다. 이것은 하늘에 이루어질 하나님의 도성 곧 끝이 없는 하나님의 나라이다(『신국론』 22.30).

그러므로 어거스틴에 있어서 하나님의 나라는 아직 완성되지 않는 "종말론적" 실재이지만 동시에 지금 지상에서 역사적으로 그 구성원들 속에서 실현되어 가고 있는 "현세적"이고 "인격적인" 실재입니다. 이와 같은 하나님의 나라에 대한 양면적 개념은 어거스틴의 구속사관에 의해 형성되었다고 볼 수 있습니다. 즉, 하나님께서는 구속받은 피조물과의 거룩한 교제를 이루기를 원하시는데 아담의 타락으로 이 교제가 손상되었고, 그리스도의 구속으로 다시 회복되기 시작되었는데 이 교제의 완전 회복은 미래에 가서야 성취될 것으로 보았습니다.

인간의 궁극적 문제는 구원의 문제이고 다른 말로 하면 하나님의 나라와의 관계 문제입니다. 그리고 현세를 살아가는 인간 존재의 의미를 찾는 것이 인간의 가장 중요한 문제라고 생각합니다. 이와 같은 인간의 중요한 문제와 관련하여 하나님의 나라에 대한 어거스틴의 포괄적 이해와 가르침은 오늘을 살아가는 우리들에게 너무나 귀중한 통찰력을 제시해 주고 있다고 하겠습니다.

어거스틴의 하나님의 나라에 대한 개념은 다양한 일방적 견해들을 비판하고 종합하여 변증법적 통일을 유지하는 하나의 종합적 견해라고 말할 수 있습니다. 어거스틴의 종말관은 근본적으로 미래적이므로 하나님 나라의 완성이 미래에 이루어질 것을 주장하면서도, 동시에 종말이 이미 지금 여기에서 실현되어 가고 있다고 주장했습니다.

어거스틴에 있어서 이 양면성은 모순되게 분리되어 있지 않고 종합되어 하나의 역동적 생활관, 현세 부정적인 동시에 현세 긍정적인 생활관을 이루고 있습니다. 그러므로 일방적인 내세적 현세도피 내지 현세 부정의 태도나 낙천적 진보적 현세 긍정의 태도는 어거스틴의 교훈에서 떠난 태도라고 하겠습니다. 어거스틴은 미래에 완성될 종말론적 하나님 나라의 도래를 간절히 대망하고 있는데, 이 종말론적 대망은 지금 현재 나에게 역동적인 생활의 동기와 욕구를 제공해 주고 있다고 했습니다.

그러면 이제부터 교회 역사에 나타난 신앙의 선배님들이 지녔던 '천국'과 '하나님의 나라'에 대한 간절한 소망에 대한 이야기를 간단하게 줄여서 하려고 합니다.

첫째, 미국 대각성 운동의 주역이었고 미국이 낳은 가장 위대한 청교도적 칼빈주의 신학자의 한 사람이요, 목회와 부흥 운동에 진력한 위대한 설교자였던 요나단 에드워즈의 '천국 사모'에 대한 이야기를 합니다.

요나단 에드워즈는 17세 때 하나님의 임재를 체험한 다음부터 하늘을 바라보면서 천국 소망을 지니고 살았다고 생각합니다. 요나단 에드워즈는 40여세가 되었을 때 20여 년 전의 체험을 회상하면서 이렇게 기록했습니다.

내가 하나님을 서술할 때 절대 주권이란 말로 서술하고 싶다. 내가 처음으로 하나님을 내적으로 깊이 즐거워하게 되었던 경험은 디모데전서 1:17을 읽었을 때 가진 경험이었다. 그때부터 나는 그리스도에 대해 새로운 이해를 가지기 시작했고 그리스도로 말미암은 구속과 영광스런 구원의 사역에 대해 새로운 이해를 가지기 시작했다.

이것들에 대한 내적인 달콤한 느낌이 때로 나의 가슴에 와 닿곤 했다. 그래서 내 영혼은 즐거움에 넘쳐 그것들을 명상하곤 했다. 그리고 나는 많은 시간을 드려 그리스도를 읽고 그리스도를 명상했다. 그리스도의 인격의 아름다움과 우월함 그리고 그 안에 넘치는 은혜로 말미암은 구원의 아름다움을 명상하며 시간을 보내곤 했다.

나는 홀로 걸으며 명상에 잠겼다. 나는 걸으면서 하늘과 구름을 쳐다보았다. 그때 내 마음속으로 하나님의 영광스런 엄위와 은혜에 대한 달콤한 느낌이 쏟아져 들어왔는데 그것을 말로는 표현하기 힘들다. 나는 엄위하심과 은혜로우심을 동시에 보는 듯했다. 달콤하고 부드럽고 거룩한 엄위하심과 엄위하신 온유함, 두려운 달콤함, 그리고 높고 위대하고 거룩한 부드러움이 아름답게 조화를 이루고 있었다.

이와 같은 경험 후 하나님에 관한 나의 인식은 점점 증가되고 더욱 더 생생해졌다. 하나님 인식에 대한 내적 달콤함이 점점 더해 갔다. 사물의 모습이 모두 바뀌어졌다. 모든 사물 안에 하나님의 영광의 고요함과 달콤함이 나타나 보이는 듯했다. 하나님의 위대하심과 지혜와 순결과 사랑이 만물 안에 나타나 보이는 듯했다.

나는 가끔 앉아서 달을 쳐다보곤 했고 낮에는 구름과 하늘을 쳐다보며 많은 시간을 보내곤 했다. 거기에 나타난 하나님의 달콤한 영광을 바라보기 위해서였다. 그리고 낮은 목소리로 노래를 부르며 창조주와 구속주를 명상하곤 했다.

요나단 에드워즈가 경험한 영적 체험은 설교자와 신학자로서의 에드워즈의 특성을 규정했다고 하겠습니다. 즉, 천국과 하나님의 나라를 바라보는 하나님 의식에 사로잡힌 설교자로, 하나님의 주권을 높이는 칼빈주의 신학자로 평생을 활동하게 되었다고 생각합니다.

둘째, 한국 교회의 아버지라고 불리시는 길선주 목사님의 천국 사모에 대한 이야기를 합니다.

제가 오래 전에 썼던 글을 그대로 인용합니다.

> 길선주 조사는 1905년 영국 웨일즈 지방에 부흥 운동이 일어났다는 소식을 듣고 평양 지역의 부흥을 위해서 기도하기 시작했습니다. 몇몇 사람과 새벽 4시에 일어나서 새벽기도회를 시작했습니다. 그것이 한국 교회 새벽기도의 시작이었습니다. 드디어 1906년부터 회개 운동과 부흥 운동이 일어나기 시작했습니다. 1907년 1월 평양 장대현교회에서 사경회가 열렸습니다. 전국 각처에서 1,500여 명의 신자들이 장대현교회에 모여 10일 동안 사경회를 가졌습니다. 그 사경회에 성령의 역사가 나타나기 시작했습니다. 그 당시의 상황을 묘사하는 글들을 소개합니다.
>
> 2천 명 이상을 수용하는 장대현 예배당에 회중이 차고 넘치도록 모인 사경회원 전체가 성령의 휩쓸린바 되어 혹은 소리쳐 울고 혹은 가슴 쳐 통곡하며 혹은 흐느껴 울면서 기도하고 혹은 발을 구르고 자복하며 혹은 춤을 추면서 찬미하니 소리소리 합하여 소리의 기둥은 번제단에 타오르는 불기둥같이 하늘로 떠 떠올랐다 (「신학지남」, 14권 제2호).
>
> 길선주 장로는 〈이상한 귀빈과 괴이한 주인〉이라는 제목의 설교를 했다. 우리를 찾아오신 주님이 이상한 귀빈이라는 것이었다. 존귀하신 분이 비천하고 누추한 땅에 오셨으니 이상한 귀빈이고, 귀중한 몸인데도 오셔서 밖에서 오래 기다리시니 이상한 귀빈이며, 전능하신 분이 간절히 두드리시니 이상

한 귀빈이라는 것이었다. 귀빈을 맞아들이지 않으니 괴이한 주인이라는 것이었다. 자애하신 귀빈을 환영치 않으니 괴이한 주인이고, 간절하신 음성을 듣지 않으니 괴이한 주인이며, 굳게 닫은 방문을 열지 않으니 괴이한 주인이라는 것이었다. 길 장로는 "문을 열라 문을 열라 문을 열고 환영하라"라고 준엄하게 외쳤다(최현, 『빛을 남긴 믿음의 위인』, 182).

그는 기도회 도중에 갑자기 일어나 큰 소리로 외치기를 "나는 아간과 같은 죄인이올시다"라고 하면서 지난날의 죄를 뉘우치면서 회개했다. 그 내용은 다음과 같다. 그가 친구 한 사람이 죽으면서 남은 재산을 잘 처리해 달라고 부탁했다. 그는 유산을 정리하기는 하였으나 그중의 1백 원은 수고비조로 인정하여 자기가 소유하였다.

길 장로는 기도하기를 "나는 하나님을 속였고 그 친구와 그의 부인을 속인 도둑놈입니다. 내일 아침 일찍이 그 돈을 부인에게 돌려주겠습니다"라고 공중 앞에서 눈물과 함께 자복하였다. "나 때문에 온 회중이 은혜를 받지 못하고 있으니 나는 죄인 중의 죄인이올시다"라는 자복기도는 쉬지 않고 계속하였다. 회중은 이때 모두 마루 바닥을 치면서 회개하기를 시작하였다(김광수, 『한국기독교인물사』, 140, 141).

한국 교회 아버지 길선주 목사님께서 몸과 삶에 지니셨던 특징 하나를 소개합니다. 맨날 울면서 회개의 고백을 하신 것은 물론이고 하늘을 바라보시면서 천국과 하나님의 나라를 사모하셨다는 것입니다. 길선주 목사님은 요한계시록을 만 독을 하고 암송을 하시면서 천국을 바라보고 사모하면서 한평생을 '천국 소망'을 지니고 살았습니다.

어떤 무식한 신학자는 길선주 목사가 지나치게 천국만 바라보았다고 지적하면서 현세의 삶과 사역에 무책임했다고 비판했는데 길선주 목사님만큼 현세의 삶과 사역에 전력한 사람도 별로 없을 것입니다. 길선주 목사님은 장대현교회의 담임목사와 총회 전도국장으로 사역했고 1919년 3.1 운동 때는 민족 대표 33인의 한 분으로 독립 운동에 앞장서다가 2년간 옥고를 치르셨고 출옥 후 전국을 누비며 부흥회를 인도하시다가 1935년 11월 26일 평남 강서군 고창교회에서 부흥회를 인도하시고 폐회 축도를 마치고 뇌출혈로 쓸어져서 35곳의 집회를 남겨 두고 67세를 일기로 세상을 떠나 그렇게도 사모하던 하나님의 품으로 옮겨 가셨습니다.

길선주 목사님께서는 맨날 울면서 회개의 고백을 하신 것은 물론이고 하늘을 바라보시면서 천국과 하나님의 나라를 사모하셨는데 목회와 총회와 부흥 사역에 전무하셨고, 나라 사랑에도 적극적이셨다고 생각합니다.

셋째, "한국 교회의 무디"라고 불리시는 이성봉 목사님의 천국 사모에 대한 이야기를 합니다. 저는 1950년 6.25 전쟁 때 대구로 피난을 가서 3년 동안 중학생 시절을 지냈는데 그때 몇 달에 한 번씩 이곳저곳에서 이성봉 목사님께서 부흥회를 인도하셨는데 저는 그때 12번 부흥회를 참석하면서 깊은 감동과 은혜를 받곤 했습니다.

이성봉 목사님께서는 회개를 강조하시면서 "죄 지은 사람이 지옥 가는 것이 아니고 회개하지 않는 사람이 지옥 간다"라는 말씀을 자주 하셨고, "물고기가 물을 떠나서는 사는 법이 있어도 신자들이 은혜를 떠나서는 사는 법이 없다"라는 말씀을 자주 하셨습니다. 그리고 목사님께서는 밤에 자다가 옆집 방앗간에서 방아 찧는 소리만 들어도 주님이 오시지 않나 하고 밤에 밖으로 나가서 하늘을 쳐다보시곤 하셨다는 간증을 여러 번 들었습니다.

저는 나중에 『목회자 한경직 목사, 부흥사 이성봉 목사』라는 제목의 책을 써서 출판했는데 이성봉 목사님에 대해서 쓴 글들의 제목 아홉 가지를 인용하면 다음과 같습니다.

1. 이성봉 목사의 삶은 은혜 체험적 삶이었다.
2. 이성봉 목사의 삶은 구령과 교회 부흥에 헌신한 삶이었다.
3. 이성봉 목사의 삶은 현세를 초월한 깨끗한 청빈의 삶이었다.
4. 이성봉 목사의 신앙은 하나님 제일주의 신앙이었다.
5. 이성봉 목사의 신앙은 예수 중심적 신앙이었다.
6. 이성봉 목사의 신앙은 회개와 중생의 복음 신앙이었다.
7. 이성봉 목사의 신앙은 성결의 복음 신앙이었다.
8. 이성봉 목사의 신앙은 신유의 복음 신앙이었다.
9. 이성봉 목사의 신앙은 재림의 복음 신앙이었다.

책의 마지막 부분인 "이성봉 목사의 신앙은 재림의 복음 신앙이었다"의 부분을 인용하면 다음과 같습니다.

이성봉 목사는 다시 오시는 주님의 재림을 사모하며 기다리는 재림 신앙을 가지고 한평생을 살았다. 이성봉 목사는 밤에 자다가 옆집 방앗간에서 방아 찧는 소리만 들어도 주님이 오시지 않나 하고 밖으로 나가서 하늘을 쳐다보곤 했다는 간증을 나는 중학생 때 직접 들었다. 이 세상은 잠깐 지나는 허무한 과정이기 때문에 우리는 분명한 재림 신앙을 가져야 하며, 재림이 있기 때문에 우리는 무상하고 허무한 이 세상에서 성결하게 살아야 한다. 이것은 신약 성도들의 신앙이요 초대 교회 성도들의 신앙이었다.

이성봉 목사에게 있어서 재림은 구원의 셋째 단계 즉 미래적 단계이다. 재림은 기독교 신앙의 목적이다. "예수의 재림은 하나님의 최대 계획이요, 성도의 최대 소망이다. 만물이 고대하는 소망이요 마귀를 진멸하고 세상을 심판하고 성도의 눈물을 씻어 주시고 당신의 신부들을 영접하시는 주의 날이다." 그리고 재림의 날이 임박했음을 지적했다.

"오리라, 도적같이 오리라는 약속을 굳게 잡고 요제인가 고제인가 눈물로 기다리는 주의 재림, 천지는 변하여도 그 약속은 변치 않으시리라. 아무리 보아도 시대는 점점 절박하여 간다. 자연의 징조를 보든지, 국제 사회의 징조를 보든지, 교회와 인심의 징조를 보든지, 유대 나라 독립하는 무화과 잎이 나는 것을 보면 재림의 복음을 믿는 자들의 가슴은 뛰는 것이다."

그러므로 성도들은 깨어서 재림을 준비하여야 한다.

"깨어라. 허리에 띠를 띠고 등불 밝게 켜 들고 거룩함과 인애로 신혼신을 단장하고 공중 혼연을 고대하는 신부들은 복이 있으리라."

"사랑하는 나의 주님 언제나 오시렵니까?

택한 신부 맞으시려 언제나 오시렵니까?

일구 월심 오래도록 주님 생각 간절합니다 사모하는 나의 주님 속속히 오시옵소서."

얼마 전에 김삼환 목사가 오늘날 한국 교회의 문제점은 종말신앙을 상실한 것이라고 지적한 일이 있다. 목회자의 설교에서나 삶에서 종말 신앙이 사라져 가고 있다는 것이다. 그렇다. 언제부터인가 우리에게서 종말 신앙과 재림 신앙이 사라져 가기 시작했다. 현세가 전부인 것처럼 살고 있다. 몰트만이 지적한 대로 미래에 대한 분명한 종말 신앙은 적극적이고 책임 있는 현재적 삶을 살게 만든다. 이런 맥락에서 이성봉 목사의 재림 신앙은 현재와 미래에 대해 둔탁해진 우리들의 신앙을 일깨우는 청량제가 된다.

넷째, "사랑의 원자탄"이라고 불리시는 손양원 목사님의 천국 사모에 대한 이야기를 합니다.

손양원 목사님은 믿음의 사람이었고 사랑의 사람이었고 소망의 사람이었는데 주님 사랑과 이웃 사랑과 나환자 사랑과 원수 사랑에 미친 사람이었습니다. 그리고 천국 사모에 미친 소망의 사람이었습니다. 손양원 목사님의 사랑의 소원을 염원하는 기도문을 소개하면 다음과 같습니다.

주여 애양원을 사랑하게 하여 주시옵소서. 주여 나로 하여금 애양원을 참으로 사랑할 수 있는 사랑을 주시옵소서. 주께서 이들을 사랑하심 같은 사랑을 주시옵소서.

오 주여, 나는 이들을 사랑하되 나의 부모와 형제와 처자보다도 더 사랑하게 하여 주시옵소서. 차라리 내 몸이 저들과 같이 추한 지경에 빠질지라도 사랑하게 하여 주시옵소서. 주여, 만약 저들이 나를 싫어하여 나를 배반할지라도 나는 여전히 저들을 참으로 사랑하여 종말까지 싫어 버리지 않게 하여 주시옵소서.

오 주여, 내가 이들을 사랑한다 하오나 인위적 사랑, 인간적 사랑이 되지 않게 하여 주시옵소서. 사람을 위하여 사랑하는 사랑이 되지 않게 하여 주시고 주를 위하여 이들을 사랑하게 하여 주시옵소서. 주보다는 더 사랑치 않게 하여 주시옵소서.

주여, 내가 또한 세상의 무슨 명예심으로 사랑하거나 말세의 무슨 상급을 위하여 사랑하는 욕망적 사랑도 되지 말게 하여 주시옵소서. 다만 그리스도의 사랑의 내용에서 되는 사랑으로서 이 불쌍한 영육들만을 위한 단순한 사랑이 되게 하여 주시옵소서.

오 주여, 나의 남은 생이 몇 해일지는 알 수 없으나 이 몸과 맘 주께 맡긴 그대로 이 애양원을 위하여 충심으로 사랑케 하여 주시옵소서. 아멘.

손양원 목사님의 사랑은 주님 사랑과 나환자 사랑이 그치지 않고 원수 사랑에까지 이어졌다고 하겠습니다.

손양원 목사님의 소망의 소원을 염원하는 기도문을 소개하면 다음과 같습니다.

낮에나 밤에나 눈물 머금고, 내 주님 오시기만 고대합니다.

가실 때 다시 오마 하신 예수님, 오 주여 언제나 오시렵니까?
고적하고 쓸쓸한 빈 들판에서, 희미한 등불만 밝히어 놓고 오실 줄만 고대하고 기다리오니, 오, 주여, 언제나 오시렵니까?
먼 하늘 이상한 구름만 떠도, 행여나 내 주님 오시는가 해 주님 계신 그곳에 가고 싶어요. 오, 주여, 언제나 오시렵니까?

천 년을 하루같이 기다리신 주님, 내 영혼 당하는 것 볼 수 없어서 이 시간도 기다리고 계신 내 주님, 오, 주여, 이 시간에 오시옵소서.

손양원 목사님은 천국을 소망하면서 죽음이 자기의 소원이라고 고백하기도 했습니다.

가난은 나의 애처이고 고난은 나의 스승이고 죽음은 나의 소원입니다.

성 프랜시스의 고백과 비슷한 고백을 하셨습니다. 딸 손동희 권사님은 아버지 손양원 목사님의 천국 신앙을 이렇게 묘사했습니다.

아버지는 하늘나라의 복음을 전할 뿐, 현세의 안락과 풍요를 약속한 적이 한 번도 없다. 가끔 안수 기도를 해 달라고 찾아오는 병자가 있었지만, 아버지는 특별히 병 고침을 위한 안수기도를 한 적이 없다.
"나는 영혼을 중요하게 생각하지 육신을 중요하게 생각하지 않습니다. 병들면 어떻습니까? 병신이면 또 어떻습니까? 잠깐인 나그네 세상에서 병신으로 살다가 천국 가면 그보다 더 좋은 일이 어디 있다구요"와 같은 이런 말로 병자를 돌려보낼 뿐이다.
나병환자들과 평생을 같이 보내며 그들을 사랑으로 돌보았지만, 그들의 병든 상태를 나쁘다거나 부자연스러운 것으로 보지 않았다.

사랑의 원자탄 손양원 목사님이야말로 천국과 하나님의 나라를 지극히 사랑하고 사모하신 순수한 소망의 스승님이셨다고 생각합니다.

손양원 목사님은 결국 1950년 9월 13일 공산군에게 체포되어 2주일간 온갖 수모를 다 당하고 9월 28일 밤 11시쯤 미평 과수원에서 총살당하여 48세에 순교하셨습니다. 손양원 목사님은 자기를 죽이려는 자들에게 복음을 전하다 총 개머리 판으로 입을 얻어맞아 피투성이가 되었지만 마지막 순간까지 하나님께 간절히 기도하면서 하늘나라로 가셨습니다. 그가 그렇게도 그리고 사모하던 '천국'으로 '하나님의 나라'로 가셨습니다.

이튿날 아침 남편의 순교 소식을 접한 정양순 사모님은 남편의 시신 앞에서 지난 밤에 갓 태어난 아기를 안고서 비통해하면서도 이렇게 말했다고 합니다.

> 오, 당신 소원대로 됐군요. 평소 주기철 목사님을 그렇게도 부러워했는데 … 하나님, 감사합니다. 평생 동안 주님의 일을 하게 하시고, 손양원 목사가 소원하던 순교를 허락해 주신 은혜, 감사하고 또 감사합니다.

그의 눈에서는 눈물이 하염없이 흘러내리고 있었습니다. 정양순 사모님은 마지막까지 나환자들의 친구로 살다가 1977년 11월 26일 사랑하는 남편과 두 아들이 있는 "천국"으로 "하나님의 나라"로 옮겨졌습니다. 그가 운명하기 전 가슴에 꼬깃꼬깃 간직했던 돈을 꺼내어 딸에게 전하며 이렇게 말했습니다.

"이 돈을 밀양교회에 전해 주어라."

밀양교회는 건축 중에 있던 나환자 교회였습니다. 그의 시신은 남편의 무덤과 합장되었습니다. 손양원 목사님께서 순교하시던 거의 같은 시간에 태어난 아기 동길은 후에 커서 아버지를 따라 목사와 선교사가 되어 지금 필립핀에서 선교 사역을 하고 있습니다.

손양원 목사님과 정양순 사모님은 순교적 믿음을 지킨 믿음의 사람들이었고, 생명을 다 바쳐 나환자들과 원수를 사랑한 사랑의 성자들이었으며, 천국과 하나님의 나라를 바라보며 산 소망의 사람들이었습니다. 주님을 따르는 그리스도인의 삶은 순수한 '믿음'과 순수한 '사랑'과 순수한 '소망'의 삶이 되어야 하는 것을 보여 주고 우리 곁을 떠나 하늘로 올라가셨습니다.

이것으로 "성경과 교회사에 나타난 하나님의 나라에 대한 올바른 이해"라는 제목의 말씀을 마무리합니다. 우리 목회자들과 신자들에게 있어서 가장 귀중하고 아름다운 신앙은 순수한 믿음과 순수한 사랑과 순수한 소망의 신앙이라고 생각합니다.

특히, 천국과 하나님의 나라를 바라보고 사모하면서 현실 생활에 충실하는 신앙이라고 생각합니다. 특히, 성자 예수님과 사도 바울이 강조해서 전파하신 천국과 하나님의 나라에 대한 간절한 소망을 지니고 어거스틴과 요나단 에드워즈와 길선주 목사님과 이성봉 목사님과 손양원 목사님들께서 몸에 지니셨던 천국과 하나님의 나라에 대한 간절한 소망을 지니고 현실에 충실하면서 살아가는 삶이 너무너무 귀중하다고 생각합니다.

제3장

기독교 세계관과 하나님 나라

이 승 구 박사
합동신학대학원대학교 조직신학 교수

'하나님 나라'에 대해서 우리가 과연 어떤 생각을 하느냐 하는 것은 우리의 세계관에 가장 큰 영향을 미치는 것 가운데 하나이다.

하나님의 나라를 죽은 다음에 가는 천국으로 생각하는 사람들은 죽은 다음에 가는 천국 중심의 세계관을 가지게 된다. 이런 세계관에 의하면 이 세상에서의 삶은 어떤 사람이 과연 죽은 후에 그곳에 갈 수 있는 지를 알아보는 시험의 삶이며 그 곳에서의 삶을 준비하는 삶이 될 것이다.

또 어떤 세대주의자(dispensationalist)들과 같이 하나님 나라를 예수님의 재림 후에 전개될 천년왕국과 관련해서 생각하면 하나님 나라는 아직 오지 않은 것이고, 따라서 우리는 과연 천년왕국에 참여할 수 있을 것인지를 중심으로 신앙생활을 해야 하는 것이 되고 만다.

또 구자유주의자(Old-liberalism)들과 같이 하나님 나라를 우리들의 윤리적 노력으로 이 세상에서 구축할 수 있는 것으로 생각하는 사람들은 하나님 나라를 결국 인간이 만드는 인도주의적인 나라(humanitarian kingdom)로 생각하게 될 것이다.

그러나 이와 같은 이해들은 모두 성경이 말하는 하나님 나라에 충실한 것이라고 하기 어렵다. 그러므로 모든 사람은 자신이 과연 하나님 나라에 대해서 어떤 생각을 가지고 있는지를 심각하게 질문해야만 한다. 결과적으로 보면 기독교 세계관은 결국 하나님 나라적 세계관(神國的 世界觀)이어야만 하기 때문이다.

앞서 언급한 몇 가지 예에서 보는 바와 같이 대부분의 사람은 다 자기 나름의 하나님 나라에 대한 이해를 가지고 있다. 그래서 대개 사람들은 예수님께서 가르치시고 성경이 가르치는 하나님 나라 사상 앞에서 그것에 동의하고 예수님께서 선포하신 하나님 나라를 받아들이고 그 나라 백성으로서의 삶을 살기를 갈구하기보다는 자신들이 생각한 하나님 나라와 예수님의 가르침을 적당히 섞어서 자신이 생각한 하나님 나라를 예수님과 성경이 말하는 하나님 나라라고 생각하려는 경향을 가지고 있다.

우리가 과연 그런 사람인지 아닌지는 이 장에서 간단히 설명하며 하나님 나라에 대한 신뢰할 만한 책에서 언급하고 있는 하나님 나라 사상에 대해 자신이 과연 어떻게 반응하는지를 깊이 있게 생각해 보면 좋을 것이다.

이런 우리의 문제점을 잘 드러내기 위해서는 기본적으로 우리가 이 시점에서 가지고 있는 하나님 나라에 대한 이해를 스스로 미리 정리해 보는 것이 좋다.

논의를 시작하기 전에 자신이 하나님 나라에 대해서 생각하는 바를 써 보라. 그리고 이 장을 다 읽고 난 후에 성경이 말하는 하나님 나라 이해와 자신의 이해를 비교해 보면 자신이 하나님 나라에 대해서 과연 어떤 이해를 가지고 있었는지가 잘 드러나게 될 것이고, 이 장을 읽음으로써 어떤 유익을 얻게 되었고, 그 결과로 자신의 세계관에 어떤 변화가 있게 되었는지를 분명히 인식하고 표현하게 될 수 있을 것이다.

1. 예수님께서 말씀하시는 "하나님 나라"

예수님께서 갈릴리 사역을 하시면서 하신 최초의 선포가 바로 '하나님 나라'에 관한 것이었다. 그분은 요한이 잡힌 후에 갈릴리에 오셔서 하나님의 복음을 이렇게 선포하셨다.

> 때가 찼고 하나님 나라가 가까왔으니 회개하고 복음을 믿으라(막 1:15).

하나님께서 정하신 때가 되었다는 선포로 시작한 이 말씀은 이 세상의 모든 일이 그러하지만 특히 하나님 나라의 내림(來臨, coming)과 관련해서 하나님께서 전에 미리 정하신 때가 되었다는 것을 분명히 한다. 때가 무르익어서 이제 비로소 하나님 나라가 올 때가 되었다는 것이다. 그 나라, 즉 하나님의 통치가 손에 잡힐 것과 같이 우리에게 가까이 이르렀다는 것이다.

이것은 무슨 말인가?

지금까지는 하나님께서 통치하지 않으셨다는 말인가?

다른 말과 마찬가지로 성경의 모든 말도 언제나 말씀하시는 분의 의도와 그것이 전달되는 그 맥락 안에서 이해해야 한다. 성경 어디서고 하나님께서는 이 세상을 통치하지 않는 때는 한순간도 없다는 것을 분명히 한다. 또한, 하나님의 주권(sovereignty)이 미치지 않는 곳은 이 세상의 그 어디도 없다는 것은 성경과 기독교의 가장 기본적인 생각의 하나이다.

그러므로 예수님께서 여기서 말씀하시는 하나님의 통치는 단순한 하나님의 통치나 하나님의 주권(sovereignty of God)과 같은 개념이 아니라 '하나님의 매우 특별한 통치'를 말하는 것임에 틀림이 없다. 왜냐하면, 이 세상에 대한 하나님의 일반적 통치는 이 세상에 한 번도 있지 않은 적이 없기 때문이다. 이 세상에 대한 하나님의 일반적이고 우주적인 통치가 아닌 아주 독특한 의미의 하나님의 통치가 이 세상에 가까이 왔다는 것이 "하나님 나라가 가까이 왔다"고 하실 때 예수님의 의도였다.

이 세상을 창조하신 하나님께서 계속해서 이 세상을 다스려 오셨고 그 일은 지금까지도 계속되고 있다. 그것을 우리의 선배들은 권능의 왕국(*regnum potentiae*), 즉 하나님의 "권능의 통치"라고 표현하기도 하였다. 그런데 예수님은 여기서 그런 하나님의 일반적 통치가 아닌 아주 특별한 의미의 하나님의 통치가 '다가오고 있다'고 말씀하시는 것이다.

이것을 위한 배경으로 인간들의 반역과 불순종에 대해서 하나님께서 아브라함을 부르셔서 새로운 하나님 백성을 만드시고 그들을 특별히 통치하셔서 세계 만민에게 그 통치를 확대하시려고 하시던(창 12:1-3) 이전의 일을 생각할 필요가 있다.

이 창세기 12장 상황에서도 하나님의 일반적이고 우주적인 세계 통치는 계속되고 있지만 하나님께서는 이제 하나님께 불순종하는 사람들과는 다른 하나님의 독특한 통치를 받는 하나님의 백성을 세우셔서 그들로 온 세상의 하나님을 아는 빛을 비추고 하나님을 섬기며 사는 복을 온 세상에 전하려고 하셨던 것이다. 그런 의미에서 아브라함은 세상 만민이 그로 인하여 복을 받게 되는 복의 근원이 되게끔 하셨던 것이고, 아브라함의 후손들은 하나님의 특별한 통치를 받는 (즉, 구약적 '하나님 나라' 안에 있는) 하나님 나라 백성이 되게 하셨다.[1]

그들은 구약 시대의 하나님 나라 백성이었고, 하나님의 통치를 제대로 받아 나가서 온 세상을 향해서 너희들도 모두 이와 같이 하나님의 통치를 받으며 하나님을 섬기며 살아가야 한다는 것을 증언해야 했던 것이다. 그래서 구약의 하나님 나라 백성들에게는 하나님 나라 백성으로서 의식을

---

[1] 아브라함과 그 자손들과 관련하여 이런 의미를 잘 드러낸 것으로 김홍전,『하나님의 백성』, 전3권 (서울: 성약, 2006)을 보라.

가지고 사는 것이 매우 중요했다. 자신들의 하나님 나라 백성으로서의 정체성은 모든 것의 핵심이었다.

바로 이런 맥락에서 우리는 골리앗을 향해서 "이 할례 받지 않은 블레셋 사람이 누구이기에 살아 계시는 하나님의 군대를 모욕하겠느냐"(삼상 17:26)라고 하면서 그를 치러 나아가는 다윗의 심정을 이해해야 한다. 다윗의 이 말은 그저 자신의 민족을 중요하게 생각하는 민족적 쇼비니즘(national chauvinism)을 드러내는 말이 아니다. 다윗은 하나님 나라 백성으로서 자신의 정체성과 하나님의 독특한 통치로서의 하나님의 통치(하나님 나라)의 실재성을 잘 알기에 이와 같이 반응하며 하나님 나라를 위한 전투에로 나아간 것이다.

그런데 매우 안타깝게도 구약 백성들 중 다수는 그런 하나님 나라 백성으로서의 의식을 가지지 못하였고, 하나님의 통치를 받으며 살아가지도 않았다. 거듭되는 선지자들의 경고에도 불구하고 하나님의 다스리심을 받지 않고 하나님 백성 됨을 드러내지 못했다. 그 결과 그들은 선지자들을 통해서 하나님께서 경고하신 대로 열국 중에 흩어지게 되었다.

그러나 심판의 말이 선지자들의 마지막 말이 아니었고, 하나님께서는 선지자들을 통해서 이스라엘 나라를 회복시키는 새 언약을 맺으실 것을 약속해 주셨다(렘 31:31; 겔 16: 60, 61; 겔 36: 24-28). 선지자들을 통해 주시는 하나님의 말씀을 믿은 백성들은 하나님의 특별한 통치가 임하여 오기를 기다려 왔었다.

다시 말하지만 선지자들과 그들의 말을 믿은 그들은 온 세상에 대한 하나님의 통치를 부인했던 것이 아니라 그런 일반적이고 우주적인 통치와 연관되어 있으면서도 그런 일반적이고 우주적인 통치와는 별 다른 하나님의 통치가 임하여 하나님 나라로서의 이스라엘 나라를 회복하고 새로운 세계 질서를 가져 올 것을 기다린 것이다.

오랫동안 기다려도 오지 않는 것 같던 그 하나님의 특별하신 통치하심에 대해서 하나님 편에서는 오랜 침묵 끝에 다시 선포하게 하신 것이 유대 광야에서의 세례 요한의 선포였다.

"회개하라, 하나님 나라가 가까웠느니라."

이전 선지자들의 말을 기억하던 유대인들로서는 그야말로 기대에 찬 소리가 다시 들려온 것이다. 백성들의 기대는 매우 높아져 갔다. 그와 함께 이렇게 하나님 나라의 가까움을 선언하는 요한과 당시 유대의 통치자들과 종교지도자들과의 갈등과 충돌도 심화되어 갔다. 그가 헤롯에 의해서 잡혀 투옥되었을 때 예수님께서는 유대 땅을 피하여 갈릴리로 오셔서 다시 같은 선언을 하시기 시작하신 것이다.

> 때가 찼고 하나님 나라가 가까왔으니 회개하고 복음을 믿으라(막 1:15).

2. 하나님 나라의 미래성

이런 예수님의 선포에 대해서 유대 민중은 긍정적 반응을 보였다. 그들은 선지자들에 의해서 선포된 그 새로운 하나님의 통치가 드디어 가까이 다가 온 것을 예수님이 선포하시는 것이라고 생각하였고, 언제 그 통치가 온전히 드러날지를 고대하게 되었다. 예수님께서 하나님 나라에 대해서 앞으로 나타날 것이고 미래적으로 선언하시는 한 문제는 없어 보였고 오히려 자신들이 구약 선지자들의 예언에 근거해서 기다리던 바가 이루어질 것을 바랐던 것이다.

예수님께서 기도에 대해 가르치실 때에도 "나라가 임하옵시며"라고 기도하도록 하셔서(마 6:10) 백성들은 자신들이 기대하던 나라가 앞으로 올 것을 기대하며 더 열심히 기도해 가면 될 것이라고 생각했다. 또한, 예수님께서 제자들에게 한 말이기는 하지만 "하나님 나라가 권능으로 임하는 것을 볼 자들도 있느니라"고 하셨을 때도(막 9:1) 제자들도 그저 여태 기다리던 하나님 나라가 곧 올 것을 말씀하는 것이라고 생각했을 것이다.

마태복음에서는 하나님 나라가 권능으로 임하는 것이 "인자(人子, the son of man)가 그 왕권으로 가지고 오는 것"이라고 자세히 설명해 주기도 한다(마 16:28). 그렇게 인자가 왕권을 가지고 오셔서 다스릴 것을 유대인들이 기다리고 있었기에 하나님 나라의 미래성에 대한 선언은 당시에는 문제가 없었다.

로마 당국자들은 이것이 유대 독립운동으로 전개되지나 않을까 하는 불안을 가지고 있었을 수 있고, 그들에게 가까이하던 사두개인들 중에서는 이것이 자신들의 민족적 삶의 진행에 장애를 주지 않을까 걱정할 수 있었지만 유대인들 대다수에게 있어서 하나님 나라의 미래성에 대한 예수님의 선포는 오히려 마음을 설레게 하는 것이었고 기대에 가득찬 미래를 더 생생히 그리게 하는 기회가 되었다. 그러나 예수님께서는 하나님 나라의 미래성만 선포하지 않으셨다. 그것에서 더 나아가는 말씀도 선언하신 것이다.

3. 하나님 나라의 현재성

그것은 신실한 유대인들이 오기를 기다렸고 예수님께서 가까이 왔다고 말하신 그 하나님 나라가 이미 임하였다는 선언이었다.

> 그러나 내가 하나님의 성경을 힘입어 귀신을 쫓아내는 것이면 하나님 나라가 이미 너희에게 임하였느니라(마 12:28).

하나님 나라가 이미 너희에게 임하였다는 이 선언은 유대인들을 긴장시키기고 그들로 하여금 깊이 생각게 하기에 충분했다.

유대인들은 하나님 나라가 임하여 오면 어떻게 될 것인지에 대한 자신들 나름의 이해를 가지고 있었다. 그들은 하나님 나라가 오면 이 세상 전체가 유대인 중심으로 재편되리라는 생각을 가지고 있었던 것이다. 예전에 모세나 다윗과 같이 이스라엘 사람들을 잘 인도해 갈 메시아적 존재가 나타나게 되면 모든 이스라엘은 그를 도와 무력 항쟁을 시작할 것이고, 결국 이런 정치적이고 군사적인 메시아 운동에 동참한 이들을 중심으로 온 세상에 대한 온전한 하나님의 통치가 시작될 것이라고 유대인들은 생각했었다.

그런데 로마가 식민통치를 지속하고 있는 이 상황에 외적으로 아무런 변화가 일어나지 않았는데 하나님 나라가 임하여 왔다고 선언하시는 예수님의 선언을 대다수의 유대인은 받아들일 수 없는 것으로 여겼다. 그들은 자신을 성부와 구별하시면서도 때때로 하나님이라고 시사(示唆)하시는 예수님도 받아들일 수 없었고, 그리고 그분이 선언하시는 하나님 나라의 현실성도 믿을 수 없었다. 결국, 그들은 예수님을 받아들이지 않고, 그의 말을 믿지 않은 것이다. 자신들의 기존 사고방식에 일치하지 않는 예수님의 말씀을 받아들일 수 없었다.

예수님 당시의 유대인들은 하나님 나라가 임하는 것은 외적으로 눈에 보이게 임하여야만 한다고 생각했기 때문이다. 그런 생각을 가지고 "하나님 나라가 언제 임하나이까" 하고 묻는 바리새인들에게 예수님께서는 "하나님의 나라는 볼 수 있게 임하는 것이 아니요, 또 여기 있다 저기 있다고도 못하리니 하나님의 나라는 너희 안에 있느니라"(눅 17:21)고 대답하셨다.

이는 하나님 나라가 영원히 볼 수 있게 임하는 것이 아니라고 하시는 말씀은 아니다. 그 나라가 권능으로 임하는 것을 볼 자들도 있으리라고 하신 대로 언젠가는 그 나라가 권능으로 눈에 보이기 임하게 될 것이다. 그때에는 그 누구라도 그 나라가 여기 있다고 말할 수 없는 것이다. 그러나 인자가 권능으로 임하시기 전에도 예수님께서 선언하신 대로 그 나라가 이미 하나님의 백성들 가운데 임하여 온 것이다. 바로 지금 자신들과 말씀을 나누시는 예수님이 있는 그곳에 하나님 나라가 있는 것이다.[2]

그 나라는 지금 눈에 보이지 않는 방식으로 예수님의 존재와 그분의 말씀의 통치라는 방식으로 이미 유대인들 가운데 와 있었던 것이다. 그러나 대부분의 유대인은 영적으로 소경되어 영적으로 이미 임하여 온 하나님 나라를 볼 수 있는 능력이 없었다. 그들은 여전히 그 나라가 물리적으로 오기만을 기다리고 있었다.

그러나 소수의 들을 귀 있고, 볼 수 있는 영적 시력을 하나님에 의해서 회복받은 사람들은 예수님의 말씀으로부터 여기 우리를 다스리시는 왕의 "왕으로서의 선언"을 믿고 받아들이고 있다. 그들은 세례 요한의 준비와 예수님에 의해서 이 세상에로 침노하여 파고 들어오고 있는 하나님의 나라와 같은 성격을 가지고 그 나라 안으로 들어와 있는 것이다. 여기 예수님의 사역과 말씀으로 영적 하나님 나라가 와 있으니, 그 나라와 관련하는 하나님 나라 백성이 있게 된 것이다. 그들이 이 땅에 있는 하나님 나라 백성들이다.

자신을 그런 자들로 여긴 하나님 나라 백성들은 이 "하나님 나라에 대한 좋은 소식"(天國福音)을 모든 사람에게 선언하여 그 나라가 여기 와 있음을 분명히 하고 그런 영적으로 임한 하나님 나라 안으로 들어와야만 한다는 것을 전파하기 시작했다. 이 천국 복음을 믿고 하나님 나라 안으로 들어 온 사람들은 이 세상에서 이미 우리에게 임하여 온 하나님 나라 안으로 들어오게 된 것이다.

---

[2] 이 점에 대한 자세한 논의는 이승구, 『기독교 세계관이란 무엇인가?』, 개정 3판 (서울: SFC, 2007), 제3장과 그에 인용된 많은 논의를 보라.

4. 하나님 나라와 십자가 구속

예수님께서 이 말씀을 하실 때에는 당신께서 장차 이루실 구속 사건을 염두에 두고 말씀하셨다는 것을 강조하지 않을 수 없다. 영적 하나님 나라가 여기 있다고 해도 죄 있는 사람은 그 누구도 그 나라에 들어갈 수 없기 때문이다. 만일에 예수님께서 하나님 나라를 가져다주시기만 하고 구속을 이루지 않으셨다면(물론 실제로는 그런 일이 발생하지 않았다는 것을 기억하고 하나님께 감사하자!) 하나님 나라는 그림의 떡과 같이 우리들은 그 누구도 하나님 나라에 들어가 하나님 나라 백성 역할을 할 수 없었을 것이다.

그런데 예수님께서는 우리를 위해 십자가 형벌을 지시고 우리를 위한 저주를 받으셨다. 우리의 죄가 무섭고 그 죄가 있으면 그 누구도 하나님 나라와는 상관이 없기 때문이다. 그 죄 문제를 해결하기 위해서 성자께서 친히 인성(人性, humanity, human nature)을 취하셔서 그 인성으로 우리의 죄에 대한 고난스러운 형벌을 다 받으셨다. 그분이 우리를 위해 죄가 되시고 (고후 5:21), 우리가 받아야 할 저주를 담당하신 것이다.

> 그리스도께서 우리를 위하여 저주를 받은 바 되사 율법의 저주에서 우리를 속량(贖良)하셨으니(갈 3:13).

그러므로 예수님께서 우리를 대신하여 하나님의 저주를 받으신 이 십자가 사건으로 말미암아 이를 참으로 믿는 우리는 율법의 저주에서 풀려났고 자유로운 사람들이 되었다. 그렇기에 이렇게 구속된 사람들은 자유롭게 하나님 나라 안으로 들어갈 수 있게 된 것이다.

바로 이런 뜻에서 바울은 우리가 하나님 나라에 들어가게 된 것과 십자가 구속을 밀접하게 연결시키고 있는 것이다.

> 그가 우리를 흑암의 권세에서 건져 내사 그의 사랑의 아들의 나라로 옮기셨으니, 그 아들 안에서 우리가 구속 곧 죄 사함을 얻었도다(골 1:13-14).

하나님의 사랑의 아들의 나라는 하나님의 나라와 다른 것이 아니다. 예수님을 참으로 믿는 우리들은 이미 하나님 나라 안으로 옮겨졌고, 그것은 그리스도 안에서의 구속 곧 죄 사함과 동시에 일어난 것이라고 바울은 말하고 있다.

5. 하나님 나라의 현재성과 미래성을 동시에 믿는 신자와 그의 삶

그러므로 참된 신자는 하나님 나라의 현재성과 미래성을 동시에 믿는 사람이다. 예수님께서 가져다주신 영적 하나님 나라(spiritual kingdom of God)가 여기 현존하고 있다는 것을 믿고, 예수님을 믿는 자신들이 예수님의 십자가의 공로로 말미암아서만 이 현존하는 하나님 나라 안에 있다는 것을 믿고 그 나라 백성으로 열심히 살면서, 동시에 이 땅에 영적으로 임하여 왔고 우리가 그 안에서 살고 있는 그 나라가 예수님의 재림 때에 그 나라의 극치(consummation)에 이를 것을 고대하면서 날마다 "나라이 임하옵시며"라고 기도하기를 주님의 재림 때까지 그치지 않는 것이다.

하나님 나라의 미래성에 대한 기대는 하나님 나라가 이미 영적으로 여기 임하여 왔다는 하나님 나라의 현재성에 근거한 것이다. 현재성을 믿는 사람만 하나님 나라의 미래성을 제대로 믿는다. 미래에 나타나게 될 극치의 하나님 나라를 참으로 믿는 사람은 현재 그 나라가 우리에게 그리스도 안에서 이미 임하여 왔다는 예수님의 말씀도 믿지 않을 수 없다.

그러므로 둘 다를 믿지 않는 것도 불신앙이지만 하나님 나라의 현재성과 미래성을 선택하여 믿는 것도 큰 불신앙이다. 우리는 예수님과 그분의 사도들이 가르쳐 준 그대로 하나님 나라의 현재성과 미래성을 모두 믿어야 한다.

이를 참으로 믿는 하나님 나라의 백성은 그 말 뜻 그대로 이 땅에서 하나님의 백성으로 하나님의 통치를 받아 살아간다. 하나님의 통치를 받는다는 것은 하나님 나라 백성의 마땅한 의무이지만 동시에 하나님 나라를 이 땅 가운데 잘 드러내는(證示하는) 일이기도 하다.

우리가 참으로 하나님의 다스림을 받아 살아갈 때 우리는 우리가 하나님 나라 백성이라는 것을 드러내는 것이면서, 그것이 동시에 하나님 나라가 여기 현존하고 있음을 온 세상 앞에 드러내는 것이다. 도대체 하나님의 다스리심을 무시하며 자기 마음대로 사는 하나님 백성이란 어불성설(語不成說)이고, 있을 수 없는 일을 시도하는 것이다.

하나님의 다스림을 받는 것은 성경의 가르침을 존중하며 그 가르침에 따라 살아가는 것이며 성령님의 인도하심을 받아 나가는 것이다. 그리고 그 둘은 별개의 실재가 아니다. 성령님은 언제나 "성경 말씀을 사용하셔서"(*cum verbo*) 우리를 통치하시기 때문이다. 그러므로 하나님 나라 백성들은 성경의 가르침을 잘 받아 가는 성경의 사람들이며, 성령님께 온전히 순종해 가는 성령의 사람들이다. 그런 사람을 성경은 "신령한 자"(πνευματικός)라고 말한다(고전 2:15).

신령한 하나님 나라 백성의 삶의 구체적인 모습을 예를 들어서 산상 수훈(마태 5-7장)과 갈라디아서 5:16-25의 말씀을 통해서 정리해 볼 수도 있을 것이다. 이를 성경 전체가 제시하고 있는 하나님 나라 백성의 모습을 매우 요약적으로 제시하는 부분의 몇 가지 예라고 생각하면서 그 말씀을 생각하며 자신의 삶에 적용해 보는 것은 우리에게 매우 큰 도움을 줄 것이다.

6. 하나님 나라 백성의 이 땅에서의 삶과 죽음, 그리고 "하늘"에서의 삶

이와 같이 이 땅에서 예수님을 믿어서 하나님의 백성으로 성령님의 인도하심을 받아 성경의 가르침을 따라 사는 사람들은 이 세상에서 참으로 하나님 백성으로 산다. 즉, 그는 이 땅에서 이미 하나님 나라를 사는 것이다. 하나님의 특별한 통치를 받아 산다는 말이다.

그런 의미에서 에베소서에서는 우리들을 "그리스도와 함께 하늘에 앉히시니"(엡 2:6)라고 표현하고 있기도 하다.[3] 이 땅에서 이미 하늘을 사는 하늘에 속한 자는 영적으로 이 땅에 이미 임하여 온 하나님 나라에 속한 하나님 나라 백성이라는 뜻이다.

그러나 주께서 우리가 죽기 전에 오시지 않으면 하나님 나라 백성들도 이 세상에서 죽게 된다. 하나님 나라 백성들의 물리적 죽음은 더 이상 그 쏘는 것을 상실한 죽음이므로(고전 15:55) 하나님 나라 백성은 그 죽음을 두려워하지 않는다. 그 죽음의 형벌적 요소는 이미 예수 그리스도의 십자가에서 그리스도께서 이미 우리를 위해서 지신 바 되었기 때문이다.

이렇게 죽음의 형벌적 요소가 십자가에서 처리된 하나님 백성에게 있어서는 죽는 것조차도 유익한 것이다(빌 1:21). 이들에게서는 죽음이 영혼을 온전히 성화시키는 최종적 징계가 되어 축복된 것이 된다. 그러므로 구약에서도 여호와께서는 성도의 죽는 것을 귀중히 여기신 것이다(시 116:15).

하나님 백성에게 죽음도 복이 되는 이유 중의 하나가 성도는 죽자마자 곧 바로 예수 그리스도와 함께 하나님 면전에 있게 되기 때문이다.[4]

---

[3] 이에 대한 좋은 논구로 Andrew T. Linclon, *Paradise Now and Not Yet: Studies in the Role of the Heavenly Dimension in Paul's Thought with Special Reference to His Eschatology* (Cambridge: Cambridge University Press, 1981, reprinted Grand Rapids: Baker, 1991), 147-50을 보라.

[4] 이에 대한 좋은 논의로 죠지 래드, 『개혁주의 종말론 강의: 마지막에 될 일들』 개정역 (서울: 이레서원, 2000), 48; 그의 *A Theology of the New Testament,* revised edition (Grand

성경에는 하나님께서 온 세상을 가득채우면서 계시지만(렘 23:24) 특별히 하나님께서 계신 곳을 지칭하여 많은 곳에서 "하늘"(heaven)이라고 하였다(마 6:9, 14, 32; 마 5:16, 45, 48; 마 6:1; 마 7:11, 21; 마 10:32, 33; 마 12:50; 마 16:17; 마 18:10, 19, 35; 마 15:13; 마 23:9; 막 11:25; 눅 11:13; 엡 6:9; 계 11:13; 창 24:7; 신 26:15; 왕상 8:30, 35, 36, 39, 43, 49; 대하 6:21, 23, 25, 30, 39; 대하 7:14; 대하 20:6; 대하 36:23; 스 1:2; 스 5:12; 스 6:9, 10, 스 7:12, 21; 느 1:4, 5; 느 2:4, 20; 느 9:27, 28; 시 53:2; 시 80:14; 시 102:19; 시 115:3; 시 123:1; 시 2:4; 시 14:2; 시 33:13; 전 5:2; 사 63:15; 단 2:19, 28, 37, 44; 단 5:23; 애 3:41, 50; 욘 1:9).

마찬가지로 성자께서도 창세전에 성부와 함께 영광 중에 계시던 곳을 하늘이라고 하였고, 그분이 지상 사역을 마친 후에 "하늘"로 올라가셨다고 한다(요 3:13; 요 6:42; 막 16:19; 행 1:11; 엡 1:20; 벧전 3:22; 히 9:24). 그리고 "만유를 회복하실 때까지는 '하늘'이 마땅히 그를 받아두리라"고 하였다(행 3:21). 이 때 "하늘"은 우리 눈에 보이는 소위 우주적 하늘이 아니고 하나님이 계신 곳을 지칭하는 독특한 의미의 "하늘"을 뜻하는 것이다.

이 세상에서 예수님을 자신의 구주로 믿어서 하나님 나라에 속해 있는 사람들은 죽은 후에 하나님이 계신 곳인 그 "하늘"에 있게 되는 것이다.

영혼만으로 존재하는 "하늘"에서의 삶은 아주 복된 삶이고 죄 없는 삶이요 하나님을 찬양하고 기도하는 삶이기는 하나 우리를 구원하셔서 종국적으로 하나님께서 있게 하시는 최종적 목적의 삶은 아니다.[5]

우리 주께서 다시 오시는 날에 우리는 주님과 같은 몸으로 부활하여 우리 주 예수님을 뵈옵고 그에게 절하게 될 것이다. 그 영원한 상태가 하나님의 구원의 최종적 목적이며 우리를 구원하신 하나님의 의도가 종국적으로 완성된 "극치의 하나님 나라"(極致에 이른 天國)이다. 그것을 성경에서는 "새 하늘

Rapids; Eerdmans, 1993), 194-95, 597-99도 보라.
5 이에 대해서 이승구, 『기독교 세계관으로 바라보는 21세기 한국 사회와 교회』, 2쇄 (서울: SFC, 2006), 95-103을 보라.

과 새 땅"이라고도 부르고 있다(사 65:17, 66:22; 벧후 3:13; 계 21:1, 2).

우리의 선배들은 이를 "영광의 왕국"(regnum gloriae)이라고 표현하기도 했다. 우리는 이 영원한 영광의 왕국, 새 하늘과 새 땅에서 영원히 삼위일체 하나님의 통치를 받으며 주님을 위한 놀라운 일들을 해 나갈 것이다. 그때는 하나님의 뜻에 온전히 일치하는 문화가 그 본연의 모습을 드러낼 것이고, 우리의 문화적 활동이 가장 온전한 형태로 나타나게 될 것이다.

이런 것을 생각할 때 지금 여기서 우리가 하는 문화적 활동이 하나님 나라를 위해 하는 것이라면 매우 긍정적 의미를 가질 수 있다는 것을 생각할 수 있다.[6]

7. 하나님 나라적 세계관(神國的 世界觀) 정리

이상의 성경적 가르침을 잘 받은 사람들의 세계관은 결국 하나님 나라적 세계관, 온 세상과 그 과정을 하나님 나라와 관련하여 보고 해석하는 이해를 가지게 될 것이다. 그리스도인이 그런 생각을 바르게 가지지 않는다면 그것은 매우 이상한 일로 기독교에 대한 이해가 바르지 못하거나 부족한 것이라고 하지 않을 수 없다.

하나님 나라 세계관에서 제일 중요한 요소는 우리의 생각과 말과 활동이 과연 이 땅에서 하나님의 통치를 받아서 하는 생각과 말과 행동이냐 하는 것이다. 만일 그렇지 않다면 우리는 신국적 세계관을 가지지 않은 것이고, 결국 기독교 세계관을 가지지 않은 것이 된다. 날마다 그리고 매 순간을 하나님 앞에서(coram Deo) 하나님의 뜻을 잘 파악하여 그 뜻을 실현하고

---

[6] 이 점을 더 발전시킨 논의로 이승구, 『한국 교회가 나아 갈 길』 (서울: SFC, 2007), 마지막 장과 그에 언급된 책들을 보라.

사는 삶이 신국적 세계관을 가진 사람으로 사는 것이다. 삶의 모든 부분이 가장 멀리 있는 것으로 여겨지는 것까지라도 모두 다 하나님과 연결되어 있음을 분명히 의식하면서 자신과 관련된 모든 삶의 영역을 모두 다 하늘에 계신 하나님의 뜻을 수행하는 것이어야 한다.

그런 사람은 세계 전체에 대해 깊이 있는 관심을 가지게 된다. 온 세상이 다 하나님의 피조계요 하나님께서 통치하시는 영역이기 때문이다. 그는 이 세상의 그 어떤 것도 주님과 관련되지 않은 것이나 주님의 것이 아닌 것이라고 생각하지도 않는다. 삶의 전영역을 하나님과 연관해서 사는 것이다.

그러므로 신국적 세계관을 가진 사람은 매우 넓은(호방[豪放]한) 사상과 세계관을 가지는 것이다. 삶의 어떤 영역만을 주님의 것으로 생각하는 좁은 생각을 벗어나게 된다. 온 세상을 하나님과 연관시키므로 이 세상의 정치, 경제, 사회, 문화의 모든 영역이 어떻게 하나님의 의도와 관련해서 평가되어야 하며 어떻게 하나님의 의도를 표현해야 하는지에 관심을 가지게 된다.

그러므로 진정한 기독교 세계관을 가진 사람은 온 세상의 형상을 모두 하나님 나라의 빛에서 평가하는 신국적 문명 비평가요, 이 땅에서 어떻게 하면 하나님의 뜻에 좀 더 가까운 현실이 나타나게 될 것인가 하는 것에 모든 신경을 집중하여 신국적 문화 변혁을 위해 힘쓰는 진정한 신국적 문화 사역자가 된다.

그런 그리스도인은 자신의 세계에 관한 이해와 자신의 활동을 외적으로 표현해 낼 때에 성경이 하나님 나라에 대해서 가르친 것을 중심으로 표현하는 일에도 열심이게 된다. 물론 외적 표현은 혹시 잘못한다고 해도 그런 실재가 있으면 되지만, 너무 이런 식으로 나아가는 것은 성경을 통해서 주신 계시를 무시하는 것이 되므로 모든 그리스도인은 애를 써서 자신들이 표현하는 것조차도 성경의 가르침과 그에 따라 이전 성경적 그리스도인들이 표현하려고 했던 바와 일치하는 방식으로 표현하려고 노력해야 하는 것이다.

이와 같이 우리의 실천과 문화적 노력과 우리의 사상 표현이 진정 하나님 나라적 세계관을 이 세상에 표현하는 것이 될 수 있기를 간절히 원한다.

8. 이해를 위한 탐구적 질문들

(1) 예수님께서 가르치시는 하나님 나라라는 말의 뜻이 무엇입니까?

(2) 하나님 나라와 천국(天國, 하늘나라)의 관계는 무엇입니까?
(마 4:17과 막 1:15을 비교해 보십시오)

(3) 하나님 나라(天國)의 현재성과 미래성의 관계는 어떻게 됩니까?

(4) 하나님 나라 백성은 이 땅에서 살 때 어느 나라 백성입니까?

(5) 이 땅에 있으면서 이 땅에 속하지 않은 하나님 나라 백성은(요 17:16) 이 땅에서 어떻게 살아야 합니까?

(6) 하나님 나라 백성은 죽으면 어떻게 됩니까?

(7) 구속받은 우리의 최종 거주지와 우리의 종국적 삶은 어떤 것입니까?

(8) 하나님 나라적 세계관이란 무엇입니까?

(9) 이 장에서 배우고 정리한 것에 비추어 볼 때 우리가 흔히 사용하는 표현 가운데서 고쳐야 할 것은 어떤 것들이겠습니까?
이런 것들을 효과적으로 우리들이 고칠 수 있는 방안을 나누어 보십시오.

더 깊은 연구를 위한 참고 도서

박형용. 『신약성경신학』 수원: 합동신학대학원출판부, 2005. 특히 5, 6, 7, 9 장.
양용의. 『하나님 나라 어떻게 이해할 것인가?』 서울: 성서유니온, 2005.
이승구. 『기독교 세계관이란 무엇인가?』 개정 3판 4쇄. 서울: SFC, 2009.
_____. 『기독교 세계관으로 바라보는 21세기 한국 사회와 교회』 2쇄. 서울: SFC, 2006.
_____. 『하나님께 아룁니다』 서울: 말씀과 언약, 2020.

Hoekema, Anthony A. *The Bible and the Future*. Grand Rapids: Eerdmans, 1979. 류호준 옮김. 『개혁주의 종말론』 서울: CLC, 2006.
Ladd, George E. *Crucial Questions about the Kingdom of God*. Grand Rapids: Eerdmans, 1952.
_____. *The Gospel of the Kingdom*. Grand Rapids: Eerdmans, 1959.
_____. *The Presence of the Future*. Grand Rapids: Eerdmans, 1974. 이태훈 옮김. 『예수와 하나님 나라』 서울: 엠마오, 1984.
_____. *The Last Things*. Grand Rapids: Eerdmans, 1978. 이승구 옮김. 개정역, 『개혁주의 종말론 강의』 서울: 이레서원, 2000.
Lee, Francis Nigel *The Origin and Destiny of Man*. n. p.; Presbyterian and Reformed Publishing Co., 1977. 이승구 옮김. 『성경에서 본 인간』 개정역. 서울: 토라, 2006.
Linclon, Andrew T. *Paradise Now and Not Yet: Studies in the Role of the Heavenly Dimension in Paul's Thought with Special Reference to His Eschatology*. Cambridge: Cambridge University Press, 1981, reprinted Grand Rapids: Baker, 1991.
Ridderbos, Herman N. *The Coming of the Kingdom*. Trans. H. de Jongeste. Philadelphia: Presbyterian and Reformed, 1962. 오광만 옮김. 『하나님 나라』개정역. 서울: 솔

로몬, 2009.

_____. *When the Time had Fully Come*. Ontario: Paideia Press, 1982.

Vos, Geerhardus *Biblical Theology*. Grand Rapids: Eerdmans, 1948, 10th Printing, 1977. 이승구 옮김. 『성경신학』 서울: CLC, 1987.

블룸하르트 부자(夫子)의 '하나님 나라' 운동에 대한 신학적 성찰

맑스주의의 도전에 대한 기독교의 답변

곽 혜 원 박사

경기대학교 초빙교수, 21세기교회와신학포럼 대표

1. '하나님 나라'에 대한 논의를 시작하면서

'하나님 나라'(βασιλεία τοῦ θεοῦ)는 하나님께서 만유의 주로서 만유 안에 계시고 만유의 중심이 되는 세계(고전 15:28), 하나님이 주권적으로 다스리고 통치하시는 세계를 말한다.[1]

예수 그리스도께서는 이 하나님 나라가 가까이 왔다는 복된 소식을 선포하면서 공생애를 시작하셨다.

> 이때부터 예수께서 비로소 전파하여 이르시되, 회개하라. 천국이 가까이 왔느니라 하시더라(마 4:17).

---

1 하나님 나라는 영어로 'kingdom of God'보다 'reign of God'이 원문에 가까운 표현이므로 '하나님의 통치'로도 대체 번역이 가능하다.

> 이르시되, 때가 찼고 하나님 나라가 가까이 왔으니, 회개하고 복음을 믿으라 하시더라
> (막1:15).

하나님 나라는 예수의 모든 말씀과 사역에서 가장 중요한 핵심이자 신약성서의 전 케리그마(Kerygma)로 요약되는 복음이기도 하다.[2] 복음서에 기록된 내용의 대부분은 하나님 나라와 관련됨으로써, 예수께서 말씀한 비유들(대표: 마태복음 13장의 '천국 비유')은 하나님 나라에 대한 설명이요, 예수께서 행하신 기적들은 하나님 나라의 표징이며,[3] 예수의 윤리적 교훈들(특히 산상수훈)은 하나님 나라의 백성으로서 그리스도인들이 어떻게 행동하고 살아가야 하는가에 대한 가르침이라고 말할 수 있다.

하나님 나라는 예수의 모든 말씀과 사역의 핵심이므로 교회 안팎에서 기독교 신앙의 실질적 중심 개념으로 인식되어 왔다.[4] 특별히 전통적 그리스도인들에게 하나님 나라는 신앙의 목적으로 이해되었는데, 이것은 하나님 나라에 집중하는 것을 올바른 신앙으로 제시하는 성서의 메시지에 일치한다.

그런데 문제는 하나님 나라가 기독교계에서조차 천차만별로 다양하게 해석됨으로써 많은 오해가 야기되고 있다는 점이다. 하나님 나라에 대한 기독교의 공신력을 떨어뜨리는 방법이 무엇인지 알고 있는 기독교 비판

---

2 헤르만 리델보스, 『하나님 나라』 오광만 옮김 (서울: 솔로몬, 2009), 14f.
3 공생애 기간 동안 예수께서는 여러 종류의 기적을 행하셨는데, 그는 이 기적들을 하나님 나라를 선포하는 가운데 행하시면서 바로 기적들이 하나님 나라가 우리 가운데 임하는 증거임을 나타내고자 하셨다. "예수께서는 모든 도시와 마을을 두루 다니시면서 유대 사람의 여러 회당에서 가르치며, 하늘나라의 복음을 선포하며, 온갖 질병과 온갖 아픔을 고쳐주셨다"(마 9:35, 새번역개정판); "다니면서 '하늘나라가 가까이 왔다'고 선포하여라. 앓는 사람을 고쳐 주며, 죽은 사람을 살리며, 나병 환자를 깨끗하게 하며, 귀신을 쫓아내어라. 거저 받았으니, 거저 주어라"(마 10:7-8); "예수께서 그 열둘을 한 자리에 불러 놓으시고, 모든 귀신을 제어하고 병을 고치는 능력과 권능을 주시고, 하나님 나라를 선포하며 병든 사람을 고쳐 주게 하시려고 그들을 내보내시며"(눅 9:1-2).
4 정지련, "하나님 나라에 대한 신학적 반성", 「한국조직신학논총」 제22집(2008.12), 159.

가들은 하나님 나라의 실재를 끊임없이 부정하거나 상징화하기도 하는데, 왜냐하면 이 나라의 실재성이 부정되면 기독교 신앙도 무너질 수 있다고 생각하기 때문이다.

오늘날 하나님 나라는 사람에 따라 때로는 저승의 한 장소로, 때로는 우주의 종말로, 때로는 상징적 의미로 이해되기도 한다. 신학적 대화나 토론에서도 하나님 나라에 대한 전체적 이해를 밝히지 않으면, 오해할 수밖에 없는 상황이 발생하고 있다.[5]

사실상 하나님 나라가 예수의 모든 말씀과 사역의 핵심이라면, 이 땅의 모든 교회와 성도들은 마땅히 하나님 나라를 구현하기 위해 총력을 기울여야 할 것이다. 그러나 놀랍게도 이천 년 교회사에서 하나님 나라는 거의 주목받지 못한 기독교의 핵심 교리였다.

하나님 나라는 성서의 중심 주제요, 기독교 신앙의 핵심임에도 현실의 종교 권력에게는 철저하게 외면당하고 배제된 성서 사상이었는데, 왜냐하면 하나님 나라 대신 종교 권력을 휘두르는 제도권 교회 권력이 하나님 나라를 불충분하고 불충성스럽게 대리했기 때문이다. 하나님 나라는 지상에 존재하는 모든 기득권자나 권력 체제를 향해 항구적인 자기 갱신과 자발적 변혁을 요청할 뿐만 아니라 모든 개인에게는 급진적 전향을 요구하기 때문에, 기독교 복음이 유럽 문명에 이식될 때 하나님 나라 복음은 본래의 세계 변혁적인 신선함을 잃고 왜곡·변질되었다.

그렇다면 하나님 나라가 135년 역사의 한국 교회사에서는 어떠한가?

하나님 나라에 대한 오해가 팽배한 만큼 현재 한국 교회는 하나님 나라의 참된 의미에 대해 무관심하고 이를 외면하는 실정이다. 1884/5년 기독교 복음이 전래된 이래 절체절명의 위기에 빠져 있는 한국 개신교는 사회적 영향력과 지지기반을 상실한 상황 속에서 향후 어떠한 방향으로 나아

---

5   위의 책, 160.

가야 할지 많은 사람이 대책 마련에 부심하고 있다.

이처럼 한국 교회가 어려움에 직면하게 된 가장 근본적인 원인은 '예수의 삶'이 전반적인 한국 교회의 삶 속에 나타나지 않으며, 교회가 '예수의 일'을 온전히 행하지 않은 데 기인한다고 말할 수 있을 것이다. 교회가 진정 교회다운 교회가 되는 길은 교회의 주님이시요, 교회의 터전이신 '예수 그리스도'에게로 돌아가 그분이 하신 말씀을 말하고 그분이 행하신 일을 행하는 데 있기 때문이다.[6]

물론 21세기를 살아가는 교회와 성도들이 이천 년 전 예수의 말씀을 문자 그대로 말하고 예수께서 행하신 사역을 그대로 실행할 수는 없을 것이다. 그러나 주님의 몸 된 교회는 예수의 모든 말씀과 사역의 핵심이 무엇인가를 깊이 성찰하고, 이를 교회의 모든 선포와 사역의 중심 주제로 삼아야 할 것이다.

성도들은 예수의 모든 말씀과 사역의 중요한 정신이 무엇인가를 심사숙고하고 이를 삶의 현장에서 작은 것에서부터 실천하면서 예수의 삶의 길을 따라감으로써 진정 성도다운 성도가 될 수 있을 것이다. 교회가 진정 교회다운 교회가 되고 성도가 진정 성도다운 성도가 될 때, 예수 그리스도의 모든 말씀과 사역의 핵심인 하나님 나라를 올바로 이해하고 실천할 때 한국 교회가 견고하게 바로 서고 하나님의 복음이 흥왕하게 될 것이다.

이러한 문제의식에서 출발하는 본고는 블룸하르트(C. Blumhardt) 부자(夫子)의 하나님 나라를 둘러싼 핵심 논제를 논하면서 하나님 나라를 구현해야 할 하나님 나라의 공동체요, 하나님 나라의 시민으로서 한국 교회와 성도들이 책임적으로 살아갈 수 있도록 동기부여 하고자 한다.

하나님 나라는 21세기 한국 교회의 중요한 주제로 부각됨으로써, 향후 한국 교회가 올바르게 나아가야 할 방향을 제시한다고 말할 수 있다. 즉,

---

6 곽혜원, 『현대 세계의 위기와 하나님의 나라』(서울: 한들, 2008), 174ff.

하나님 나라를 어떻게 이해하고 이를 삶의 영역에 어떻게 적용·실천하느냐에 한국 교회의 향방이 달려 있다고 해도 과언이 아니다. 그러므로 하나님 나라에 대한 심도 있는 신학적 연구와 실천 방안의 모색은 21세기 한국 신학계와 교계에 매우 절실히 요청되는 상황이다.

2. 블룸하르트 부자의 '하나님 나라' 운동이 태동한 시대적 배경

블룸하르트(C. Blumhardt) 부자(夫子)가 '하나님 나라' 운동을 전개할 무렵 19세기의 유럽 사회는 산업화의 여파로 야기된 부익부·빈익빈 현상이 나날이 심화되면서 자본가와 노동자 사이의 계급 대립이 대단히 심각하게 노정되었다. 극심한 계급 대립과 인권유린의 부조리 속에서 맑스주의(Marxism)에 기반한 사회주의가 급속도로 유럽 전역을 휩쓸게 되었다.

맑스주의는 모든 악(惡)의 근원이 인간을 유산계급(자본가계급)과 무산계급(노동자계급)으로 나누어 버리는 사유재산 제도와 소유물의 불평등한 분배에 있다고 주장하면서 부(富)를 독점하는 유산계급을 신랄히 비난하였다. 맑스주의는 특히 기독교를 향해 "민중의 아편"(das Opium des Volkes)이라고 일컬으면서 혹독히 비판하였다.

엄밀히 말해, 기독교에 대한 맑스주의의 비판은 기독교 교리 자체에 대한 비판이기보다, 그리스도인들의 위선과 이율배반성에 대한 비판이었다.[7] 그러나 무엇보다도 이것은 개인적이고 내면적인 영성에 함몰되어 대(對) 사회적 의무를 등한히 함으로써, 결과적으로 불의한 사회 현실을 개혁하고자 하는 의지를 마비시키는 그리스도인들의 피안성(彼岸性)에 대한 비판이었다.

---

[7] 이러한 사실을 우리는 맑스 자신의 고백에서 잘 알 수 있다. "성서는 문자 그대로 거룩하다": K. Marx, "Zur Judenfrage", in: K. Marx, *Friedrich Engels Studienausgabe in 4 Bänden*, Frankfurt am Main 1966, 43.

마침내 20세기 전반 맑스주의는 일련의 공산주의 폭력혁명들을 통해 전 세계 인구의 3분의 1을 장악함으로써, 지난 세기 내내 전 세계를 참혹한 이데올로기 냉전체제로 몰고 갔다. 이러한 상황은 맑스주의의 도전 앞에 기독교가 심각한 위기 국면에 봉착했음을 의미하는 것이다.

사실 기독교의 피안성은 칼 맑스(K. Marx)가 부추긴 측면이 있다. 1848년 "독일 공산당의 요구"라는 글에서 그는 "교회와 국가의 철저한 분리와 모든 교파의 성직자들의 봉급은 오직 자발적으로 모인 개교회 신도들에 의해 지급되어져야 한다"라고 요구하였다. 이것은 독일의 맑스주의 지식인들에게 큰 영향을 미침으로써, 많은 사람이 종교를 구체적 사회개혁의 문제와 동떨어진 영혼의 문제를 다루는 것으로 생각하게 되었다.

이러한 사회 분위기 속에서 1891년 에르푸르트 강령(Erfurt Program) 제6조에는 종교가 사적 문제에 속하기 때문에 성직자의 봉급을 국가재정에서 지출해서는 안 된다고 규정하게 되었다.

1896년 독일 황제 빌헬름 2세(Wilhelm II.)도 아돌프 스퇴커(A. Stöcker)에게 쓴 서신에서 정치에 관여한 목사들에 대한 당시의 지배적 견해를 다음과 같이 표명하였다.

> 목사들은 신도들의 영혼 문제에만 관심을 가져야 하고 자신의 사역을 증진시키는 데 힘써야 하며 정치에 관여해서는 안된다.

그러므로 블라디미르 레닌(W. I. Lenin)은 국가가 종교와 일체 무관하다고 언급하면서 종교는 사적인 것이 되어야 한다고 공언하기도 했다. 이로써 기독교는 구체적 사회개혁의 문제와는 무관하게 개개인의 영혼의 문제만을 다루는 사적인 것으로 점차로 인식되었다.

이러한 문제상황 속에서 크리스토프 블룸하르트 부자는 기독교의 사사화(私事化, privatization)에 대해 근본적 의문을 제기했는데, 왜냐하면 예수 그리스도께서 육체로 오셨다(성육신)는 사실은 이미 기독교가 영혼만의 종교가 되기를 거부하는 것이라고 이해했기 때문이다. 또한, 그들에게 있어서 하나님 나라는 세상을 변혁시키는 힘을 가지고 있으며, 하늘과 땅이 변화되는 것과 연관되었기 때문이다. 그러므로 블룸하르트 부자는 기독교 복음의 본질이 하나님 나라와 관련되어 있고, 이 하나님 나라가 현실의 구체적 삶의 변혁과 연관이 있다는 것을 명백히 드러내는 데 심혈을 기울이게 되었다.

그러면서 블룸하르트 부자는 맑스주의가 불의한 사회 현실을 개혁하려는 의지를 마비시키는 그리스도인들의 피안성을 비판하는 것을 주목하면서 기독교에 대한 맑스주의의 비판을 겸허히 수용함과 동시에 교회갱신과 신앙각성 운동을 감행하였다.

그들은 교회의 정체성을 상실하고 불의한 국가권력과 결탁하여 지배계층으로 군림해 온 교회를 갱신하고 성도들의 신앙을 각성하기 위한 일환으로 예수 그리스도가 선포한 하나님 나라(마 4:17; 막 1:15)에 기초하여 하나님 나라 운동을 전개하였다. 피안의 종교의 하나님이 아닌 지금 이 자리에 살아 계신 하나님에 대한 생생한 체험, 하나님 나라의 실재성에 대한 분명한 경험이 교회의 갱신과 신앙의 각성을 불러일으켰던 것이다.

아버지 블룸하르트가 전개한 하나님 나라 운동은 아들 블룸하르트에 이르러 사회주의와 접목되면서 기독교사회주의(christian socialism) 운동으로 발전하게 되었다. 아들 블룸하르트는 산업화로 인해 많은 정치·경제·사회적 문제가 노정되고 사회계층 간 갈등이 나날이 심화되지만, 이에 대한 교회의 입장이 매우 소극적인 상황 속에서 현실적 문제를 해결하기 위해 일정 기간 사회주의를 사역에 접목하였다.

기독교사회주의 운동은 20세기 초 스위스와 독일을 중심으로 유럽 전역에 걸쳐 일어난 가장 중요한 신학 운동의 한 조류인데, 이 운동이 유럽 전역에 확산되었음은 당대 유럽의 상황이 산업화의 여파로 야기된 노동자의 인권 문제가 매우 심각했음을 입증하는 것이다.

블룸하르트가 기독교사회주의를 통해 맑스주의에 진지하게 응답하고 기독교 개혁을 구체적으로 강행함으로 대안을 제시한 덕분으로 서유럽 공산화를 막을 수 있었다고 필자는 평가한다.

블룸하르트의 탁월한 신학과 실천은 이후 매우 다양한 형태로 그 불꽃이 점화되었는데, 대표적으로 스위스 기독교사회주의 운동을 전개한 헤르만 쿠터(H. Kutter)와 레온하르트 라가츠(L. Ragaz)[8]를 위시하여 변증법적 신학 운동을 일으킨 칼 바르트(K. Barth)와 에밀 브룬너(E. Brunner), 투르나이즌(E. Thurneysen), 독일 신학자 파울 틸리히(P. Tillich)와 디트리히 본회퍼(D. Bonhoeffer) 그리고 20세기 후반 이후 세계 신학계를 주도하는 희망의 신학자 위르겐 몰트만(J. Moltmann)에 이르기까지 블룸하르트의 영향력은 거의 절대적이다. 이외에도 블룸하르트는 여러 분야의 무수히 많은 사람에게 커다란 감화와 영향을 주었다.

블룸하르트의 막대한 영향력과 신학계에 미친 지대한 공헌에 근거하여 많은 신학자가 블룸하르트의 하나님 나라 운동을 높이 평가하면서 하나님 나라의 역사 속에서 블룸하르트 만큼 중요성을 지닌 인물은 없을 거라고 평가하였다. 일련의 신학자들은 종교개혁자 깔뱅과 병행하여 블룸하르트의 이름을 명시했으며, 한 걸음 더 나아가 루터와 깔뱅보다 블룸하르트가

---

[8] 하나님께서는 각각의 시대에 일꾼을 부르시되 그 부르심의 목적에 따라 각기 다른 방식으로 그들의 삶을 이끄시는데, 블룸하르트의 신학과 실천은 다양한 형태와 다양한 방면으로 영향을 끼쳤다. 블룸하르트 부자는 동일한 원류에서 출발했으나, 쿠터가 아버지 블룸하르트의 하나님 나라 운동 방식으로 나아간 데 반해, 스위스 기독교사회주의 운동을 이끈 라가츠는 아들 블룸하르트의 하나님 나라 운동 방식을 취한 것으로 평가된다. 1903년 『당신은 행해야 합니다』(Sie Mussen)를 출판한 쿠터가 기독교사회주의의 대열에서 이탈한 후, 뒤를 이어 레온하르트 라가츠(L. Ragaz)가 계승하였다. 라가츠는 기독교사회주의를 대변하는 『새 길』이라는 잡지를 주관하면서 기독교사회주의의 확장과 신학적 이론을 체계화하는 데 심혈을 기울였다. 이러한 부르심의 다양성을 통해 하나님 나라는 더욱 다양한 삶으로 응답되었다.

더 중요하게 여겨질 날이 올 것을 확신하기도 했다.

사실 블룸하르트는 체계적으로 이론을 연구한 신학자가 아닌 현장에서 사역한 목회자였음에도 불구하고, 칼 바르트는 19~20세기 신학의 분기점으로 평가받는 불후의 명저 『로마서』(Der Römerbrief, 1919/1922)를 저술함에 있어서 블룸하르트의 영향력이 절대적이었음을 토로했으며, 그의 저서 『19세기의 개신교 신학』(Die Protestantische Theologie im 19. Jahrhundert, 1947)에서는 블룸하르트를 당대의 가장 영향력 있는 신학자 중 한 사람으로 존경하고 치하하였다.

3. 블룸하르트 부자의 생애와 사건

1) 아버지 요한 크리스토프 블룸하르트(J. C. Blumhardt, 1805-1880)

1805년 7월 16일 독일의 뷰르템베르크(Württemberg)주에 속한 슈바벤(Schwaben) 지방의 도시 슈투트가르트(Stuttgart)의 한 경건주의자 가정에서 6형제의 장남으로 출생하였다. 블룸하르트의 유년기는 성서를 떠나서는 생각할 수 없을 만큼 성서가 그의 모든 삶에 절대적 영향력을 행사했는데, 일설에 의하면 그는 4~5세 때부터 열심히 성서를 읽기 시작했고 이미 12세 때 신구약성서를 두 번이나 통독했다고 전해진다.

블룸하르트가 성장했던 19세기 초엽 당시 독일은 프랑스의 계몽 사상가 볼테르의 무신론적·반기독교적 철학의 영향 아래 상층계급이 흔들리고 있었고, 프랑스 혁명의 조류 속에 국민의 신앙이 잠식되는 상황이었다. 그러나 슈투트가르트를 중심으로 뷰르템베르크주에는 복음에 대한 믿음을 지켜 나가는 경건한 무리가 경건주의 운동을 벌이기 시작하였다.

당시 독일의 경건주의는 특히 슈바벤 지방을 중심으로 활발히 전개되었는데, 이 각성 운동은 그리스도인으로서의 분명한 결단과 진실한 삶을 철저히 요구하였다. 슈페너(P. J. Spener, 1636-1705)의 "성서로 돌아가자"라고 하는 기치 아래 발생한 경건 운동은 "교회 안에 있는 교회들"로서 "거룩한 모임들"을 구성했으며, 친첸도르프(N. L. Zinzendorf)는 헤른후트(Hernhut)에 형제단(Brüdergemeinde)을 세워 뷰르템베르크의 경건주의에 활력을 부여하기도 했다.

1819년 14세에 슈투트가르트의 고교를 졸업한 후, 쉔타알(Schöntal) 신학교에 입학하여 4년간 수학하였다. 신학교 재학 중 코른탈(Korntal)공동체의 창시자인 고틀리프 빌헬름 호프만(G. W. Hoffmann)의 아들 빌헬름 호프만(W. Hoffmann, 바젤선교원 원장, 튀빙엔대학 교수, 베를린 주교를 역임)과 만나 교제하였다. 코른탈공동체를 경험하면서 공동체가 하나님 나라 운동과 어떤 연관성을 갖는지를 목도했고, 공동체 구성원들의 공동체적 삶을 통해 하나님 나라의 성격에 대해 깊이 이해할 수 있었는데, 후일 코른탈공동체에서 배운 경험들을 자신의 목회에 적용하였다.

블룸하르트는 전쟁과 기근의 시대상황 속에서 가난한 집안을 돌보며 성장한 청소년기를 보냈는데, 특히 맏형이 11세에 사망하고 17세에 부친이 소천함으로 말미암아 6남매의 장남으로서 장학금의 일부로 어머니와 동생들을 부양하는 무거운 책임을 짊어지게 되었다.

1824(25)년 19세에 튀빙엔(Tübingen)대학 신학과에 진학하였다. 당시 쉔타알 신학교 동기 빌헬름 호프만 이외에 시인 에듀아르트 뫼리케(E. Mörike), 다비드 슈트라우스(D. Strauß) 등과 같은 전혀 개성이 다른 인물들과의 교분은 세속과의 분리주의·엄격주의·완전주의를 지향하는 일반적 경건주의자들에게서 보기 어려운 블룸하르트만의 자연스럽고 인간적인 인품을 드러낸다. 한편 그는 루드비히 호프아커(L. Hofacker)를 중심으로 한 각성 운동 학생 동아리에 가담하기도 했다.

그러나 블룸하르트는 튀빙엔대학의 교수들에게서는 이렇다 할 만한 영향을 받지 못했는데, 이는 그가 독일 신학계의 오랜 관행이었던 사변적·철학적 신학에 반감을 가졌기 때문이다. 독일인들은 어떤 정신적 지도자에게 도취되는 경향이 있는데, 당시 신학도들은 당대의 특출한 인물들인 칸트(I. Kant), 피히테(J. G. Fichte), 쉘링(F. W. J. Schelling), 헤겔(G. W. F. Hegel) 등의 철학에 매료되었다.

이에 반해 블룸하르트는 특정한 학자나 인물로부터 별다른 영향을 받지 않음으로써, 자신만의 순수한 독자성을 지닐 수 있었다. 그러면서 그는 자기 방식대로 공부하면서 이성과 경건 사이의 조화를 지향하는 가운데 주로 성서 연구에 몰두하였다. 성서 이외에 종교개혁자들의 신학에도 관심을 기울였는데, 특히 루터에게서 큰 감명을 받았고, 슈바벤 지방 교부들의 신학에 친근했으며, 루터교 신학자 벵겔(J. A. Bengel)에게서 하나님의 섭리 신학을 공부하였다.

1829년 튀빙엔대학을 졸업한 후, 슈투트가르트 인근 듀르멘츠교회의 목사 견습생으로 1년 간 시무하다가 이듬해 스위스 바젤선교회(Baseler Missionhaus)[9]가 운영하는 선교학교 교수로 초빙되었다. 당시 바젤은 스위스, 독일, 프랑스, 네덜란드 등을 망라하여 프로테스탄티즘의 다양한 운동과 공동체의 중심지였는데, 19세기 초 특히 스위스와 독일의 경건주의와 각성 운동을 위해 상당히 중요한 역할을 하였다.

1837년 뷰르템베르크교회의 발령으로 바젤을 떠나 독일로 돌아와 입팅엔(Iptingen)교회의 부목사로 부임하였다. 부임 당시 입팅엔교회와 마을 주민들은 서로 경계하는 입장이었지만, 블룸하르트의 노력으로 마을 주민들은 점차로 교회와 가까워지게 되었고 성찬예식에도 참여함으로써, 마치

---

[9] 바젤선교회는 1815년 그리스도의 복음을 위해 철저히 헌신한 사람들로 구성된 '기독교 연합회'(Christusgesellschaft)가 선교사를 훈련하여 세계 각국에 파송하기 위해 설립된 기관이다.

기적처럼 양자 사이의 막힌 담이 허물어지게 되었다.

교회의 모든 사람이 그를 좋아했고 이웃 동네에서도 많은 사람이 그의 설교를 듣기 위해 몰려왔다. 당시에 블룸하르트는 하나님의 소명에 대한 확고한 자각을 가진, 보기 드문 자질과 은총을 입은 생명력이 넘치는 청년 목사라는 평판을 받았다.

1838년 33세에 뫼틀링엔(Möttlingen)교회에 부임하였다. 뫼틀링엔은 비록 소도시이지만, 대대로 유능한 목사들이 목회를 담당했는데, 블룸하르트의 전임자는 다방면으로 박식하고 화려한 설교기법의 소유자이자 대단히 탁월함을 인정받은 저술가 크리스티안 고틀로프 바르트(C. G. Barth) 박사였다. 블룸하르트는 부임 초기 전임자에 익숙한 교회 회중들로부터 평가절하됨으로 인해 한동안 목회에 대한 자신감을 잃고 심리적으로 상당히 위축되었다.

사실 전임자인 바르트 박사는 신앙각성 운동의 정신으로 교회갱신을 위해 용감히 싸웠고 선교에 열정을 가졌던 사람이었다. 그럼에도 불구하고 그는 목회 말년에 강단의 위기를 경험했는데, 이는 뫼틀링엔교회의 영적 위기로 확산되었다. 이러한 상황 속에서 블룸하르트는 그의 신앙과 목회에 근본적 방향 전환이 절실하다는 위기의식을 갖게 되었다.

1842년 뫼틀링엔교회 부임 4년 후 블룸하르트 평생의 삶과 목회 방향을 결정짓는 중요한 체험, 곧 '고틀리빈 디투스'(G. Dittus)라는 처녀(당시 28세)를 악한 영으로부터 해방시키는 역사적인 기적사건을 경험하였다. 이 처녀를 치유하기 위해 블룸하르트가 제일 먼저 행했던 방법은 기도와 성서 연구를 통해 하나님의 인도하심을 발견하는 일이었다.

즉, 블룸하르트가 고틀리빈 디투스를 악한 영으로부터 자유케 했던 무기는 기도와 하나님의 말씀이었다. 특히, 마가복음 9:29에 기록된 예수의 말씀, 곧 "기도 외에 다른 것으로는 이런 종류가 나갈 수 없느니라"라는 말씀을 부여잡고 기도와 금식에 몰두하였다. 이는 그가 이 싸움이 단순한 싸움이 아닌 흑암의 세력과의 생명을 건 사투이며, 자신이 주도해서는 결코 이길 수 없는 영적 싸움, 곧 예수께서 주체가 되신 싸움이라는 사실을 절감했기 때문이다.

흑암 세력과의 싸움은 1843년 12월 27일 고틀리빈 디투스의 여형제이자 같이 악령에 사로잡혔던 카타리나(Katharina)로부터 "예수는 승리자시다!"(Jesus ist Sieger!)라는 절규와 함께 종결되었다. 후일 고틀리빈 디투스는 완쾌되어 양녀로서 블룸하르트 부인의 가사와 육아를 도울 뿐만 아니라, 블룸하르트의 목회활동에서도 없어서는 안 될 중요한 조력자로 성장하였다.

고틀리빈 디투스를 치유한 사건은 블룸하르트가 하나님 나라 운동을 이루는 일에 새로운 출발점으로 작용하였다. 블룸하르트는 기도와 금식 그리고 하나님의 약속 말씀을 통해 예수 그리스도의 권세를 확실히 체험함으로써, 하나님 나라 운동을 확신 있게 전개하였다.

이 사건을 계기로 뫼틀링엔은 복음사건의 현장으로 널리 알려지게 되었고, 영적 침체를 면치 못하던 교회가 활기를 얻었으며, 하나님께 향한 회개와 탄식, 치유사건이 일어나게 되었다. 완고한 마을주민들은 자원하여 교회로 몰려와 자신들의 죄를 회개하면서 대성통곡했고, 각종 중독에 빠진 사람들이 신앙생활을 다시 시작하면서 건강을 회복하기도 했다. 주일마다 텅 비었던 교회가 가득 차게 되었고 주중에도 사람들이 교회에 모여 성서를 읽고 하나님을 찬양하면서 성령이 강림하시기를 간구하였다. 너무나 많은 사람이 몰려왔기 때문에, 심지어 열려 있는 교회의 창문을 통해서도 병자들이 말씀을 듣고 하나님의 치유를 경험하기도 했다.

영적 싸움을 통해 체득한 살아 계신 하나님에 대한 생생한 체험, 피안의 종교적 하나님이 아닌 지금 이 자리에 살아 계신 하나님 나라의 실재성에 대한 경험이 사람들로 하여금 신앙의 각성을 불러일으키도록 만들었다. 회개를 통한 삶의 변화, 왜곡된 인간관계의 회복은 하나님 나라에 대한 간절한 소망 가운데 하나님 나라를 지향하는 삶으로 인도하였다.

특별히 블룸하르트는 신앙각성 운동에서 사람들의 인식의 변화, 가치관의 변화 그리고 삶의 변화를 강조했는데, 이는 그가 이러한 변화를 통해 개인의 회심과 성숙한 신앙은 물론 종국적으로 개인의 갱신과 교회의 갱신을 유도한다고 확신했기 때문이다. 블룸하르트는 하나님의 역사하심을 통한 거대한 신앙각성 운동의 기운을 감지하고 기도와 말씀 묵상에 주력하였다.

블룸하르트는 1852년 치유 사역과 말씀 선포에 전념하기 위해 괴핑엔(Göpingen) 근교 유황온천으로 유명한 바트볼(Bad Boll)[10]로 이주하여 1880년 사망할 때까지 28년간 체류하면서 하나님 나라 운동에 진력하였다. 이곳으로 영혼과 육체가 병든 사람들은 구름 떼처럼 몰려와 병을 치유 받고 살아 계신 하나님을 만났으며 하나님 나라가 도래했다는 사실을 몸소 체험하게 되었다.

바트볼에서 블룸하르트는 특히 청소년기에 각인되었던 공동체를 지향하는 목회에 주력하면서 공동체적인 삶을 구현하였다. 즉, 그는 바트볼의 모든 예배를 가족적이고 자연스러운 분위기로, 공동체적 분위기로 진행하고 모든 신분상의 차이를 뛰어넘어 다양한 신분으로 구성된 사랑의 공

---

10 바트볼은 유황을 함유한 온천이 흘러나옴으로써, 16세기 중반 이래로 기적의 온천으로 알려진 휴양지이다. 이곳은 1595년 프리드리히 1세(Friedrich I.) 대공에 의해 국립요양소로 개발되었지만, '30년 전쟁'(1618-1648) 발발로 인해 폐허가 되었다가 빌헬름 1세(Willhelm I.)에 의해 새 건물로 단장되었다. 블룸하르트가 바트볼을 인수했다는 소식이 알려지면서 각계각층에서 온갖 중상모략이 빗발쳤는데, 특히 뫼틀링엔의 투쟁과 각성에 대해 처음부터 부정적이었던 언론들은 국민 건강을 위해 세워진 국립 요양소를 블룸하르트에게 매각한 것은 국가의 치욕이라고 비난하였다. 의료위원회는 바트볼이 반(反)의학적 정신병원으로 전락했다고 맹렬히 공격, 급기야 블룸하르트가 온천을 시민들의 이용을 위해 계속 공개하고, 정신병자들은 의사에게 보낼 것이며, 온천장을 가능한 속히 다른 사람에게 인계한다는 조건을 달도록 정부를 압력하였다. 그러므로 블룸하르트는 첫째 조건을 수용하면서 자신이 결코 정신병원을 운영하지 않을 것임을 분명히 밝히고서야 비로소 바트볼에서의 사역이 가능하게 되었다.

동체, 유럽의 경계를 넘어 전 세계를 하나로 묶은 공동체를 실현하고자 했다.

블룸하르트가 공동체 목회에 주력한 이유는, 그가 산업화와 도시화로 인한 교회의 위기를 해결할 방안을 공동체에서 발견했기 때문이다. 산업화와 도시화가 진행되면서 교회 밖에서뿐만 아니라, 교회 안에서도 공동체성의 상실이 야기됨으로써, 성도들의 참된 교제와 인격적 결합, 형제·자매로서의 연대의식과 깊은 영적 사귐이 사라지게 되었다. 그러나 보다 큰 위기는 교회 내 공동체성의 상실이 교회로서의 생명력을 상실한 교회의 위기로 발전한 점이다.

이에 블룸하르트는 교회가 "성령의 코이노니아"를 온전히 행하고 나누는 공동체적 삶을 실천해야 한다고 강조하였다. 그 일환으로 교회 안에 존재하는 종교이기주의, 곧 자신의 개인적·내면적 경건성만 훈련하는 이기주의적 종교활동을 극복하고자 했는데, 이는 그가 종교이기주의로는 "더불어 함께 이루" 하나님 나라를 경험할 수 없다고 확신했기 때문이다.

공동체를 지향한 목회는 블룸하르트로 하여금 종국적으로 교회의 울타리를 넘어 세상과의 연대와 책임을 자각하는 가운데 온 세계, 전 피조물을 포괄하는 하나님 나라 운동을 지향하는 계기를 마련하였다.

1880년 2월 25일 아버지 블룸하르트는 아들에게 "나는 너에게 승리를 축복한다"라고 유언한 후 조용히 영면하였다. 아들 블룸하르트는 장례식에 참여한 조객들 앞에서 "예수는 승리자시다"라는 내용의 말씀을 선포했으며, 부친이 지은 〈예수는 모든 원수를 무찔러 승리하시는 승리의 임금〉이라는 제목의 찬송가를 인도하였다.

2) 아들 크리스토프 프리드리히 블룸하르트(C. F. Blumhardt, 1842-1919)

아들 블룸하르트는 1842년 뫼틀링엔(Möttlingen)에서 오 형제 중 셋째로 출생하였다. 당시는 아버지 블룸하르트가 2년 동안 고틀리빈 디투스를 괴롭히던 악한 영과의 치열한 영적 투쟁에 임했던 시기여서 아들 블룸하르트는 아버지가 이끈 신앙각성 운동의 분위기 속에서 그리고 "예수는 승리자"라는 하나님 나라 운동의 거대한 물결 속에서 성장하였다.

1852년 아버지 블룸하르트가 바트볼(Bad Boll)로 사역지를 옮기면서 온 가족이 함께 이주하였다. 블룸하르트의 가정은 하나님의 능력이 역사하는 작은 천국과 같은 공간으로서 가난하고 소외된 불쌍한 사람들에게 언제나 개방되었으며 하나님 나라 운동을 이루는 중추적 역할을 감당하였다. 이와 동시에 바트볼 사역지에는 여러 형태로 마귀가 역사하여 블룸하르트 가정은 극심한 곤궁에 처하기도 했지만, 하나님 나라를 찬양하는 가운데 위기를 극복하였다.

아들 블룸하르트는 아버지에 대한 깊은 존경심과 신뢰감 속에서 13세 무렵부터 매주일 아버지의 설교를 필기하기 시작했던 것으로 전해진다.

1859년 슈투트가르트에서 김나지움을 졸업한 후 동생 테오필(Theophil)과 함께 슈투트가르트 인근에 위치한 우라하(Urach)신학교에 진학하여 3년 간 신학 수업을 하였다.

1862년부터 1866년까지 동생 테오필과 함께 튀빙엔(Tübingen)대학에서 신학을 공부했으나, 이는 평생 신학에 대한 불신과 혐오감으로 살아가는 계기로 작용하였다. 신학에 대한 회의와 신학자들에 대한 부정적 인식으로 인해 대학 졸업 후 잠시 목사가 되는 것을 단념하기도 했지만, 사랑하고 존경하는 아버지를 돕고자 하는 일념으로 목사가 되기를 결심하였다.

1866년 목사 안수를 받고 이후 3년 간 슈페크와 게른스바하교회에서 시무하였다.

1869년 다시 바트볼로 돌아와 잡일과 고용인들을 돕는 단순 업무를 하다가 점차로 아버지의 조수이자 비서 역할을 담당하였다.

1872년 고틀리빈 디투스의 임종을 지키다가 신비한 경험, 곧 하나님께서 살아 계시고 이 세계를 통치하신다는 강한 확신을 갖게 되었다. 이 사건을 결정적 계기로 아들 블룸하르트는 아버지와 교회를 꿰뚫어 전진하시는 하나님 나라의 역사에 자신도 그 일원으로 동참하고 있다는 사실을 자각하게 되었다. 그 이전에는 단지 아버지의 조수로서 아버지의 세계를 자신의 세계와는 동떨어진 "거룩하고 먼 세계"로 인식하면서 내면적 슬픔을 안고 자신의 길을 걸어가는 고독한 청년이었으나, 이후부터 아버지의 하나님 나라 운동을 적극적으로 계승하는 출발점을 내딛게 되었다.

1870년에서 1880년까지 10년 간 아버지의 일을 도우면서 다른 어느 곳에서도 받을 수 없었던 치열한 교육과 훈련을 통해 아버지 블룸하르트를 각인시켰던 하나님 나라의 복음이 아들 블룸하르트의 마음과 입술을 사로잡게 되었다. 아버지 밑에서의 10년은 아들 블룸하르트를 건장한 전사로 연단시켰다.

1880년 아버지 블룸하르트의 사후에도 생전과 동일하게 예배, 설교, 교육, 세례식, 성찬식, 견신례 등이 거행되었다. 집회에는 독일 각지와 스위스, 프랑스, 기타 여러 나라의 원근각처에서 여러 계층의 방문객이 끊이지 않았는데, 집회 후에는 블룸하르트와 면담을 원하는 사람들, 심신의 고민을 가지고 도움을 요청하는 사람들이 항상 장사진을 이루었다. 블룸하르트는 이들을 면담하고 중보기도를 약속했는데, 각 사람이 예상치 못한 도움과 문제해결을 받고 새로운 힘을 얻음으로써, 삶의 현장에서 자신을 계시하고 활동하시는 살아 계신 하나님의 역사를 확실하게 경험하였다.

고틀리빈 디투스의 죽음(1872년) 이후 1880년에 아버지와 어머니의 장례, 사촌의 장례 등 사랑하는 사람들의 장례를 연속 치루면서 죽음에 대해 신학적으로 깊이 고민하게 되었다. 이 과정에서 블룸하르트는 하나님 나라의 진전을 저해하는 모든 것, 곧 이기적이고 자기중심적인 신앙, 탈(脫)세상적이고 이원론적인 경건주의, 교리(특히 아욱스부르크 신조)를 문자적으로 반복하는 정통주의, 마치 화석처럼 굳어져 생명력을 잃어 가는 박제화된 교회제도, 교회의 주인이신 예수 그리스도의 자리에 다른 것을 대체하는 영웅주의 등을 심각한 문제로 인식하였다.

블룸하르트는 죽음의 종교로 변질된 기독교의 현실을 죽음의 상황으로 판정했는데, 이 상황을 극복하기 위해 자신의 목회가 올바르게 행해지는지를 비판적으로 검토하였다. 또한, 그는 진리와 복음의 능력을 상실해 가는 교회와 영적으로 무감각해져 가는 그리스도인들이 심각한 위기상황에 있음을 주목하면서 본질적 신앙의 회복에 주력하였다.

그러면서 블룸하르트는 죽음의 상황을 극복하고 나날이 쇠락해져 가는 교회를 갱신하기 위해선 '살아 계신 하나님'을 체험해야 한다고 확신하였다. 특히, 그는 죽음의 상황을 극복하고 교회를 갱신하는 주체를 사망 권세를 이기고 부활하신 예수에게서 발견함으로써, 오직 예수만이 죽음의 상황으로 치닫고 있는 기독교의 위기를 극복하고 부활신앙으로 인도할 수 있다고 역설하였다. 그뿐만 아니라 교회와 성도들로 하여금 그리스도의 부활에 참여하도록 하기 위해 자기부정, 곧 "죽어라, 그래야만 예수가 살리라"를 선언하였다.

1894년 1월부터 자기부정의 일환으로 교회의 예배를 갱신할 뿐만 아니라, 교회와 사회의 현실을 모두 비판하였다. 먼저 블룸하르트는 로마제국의 황제 콘스탄틴 시대 이래로 국가교회 체제를 유지하면서 국가권력과 결탁하고 지배계층으로 군림해 온 교회전통을 비판하면서 독일 교회가 사도적 전승을 잃어버렸다고 지적하였다.

특히, 그는 산업화 이후 사회계층 간의 갈등이 고조되는 상황 속에서 교회가 사회문제에 대해 소극적으로 일관하는 가운데 지금까지 누려온 기득권을 포기할 의향이 전혀 없음을 확인하면서 교회를 향해 거세게 항의하는 노동자들의 분노의 목소리를 경청하였다.

더욱이 목회자들이 민족주의(nationalism)와 반유대주의(anti-Semitism)를 표방하는 가운데 식민주의적·제국주의적 정책에 공조하는 현실을 강력히 비판하였다. 이 과정에서 블룸하르트는 자신의 신학적 기반인 아버지의 신학도 비판하였다. 블룸하르트의 교회 비판은 결코 교회의 존재 자체를 부정하기 위한 비판이 아닌, 하나님 나라의 진보를 위한 특별한 임무를 부여받은 교회의 회개를 촉구하기 위한 비판이었다.

1899년 6월 황제 빌헬름 2세(Willhelm II.)와 정부가 노동자들의 단결권을 금지하고 사회주의를 진압하기 위한 '감옥법안'을 공포하자, 블룸하르트는 이 법안이 정의에 대한 범죄라는 확신 아래 노동자들의 권익을 보호하는 집회에 동참하였다. 연이어 독일 '사회민주당'(사민당, SPD)이 주최하는 모임에 초대받아 자신의 입장을 피력하기도 했다.

> 과연 그리스도는 어디서 찾아볼 수 있는가?
> 낮은 곳에서다. 그는 세리와 죄인의 한 무리로 불리었다. … 하나님 앞에서 인간 사이에는 아무런 차별이 없다. 부자도 가난한 자도 똑같이 함께 하나님의 아들들이다. … 그러한 그리스도의 정신에 의한 생활이 나를 사회주의로 향하게 만들었다.

이를 결정적 분기점으로 10월 24일 자신을 "예수 그리스도의 증언자로서 사회주의자"임을 고백하고 사민당에 입당함으로써, 그해 11월 독일 국가교회 종무국의 권고에 따라 목사직에서 파면되고 교회들로부터 엄청난 공격을 받게 되었다. 블룸하르트가 사회주의자로 선회하게 된 이유는, '예수는 승리자시므로 이 세상의 불의가 없어져야 한다'는 분명한 확신에 기인한다. 블룸하르트가 특히 사민당을 선택한 이유는, 사민당의 종교정책, 곧 전통과 관습에 함몰된 기독교를 비판하고 신앙을 개인의 몫으로 돌리는 '종교의 사사화'(privatisation) 정책과 독일 파시즘 및 제국주의적 노선을 반대하면서 세계 보편의 '인류 공동체 형성의 기여'를 표방한 정책에 공감했기 때문이다.

1990년 뷰르템베르크 주의원을 뽑는 선거에 사민당의 공천을 받아 출마하여 1900년 주의원에 당선됨으로써 현실 정치에 참여하게 되었다. 이를 통해 블룸하르트는 하나님 나라 운동을 교회 울타리를 넘어 전개함으로써, 이제 설교 강단에 오르는 대신 교회 밖에서 하나님 말씀을 선포하면서 시대가 요청하는 하나님 나라 운동에 참여하였다.

당시 블룸하르트는 사회주의적 노동자 운동 속에 도래하는 하나님 나라에 대한 희망을 예감하는 가운데 하나님 나라에 대한 희망을 사회주의적 희망과 연결시켰는데, 이는 그가 비록 사회주의적 노동자 운동이 익명이지만 기독교적 희망을 당시의 기독교보다 잘 나타내 준다고 확신했기 때문이다. 그러면서 그는 예수께서 가르치셨던 것과 정반대로 가르치고 복음과 대립·모순되며 지배자들의 종교로 오도하는 기존 교회를 혹독히 비판하였다.

1906년 이후부터 블룸하르트는 현실의 사회주의와 사민당에 대해 거리를 두기 시작했는데, 왜냐하면 사민당이 백성들이 하나된 아름다운 공동체를 만들기보다, 교조화된 사회주의 이념을 근거로 흑백논리적 성격의 적을 만들고 백성들을 분열시키며 서로 싸우도록 만드는 현실을 직시했기 때문이다. 즉, 사민당이 사회주의의 야만적 폭력의 정신, 고립된 다툼과 투쟁, 교조화된 사회주의적 체제, 만성적 혁명주의, 끊임없는 계급투쟁, 새로운 이기주의, 정치적 비인간성을 극복하지 못했음을 발견했기 때문이다.

이에 블룸하르트는 타인의 생각과 행동을 존중하지 않고 적대시하며 백성을 갈라놓는 사회주의를 통해 하나님 나라를 이루려는 노력이란 불가능하다고 생각하였다. 이러한 상황 속에서 그는 다음과 같이 통탄하였다.

사회주의가 있어야 할 자리에 만성적 혁명주의가 군림하고 있다. 이제 우리는 사회주의적 노력과 투쟁을 세상 속에 언제나 만연했던 폭력으로 밖에 상상할 수 없게 되었다.

현실의 사회주의가 증오와 폭력혁명을 통해 프롤레타리아 독재로 가는 계급투쟁적 사회주의로 치닫는 데 반해, 블룸하르트가 진정으로 원했던 사회주의는 참된 형제애에 기초를 둔 계급 없는 공동체였다. 블룸하르트는 폭력 사용이 언제나 미움과 증오에서 시작된다고 확신했기 때문에 결코 폭력혁명을 원치 않음으로써, "네 원수를 사랑하라"고 말씀하신 예수의 말씀이 대(對) 사회적 투쟁에서도 여전히 적용되어야 한다고 역설하였다. 그러므로 블룸하르트는 재선의 확실성에도 불구하고 사민당을 탈당하고 정치 일선에서 은퇴하였다.

6년간의 정치생활을 마치고 다시 바트볼로 돌아와 "하나님의 혁명"에 대해 선포했는데, 이는 위에 계신 하나님으로부터 오는 혁명으로서 사람의 마음을 새롭게 하고 자유케 하며 평화로운 사회를 일구게 하는 혁명이다. 폭력을 사용하는 것은 언제나 증오와 미움에서 시작되기 때문에 블룸하르트는 "하나님의 혁명"만이 이 땅을 변화시키고 새롭게 할 수 있음을 강조하였다.

이제 현실 정치에서 물러난 블룸하르트는 조용히 목회하면서 자신을 찾아오는 사람들(라가츠, 쿠터, 바르트, 투르네이즌 등)과 대화하고 하나님 나라를 지향하는 정의로운 사회를 기대하였다. 특히, 그는 어린이집을 만들어 공장에서 일하는 주부 근로자들의 아이들을 돌보는 일 등을 통해 가난하고 소외된 불쌍한 사람들과 연대하였다.

1912년 이래로 블룸하르트는 전쟁의 암울한 기운이 감돌고 있음을 직감했는데, 1914년 제1차 세계대전이 발발하자 이를 유럽 대륙의 모든 사람을 고통으로 끌어들이는 참혹한 전쟁이자 하나님의 심판이라고 규정하였다. 더욱이 제1차 세계대전이 일어나고 독일 황제 빌헬름 2세가 참전을 선포하자, 자유주의 신학자들을 위시한 당대의 저명한 지성인 93인이 이를 "정의를 위한 전쟁"(조국 독일이 경제적으로 부유해지는 것을 시기하는 세력들을 무찌르고 보다 높은 수준에 있는 독일 문화를 방어하기 위한 전쟁)이라고 지지하는 성명서를 발표하는 상황 속에서 그는 자유주의 신학자들의 빗나간 애국심을 혹독하게 비판하였다.

블룸하르트는 지금까지 쌓아 올린 모든 정신문화와 물질문명이 전쟁으로 말미암아 하루아침에 잿더미가 되는 현실 속에서 과학과 기술의 발전이 종국적으로 전쟁과 파괴와 살상의 수단으로 악용되는 현실을 통탄하였다. 여기서 그는 불의와 욕망에 얽매인 서구 문명과 그 중심에 서 있는 서구 기독교의 몰락을 예견했다고 볼 수 있다.

그럼에도 불구하고 블룸하르트는 전쟁의 와중에도 희망을 잃지 않음으로써, 이 전쟁도 다만 예수 그리스도께서 승리자로서 나타나기 위한 기회에 불과하다고 주장하기도 했다. 그러면서 블룸하르트는 인간의 역사에는 항상 하나님이 없는 것처럼 보이지만, 하나님의 의지와 지배는 모든 것을 꿰뚫고 진행하여 종국에는 하나님의 뜻이 실현될 거라고 역설하였다.

1915년 〈낙심하지 말고 기도하라〉라는 제목으로 설교하면서 전쟁으로 말미암아 황폐해진 패역한 도시에서 새로움, 곧 죄 용서를 통한 갱신이 무엇보다 요청된다고 강조하였다. 또한 죄 용서와 갱신은 인간 스스로의 힘으로 이루어질 수 없고 오직 하나님의 은혜와 성령의 능력 안에서만 가능하기 때문에, 이 믿음 안에서 기도할 것을 선포하였다.

1917년 10월 산책 도중 갑자기 뇌졸중으로 쓰러져 병상에 있다가 1918년 9월 이사야 49장 7-13절 말씀을 본문으로 고별설교를 하였다.

> 우리가 이 약속의 빛 가운데 걸을 수 있다는 사실, 이것이 약속되어 있고 항상 지상의 빛이 된다. 우리는 때때로 하나님께서 우리를 잊어버리셨다

고 생각할 때가 있다. 그러나 그분은 여전히 우리 곁에 계신다. 그리고 그분의 말씀은 살아 있고 참되므로, 우리는 언제나 확신을 갖고 살도록 하신다. 모든 것은 그분의 지배에 복종한다.

1919년 8월 2일 하나님의 부르심을 받은 블룸하르트의 비석에는 그의 부친이 지은 찬송가 가사 "예수가 승리자시라는 사실은 영원한 진리로 남아 있네. 온 세상은 모두 그분의 것일세"가 묘비에 새겨져 있다.

4. 블룸하르트 부자가 추진한 '하나님 나라' 운동의 원동력

1) '하나님의 말씀'으로 각인된 신앙과 삶의 일치

아버지 블룸하르트가 하나님 나라 운동을 추진한 주된 원동력에는 유년기로부터 '하나님 말씀'으로 각인된 신앙과 체험이 결정적으로 작용하였다. 블룸하르트는 성서와 삶을 분리하여 생각하지 않는 가운데 성서의 말씀을 삶에 그대로 적용함으로써, 그에게 있어서 성서는 삶과 사역을 이끄는 힘의 원천이 되었다.

성서를 가까이하는 일상의 삶을 통해 그는 성서에 나오는 살아 계신 하나님의 실재성을 경험했던 것이다. 그리하여 블룸하르트는 평생 성서로부터 경험하고 깨달은 하나님 나라를 삶 속에서 보여 주는 성서 중심적 삶을 지향하였다.

성서 중심적 삶은 블룸하르트로 하여금 성서 중심적 목회사역으로 이끈 결정적 동인이 되었다. 블룸하르트는 성서에 계시된 하나님을 있는 그대로 전하고자 노력함으로써, 예수 그리스도께서 그분의 설교의 핵심이자 중심 메시지가 되었다. 블룸하르트 설교의 특징은 설교를 통해 자신의 목소리를 철저히 배제하고 성서 본문 자체를 주목함으로써 복음을 선포하고 회중들로 하여금 살아 계신 하나님을 만나게 하였다.

블룸하르트는 자신의 한계를 인정하는 가운데 이를 넘어선 지나친 성서해석을 경계했으며, 성령의 인도하심이 없는 성서해석을 잘못된 성서해석이라고 생각하였다. 그의 성서해석의 핵심은 성서에 담겨져 있는 '예수 그리스도'를 성령의 인도하심 가운데 이해하고 선포하는 일이며, 말씀을 살아 있게 하는 성령의 인도하심을 성서해석의 핵심으로 상정하였다. 또한, 블룸하르트는 성서를 신학적으로도 깊이 연구하였다. 이러한 성서 중심의 설교와 살아 계신 하나님 체험으로 인도하는 블룸하르트의 목회사역에 많은 회중이 큰 감화를 받은 것으로 전해진다.

2) 살아 계신 '하나님의 실재'에 대한 확실한 체험

'하나님의 말씀' 중심의 일상의 삶과 목회사역을 통해 아버지 블룸하르트는 성서에 계시된 살아 계신 '하나님의 실재'를 확실히 체험하였다. 즉, 성서에 기초한 그의 신앙은 살아 계신 하나님에 대한 확신으로 이어지게 된 것이다. 블룸하르트의 최대 관심사는 아직도 우리의 삶 가운데 기적을 행하길 원하시는 살아 계신 하나님을 인식하는 일이고, 우리의 삶을 이끄시는 예수 그리스도를 우리의 삶 한 가운데 모셔들이는 일이었다.

그에게 있어서 하나님을 믿는다는 것은 이 세상을 위한 하나님과 그분의 나라의 현실성, 삶의 전 영역에 미치는 하나님 나라의 희망을 믿는다는 것을 의미했기 때문이다. 이로써 블룸하르트가 경험한 하나님 나라는 사상으로 그려 낼 수 있는 것이 아니라, 체험을 통해 느껴지고 만져지며 확신되는 것이었다.

블룸하르트는 하나님 나라의 실재에 대해 확신했기 때문에 하나님 나라의 발전을 저해하는 모든 것, 곧 이기적이고 자기중심적인 신앙, 탈(脫)

세상적이고 이원론적인 경건주의, 교리를 문자적으로 해석하는 정통주의, 생명력을 잃어 가는 제도화된 교회의 문제 그리고 교회의 주인인 예수 그리스도의 자리에 다른 것을 대체하는 영웅주의 등을 심각한 '죽음의 상황'으로 인식하였다.

이러한 죽음의 상황을 극복하기 위해 블룸하르트는 자신의 목회가 올바르게 행해지고 있는지를 비판적으로 검토하였다. 또한, 그는 진리와 복음의 능력을 상실해 가는 교회와 영적으로 무감각해져 가는 그리스도인이 심각한 위기상황에 있음을 주목하면서 본질적 신앙의 회복에 주력했다.

블룸하르트는 죽음의 상황을 극복하고 나날이 쇠락해져 가는 교회를 갱신하기 위해서는 '살아 계신 하나님'을 체험해야 한다고 확신했을 뿐만 아니라, 하나님 나라의 발전은 교회의 갱신을 통해 가능하다고 확신하였다. 그는 죽음의 상황을 극복하고 교회를 갱신하는 주체를 사망 권세를 이기고 부활하신 '예수 그리스도'에게서 발견했는데, 왜냐하면 오직 그리스도만이 죽음의 상황으로 치닫고 있는 기독교의 위기를 극복하고 부활신앙으로 인도하신다고 확신했기 때문이다.

하나님 나라와 하나님 정의를 이루고자 노력하는 것은 영적으로 이루는 것만을 말해서는 안 되며, 실제 운동으로 이루어지고 보여야 하기 때문이다. 예수께서 이루시는 하나님 나라는 하나의 사건으로 오는 것이 아니라, 지금 우리의 현재 삶에 이루어지는 것이 되어야 하기 때문이다. 그렇게 되지 않는다면, 예수 그리스도의 오심은 전혀 이루어지지 않은 것과 동일한 것이다.

3) 하나님 나라·하나님 통치에 대한 강한 열망

성서 중심의 삶과 목회사역, 이에 근거한 살아 계신 하나님의 실재에 대한 확실한 체험을 통해 블룸하르트는 죄악이 관영하고 불법이 창궐한 이 세계 안에 하나님 나라가 도래하기를 강하게 열망하였다.

그에게 있어서 하나님을 믿는다는 것은 이 세상을 위한 하나님 나라·하나님의 통치에 대한 강한 열망이며, '하나님 나라'(Gottes Reich)는 '하나님의 통치'(Gottes Herrschaft)를 의미한다. 블룸하르트는 '하나님의 나라'라는 말 대신에 '하나님의 통치'라는 말을 사용함으로써, 하나님 나라의 특징이 하나님께서 주관하여 이루시고 통치하시는 나라임을 분명히 명시하였다.

블룸하르트에게 있어서 하나님 나라가 임하는 것은 하나님께서 하나님의 자녀 된 사람들의 마음을 움직이고 삶을 변화시키는 하나님의 통치가 실현된 것을 의미한다. 즉, 하나님께서 주관자가 되어서 통치하시는 나라가 바로 하나님 나라이며, 그 나라는 우리의 삶을 통해 구체적 현실로 이루어져야 한다는 것이다. 그러므로 블룸하르트는 하나님 나라의 현존은 예수께서 말씀하신 대로 회개하고 복음을 믿는 자에게는 즉시 이루어지는 현실로 드러나야 한다고 역설하였다. 이로써 그의 신학사상은 종말론적 하나님 나라, 세상 속에서 이루어지는 하나님의 통치를 강하게 확신하였다.

4) 성육신적 목회사역

블룸하르트는 예수께서 성육신(成肉身, Incarnation), 곧 육체로 오셨다는 복음의 선포를 주목하면서 이를 기독교가 영혼만의 종교가 되기를 거부하는 것으로 확신하였다. 이러한 확신에 의거하여 그는 기독교가 종교의 차원에 머물지 않고 땅의 영역을 포함하는 구체화된 현실적인 하나님 나라를 향해 나아가야 한다고 강조하였다. 이에 블룸하르트에게 있어서 하나님 나라는 '하늘과 땅'이 동시에 변화되는 하나님 나라, 온 세계·전 피조물을 포괄하는 하나님 나라이다.

블룸하르트가 성육신적 목회사역을 감당했던 것은, 목회사역지였던 바트볼에 많은 공장이 있었고 그곳의 근로자의 과반수가 공장의 노동자들이었던 상황과 직결된다. 이로 말미암아 그는 될 수 있는 대로 학대받는 사람들과 가난한 사람들과 죄인들의 편에 서고자 했다. 이는 그가 예수께서 시작하셨던 하나님 나라 운동이 이곳 노동자들처럼 버려지고 소외된 사람들을 향하고 있다는 확신을 가졌기 때문이다.

5) 공동체에 대한 긍정적 경험

블룸하르트는 이미 유년기 때부터 아버지가 구현한 공동체적 삶, 곧 인간의 모든 정치·경제·사회적, 인간적 차이를 초월한 사랑의 공동체, 유럽의 경계를 넘어 전 세계를 하나로 묶은 공동체적 삶에 깊이 각인되었다. 이에 블룸하르트는 아버지가 지향했던 공동체적 목회를 계승했는데, 이를 통해 교회의 위기를 해결하고 성도들 간의 영적 사귐과 인격적 결합을 이룰 수 있는 방안을 발견하였다.

특별히 학창 시절에 경험했던 코른탈공동체를 통해 예수 그리스도의 사랑에 근거하여 살아 계신 하나님을 체험했을 뿐만 아니라, 생동감이 넘치는 형제자매애를 몸소 경험하였다. 블룸하르트에게 있어서 공동체에 대한 긍정적 경험은 더불어 함께 이루는 하나님 나라를 이루는 중요한 계기를 마련했을 뿐만 아니라, 종국적으로 교회의 울타리를 넘어 세상과의 연대와 책임을 자각하는 가운데 온 세계·전 피조물을 포괄하는 하나님 나라 운동을 지향하는 계기를 마련하였다.

무엇보다도 블룸하르트가 공동체 목회에 주력하게 된 계기는, 특히 산업화와 도시화로 인한 교회의 위기를 해결할 방안을 공동체에서 발견했기 때문이다. 산업화와 도시화가 진행되면서 교회 밖에서뿐만 아니라 교회 안에서도 공동체성의 상실이 야기됨으로써, 성도들의 참된 교제와 인격적 결합, 형제·자매로서의 연대의식과 깊은 영적 사귐이 사라지게 되었다. 교회 내 공동체성의 상실은 교회로서의 생명력을 상실한 교회의 위기로 발전하였다.

그러므로 블룸하르트는 교회가 "성령의 코이노니아"를 온전히 실천하고 나누는 공동체적 삶을 실천해야 한다고 강조하였다. 그 일환으로 그는 교회 안에 존재하는 종교이기주의, 곧 자신의 개인적·내면적 경건성만 훈련하는 이기주의적 종교활동을 극복하고자 했는데, 이는 그가 종교이기주의로는 "더불어 함께 이루는" 하나님 나라를 경험할 수 없다고 확신했기 때문이다. 공동체 목회는 블룸하르트로 하여금 종국적으로 교회의 울타리를 넘어 세상과의 연대와 책임을 자각하는 가운데 온 세계, 전 피조물을 포괄하는 하나님 나라 운동을 지향하는 계기를 마련하였다.

5. 블룸하르트 부자가 추진한 '하나님 나라' 운동의 특성

1) 이 세상을 하나님 나라의 현실로 개혁·갱신하는 하나님 나라 운동
   - 하늘과 땅의 동시적인 하나님 나라 운동 -

블룸하르트는 하나님 나라를 '하늘'의 뜻이 '땅'에서 이루어지는 하늘과 땅의 양자 결합으로 인식함으로써, 하나님 나라가 세상을 변혁시키는 힘을 가지고 있으며 하늘과 땅이 변화되는 것과 연관된다고 생각하였다. 즉, 하늘 위에서 이루어지는 하나님 나라만이 아닌, 땅에서 이루어지고 땅의 영역을 포함한 구체화된 현실적 하나님 나라라는 것이다. 이에 그는 '하나님의 이름'이 하늘에서만이 아닌 이 세상에서도 거룩하게 되고, '하나님의 뜻'이 하늘에서만이 아닌 이 세상에서도 이루어지는 하나님 나라를 이 세상에 구현하고자 했다. 따라서 블룸하르트가 전개한 하나님 나라 운동은 불의한 이 세상을 하나님 나라의 현실로 개혁하고 갱신하는 하나님 나라 운동이다.

이에 블룸하르트는 불의한 세상을 개혁하고 갱신하며 이 땅을 하나님 나라로 회복시키는 일이 적극적인 하나님 나라 운동에서 반드시 필요하다는 사실을 자각하였다. 이 자각 속에서 그는 하나님 나라 운동을 추상적이고 사변적인 것이 아닌, 구체적이고 현실적이며 실존적으로 우리의 삶 가운데 이미 이루어지고 있는 하나님 나라, 세상을 개혁하고 갱신하는 살아 있는 하나님 나라 운동으로 전개하였다.

이를 통해 그는 불의한 현실을 하나님 나라의 현실로 변화시키고자 온 심혈을 기울였다. 그러므로 불의한 시대를 사는 우리가 하나님 나라를 경험하기 위해서는 하늘의 뜻이 이 땅에 이루어지는 실천적 하나님 나라 운동을 전개해야 할 것이다. 즉, 생명력 있는 현실변혁과 개혁 운동을 이루고 하늘과 땅의 동시적 개혁 운동을 이루어 가야 할 것이다.

블룸하르트에게 있어서 하나님 나라는 이 땅과 직접적 관계가 있고 이 땅에서 실현되어야 하기 때문에, 그의 목회대상은 점차로 확대됨으로써 교회 안에서 점차로 세상에서 살아가는 교회 밖의 사람들에게까지 확대되었다.

그는 예수께서 가르쳐 주신 기도대로, 뜻이 하늘에서 이루어진 것과 같이 이 땅에서도 이루어지는 치유목회를 모색했는데, 이러한 치유목회의 사역지는 교회에서, 더 나아가 정치·경제·사회·생태계 등 전 지구적 영역으로 확대되었다. 하나님의 나라는 이제 가까이에 임했고, 온 땅위에서 선포되어야 하기 때문이다. 그러므로 예수께서 하나님 나라를 선포하고 보여 주신 것은 죽음 이후에 이루어지는 하나님 나라가 아니라, 이미 가까이 온 하나님 나라를 온 땅에 선포해야 한다는 것이다.

2) 지상의 시공간 속에 임하는 현실적·가시적 '하나님 나라' 운동

블룸하르트가 전개한 하나님 나라 운동에서는 살아서 자신을 계시하고 역사하시는 하나님 나라의 현실성 및 실재성이 생생하게 가시화(可視化)되었는데, 이는 지상에서 일어나는 모든 사건이 하나님 나라와 직접적 의미가 있기 때문이다.

블룸하르트는 뫼틀링엔(Möttlingen) 사건에서 하나님의 가시성이 드러난 이후로 하나님은 이제 더 이상 불가시적인 분이 아님을 강조하였다. 그러면서 그는 지상에서 하나님 나라의 역사가 사건이 되기 위해 "하나님으로 말미암아 어떤 일이 가시화되는 것"과 "그것으로 인해 지상에 어떤 일이 신적으로 형성되는 것", 이 두 가지가 결합되지 않으면 안 된다고 말하였다. 그는 〈가시적인 하나님〉이라는 설교를 통해 유대인과 이방인, 크리스천과 이교도의 차이는 전자가 '가시적인 하나님', 곧 자신을 계시하시는 하나님을 믿는 점에 있다고 강조하였다.

블룸하르트가 이루고자 한 하나님 나라 운동은 재림하신 예수께서 천상에서 주관하시는 하나님 나라가 아니라, 이 땅에 실제적으로 임함으로 우리의 왜곡된 삶을 변화시키고 회복시키는 하나님 나라 운동이다. 이에 블룸하르트의 하나님 나라 운동은 보다 구체적이고 실천적이며 현실적으로 우리의 삶과 연결되어 있으며, 하나님의 자녀들로 하여금 하나님 나라 운동으로의 참여를 요구한다.

블룸하르트가 이루고자 한 하나님 나라는 저 하늘 위에서 이루어지는 피안의 세계가 결코 아니라, 이 땅에서 이루어지는 현실적이고 실재적이며 가시적인 하나님 나라이다. 그러므로 블룸하르트는 하나님 나라가 현재의 실제성을 배제하고 미래에 성취되는 사랑으로 이해되어서는 안 된다고 주장하는 가운데 천상 위에서 이루어지는 하나님 나라에 대한 소망으로 현재 우리가 겪고 있는 삶의 왜곡된 현실을 참고 인내할 것을 요구하지 않았다.

블룸하르트는 교회와 국가가 철저히 분리되고 교회의 공적 기능이 부정되며 목사들의 영향력이 교회의 테두리 안에 축소되는 상황 속에서 기독교 복음의 본질이 하나님 나라와 관련되어 있을 뿐만 아니라, 이 하나님 나라가 현실의 구체적·물질적 삶의 변혁과 관련되어 있음을 교회 안팎에서 보여 줌으로써, 하나님 나라 운동의 실재성과 현실성을 강조하였다.

그의 하나님 나라 운동은 영혼의 문제나 다루는 종교와는 차원이 다른 실재성과 현실성과 실천성이 강조된 하나님 나라 운동이었던 것이다. 즉, 하나님은 삶에 지친 사람들이 추구하는 피안의 종교의 하나님이 아닌, 살아 계신 하나님과 현실적인 하나님 나라라는 것이다. 그러면서 블룸하르트는 이제 예수 그리스도를 따르는 길이 천상의 하나님 보좌를 바라보는 일에서 지상에 있는 사람들을 향한 것이 되어야 하고, 그러한 삶의 현장에서 예수의 모습을 찾아가는 것이라고 생각하였다.

3) 인간의 참여를 배제하지 않는 '하나님 나라' 운동

블룸하르트는 하나님께서 하나님 나라를 무조건적이고 일방적으로 이루시는 분이 아닌 하나님의 백성으로 하여금 하나님 나라 운동에 동참케 하심으로써, 하나님 나라를 완성하시는 분이라고 확신하였다. 이에 블룸하르트에게 있어서 하나님 나라의 도래와 인간의 참여는 긴밀히 결합됨으로써, 교회와 성도는 "하나님의 동맹자"요 "하나님과 함께 싸우는 자"로 인식된다. 즉, 인간의 참여는 하나님 나라를 이루는 중요한 요인이라는 것이다.

하나님께서는 일방적으로 새 하늘과 새 땅을 이루지 않으시고, 하나님의 백성으로 하여금 하나님 나라 운동에 동참케 하심으로 하나님의 나라를 완성하신다. 그렇다면 인간은 지금 삶의 자리에서 하나님 나라 운동을 시작해야 하고 하나님 나라의 몫을 감당해야 할 것이다.

블룸하르트는 창조의 근원이 하나님에게서 시작된다고 주장함으로써, 하나님께서는 새로운 무언가를 언제나 창조하시고 새 역사를 이루시는 분이다. 이와 동시에 그는 이 하나님의 새 역사가 언제나 하나님의 뜻을 깨닫고 실천할 수 있는 소수의 선택된 사람들, 불의한 세상에 하나님 나라를 이루어 가는 사람들, 하나님 나라를 삶 속에서 온 힘으로 증거하는 사람들의 실천에 의해 완성된다고 생각하였다. 즉, 하나님은 하나님 나라 운동의 주체이시만, 인간의 참여를 결코 배제하지 않으시는 것이다.

블룸하르트에게 있어서 하나님 나라는 하나님의 100퍼센트의 일하심과 사람의 100퍼센트의 응답 가운데 완성되어 가는 나라이다. 하나님 나라는 인간의 능력과 지혜, 인간의 노력에 의해 이루어지는 것이 아니기에, 인간은 하나님 나라를 대망하고 하나님께서 전적으로 모든 일을 다 행하시도록 기다려야 할 것이다. 그렇다 하더라도 인간은 하나님의 역사하심을 조용히 바라만 보기보다, 하나님의 새 역사에 적극적으로 참여해야 할 것이다.

그렇다면 하나님 나라에서 인간의 참여는 필수불가결한 요소이다.

> 하나님은 그분이 하시는 모든 일을 인간을 통해 이루신다.
>
> 우리가 함께 행동하지 않으면, 하나님께서 그 나라를 우리 곁에 세우지 못하신다. 그뿐만 아니라 우리는 이렇게 말할 수도 있다. 하나님께서는 지상에서 하고자 하시는 가장 작은 일을 위해서도 인간을 찾으시며 '그렇게 해도 좋을까, 그래야 할까, 너희들도 그것을 원하느냐' 하고 의견을 떠보신다. 그런 뒤에 하나님은 그것을 행하신다.
>
> 만일 그리스도의 교회가 살아 있지 않는다면, 그리스도의 일은 정지되고 말 것이다. … 일이 지연되는 것은 하나님의 탓이 아니다. 그리스도의 도래, 장

차 올 위대한 구속이 늦어지는 것은 하나님 때문이 아니다. 교회사를 별 의미 없고 단조롭게 만든 것은 하나님이 아니시다. 하나님께서는 다만 참고 계실 뿐이다. 그리고 다음과 같이 말씀하신다.

"나는 너희들이 올 때까지 기다리고 있다. 나는 너희들이 멸망하지 않기 위해 너무 성급하게 개입하지 않는다. 그래서 일을 천천히 진행하고 있다. 하지만, 만일 너희들이 나의 동맹자로서 행동한다면, 전진할 수 있다."

그러므로 하나님의 나라와 인간의 노력과 참여는 양자택일의 문제가 아니라, 오히려 양자는 긴밀히 결합된다. 이것은 당시와 현재의 기독교 세계에서 실제적으로 잊혀진 신앙의 역동성을 시사한다. 블룸하르트의 하나님 나라 운동은 뜻이 하늘에서 이루어진 것과 같이 땅에서도 이루어지는 하늘과 땅의 동시적인 하나님 나라 구현이다. 이것은 "아버지께서 일하시니 나도 일한다"(요 5:17)는 예수의 하나님 나라 운동과 같은 맥락의 현실참여와 개혁의 운동인 것이다.

블룸하르트의 하나님 나라 운동은 아무 일도 하지 않고 하늘만 바라보면서 무작정 기다리는 것이 아니며, 불의한 세상에서 참고 인내한 것에 대한 보상을 하늘에서 상급으로 받는 것으로 이루어지는 것도 아니다. 블룸하르트가 추진한 하나님 나라 운동은 지금 우리의 삶의 자리에서 하나님 나라 운동을 시작하는 것이고, 내가 감당해야 할 하나님 나라의 몫을 감당하는 것을 통해 이미 이루시고 계획하신 하나님의 뜻을 이루는 것을 말한다.

4) 기다림과 서두름 가운데 이루어지는 종말론적인 '하나님 나라' 운동

블룸하르트에게 있어서 올바른 종말론적 신앙이란 결코 하나님께서 모든 것을 다 해 주실 것을 기대하면서 하늘의 소망을 두고 아무것도 하지 않은 채 마냥 기다리는 것이 아니다. 오히려 하나님의 마지막 때가 왔음을 인식하고 하나님께서 원하시는 뜻을 깨닫는 기다림과 실천적 참여로 자신을 하나님의 도구로 드리는 서두름의 신앙이다.

이에 블룸하르트는 기다림과 서두름 속에서 종말론적 하나님 나라를 바라보면서 예수 그리스도께서 오심이 인류의 마지막 때가 아니라, 지금 여기에서 이미 시작되고 있는 사건으로 이해하였다.

그러면서 블룸하르트는 하나님 나라를 기다리고 하나님의 뜻을 기다릴 줄 아는 소수의 선택된 자들을 통해 하나님 나라가 이루어진다고 생각하였다. 소수의 선택된 사람들이란 기다림과 서두름 속에 하나님의 뜻을 깨닫고 그 뜻을 실천할 수 있는 사람들, 불의한 세상에 하나님 나라를 이루어가는 사람들이다.

하지만 하나님 나라는 전적인 하나님의 역사하심이지만, 몇 사람의 영웅들의 행위에 의해 이루어지기보다 '기다림'과 '서두름' 속에 하나님의 뜻을 깨닫고 삶 가운데 이루는 사람에 의해 이루어진다는 것이다. 따라서 하나님 나라 운동은 정적 기다림과 수동적 인내에 의한 하나님 나라가 아니라, 불의한 세상을 회복시키도록 투쟁하며 주체적으로 참여하는 것으로 이루어진다는 것이다.

이러한 하나님 나라는 급속도로 도래하기보다, 오히려 유기체처럼 싹이 움트고 마침내 풍요로운 열매를 맺는 나무가 되듯이 천천히 전진한다. 새 하늘과 새 땅, 하나님 나라는 마법처럼 일격에 오는 것이 아니라, 마치 유기체처럼 살아서 성장하는 것으로 이해된다. 또한, 살아 있는 유기체처럼 온 인류는 서로가 하나로 묶여 있고, 서로에게 영향을 주는 관계에 있다.

예수 그리스도의 싸움에 의해 점진적으로 확장함으로써 결국 종국에 도달하게 된다. 그러므로 지상의 모든 사건이 하나님 나라의 진전과 관련한 의미를 내포한다.

5) 형제·자매의 공동체적인 '하나님 나라' 운동

블룸하르트는 공동체에 대한 긍정적 경험, 곧 성도들 간의 참된 교제와 인격적 결합을 통해 산업화와 도시화로 인한 교회의 위기와 생명력 상실을 해결할 방안을 발견하였다. 더 나아가 그는 교회가 '성령의 코이노니아'를 온전히 실천하고 나누는 공동체적 삶의 중요성을 발견하면서 이를 자신의 하나님 나라 운동에 접목시켰다.

이를 통해 블룸하르트는 교회 안에 존재하는 종교이기주의, 곧 자신의 개인적이고 내면적인 경건성만 훈련하는 이기주의적 종교활동을 극복하고자 했는데, 이는 그가 종교이기주의로는 "더불어 함께 이루는" 하나님 나라를 경험할 수 없다고 확신했기 때문이다. 공동체 목회는 블룸하르트로 하여금 종국적으로 교회의 울타리를 넘어 세상과의 연대와 책임을 자각하는 가운데 온 세계와 전 피조물을 포괄하는 하나님 나라 운동을 지향하는 계기를 마련하였다.

블룸하르트는 학창 시절 경험했던 코른탈공동체에 속한 구성원들의 공동체적 삶을 통해 하나님 나라의 성격에 대해 깊이 이해할 수 있었다. 즉, 그는 코른탈공동체를 통해 하나님 나라의 실제적인 모델을 목도함으로써, 살아 계신 하나님에 대한 신앙을 확신하게 되었다. 그는 하나님과 그리고 예배에 참석한 이들과 영적 교제를 충만히 나눔으로써, 하나님과 함께하는 살아 있는 공동체적 예배를 경험할 수 있었다.

19세기 당시 독일은 본격적으로 산업화의 길로 들어서며 새로운 시대가 열리던 시기로서 급격한 산업화와 도시화로 인해 사회 계층 간의 갈등이 점차로 심각해질 뿐만 아니라, 비인간화와 인간상실, 인간소외의 문제가 심각하게 대두되었다. 그러나 이에 대한 교회의 입장은 소극적이었던 데 반해, 코른탈공동체에서는 예수 그리스도의 사랑에 근거하여 살아 계신 하나님을 경험하는 생동감이 넘치는 공동체가 형성되었던 것이다.

코른탈공동체의 경험을 통해 블룸하르트는 하나님 나라를 이 땅에서 경험하며 실제로 이루어 살아가는 공동체적 삶이 하나님 나라 운동의 중요한 요소임을 확신하면서 이를 실제적으로 그의 목회현장에서 계승하였다. 그는 자신의 목회지에서 공동체적 삶을 지향하는 하나님 나라 운동을 전개함으로써, 모든 신분과 계급상의 차이를 뛰어넘어 다양한 계급과 다양한 신분의 구성원으로 이루어진 사랑의 공동체를 구현하고자 노력하였다.

한 걸음 더 나아가 블룸하르트는 교회가 공동체 전체를 향한 기도와 고통당하는 전 인류에 대한 공동의 책임을 가지고 살아가야 할 뿐만 아니라, 그리스도인들은 세상을 빛으로 인도할 책임과 하나님 나라가 이 세상에서 이루어지는 데 대한 책임이 있다고 주장하였다. 이에 블룸하르트는 교회의 울타리를 넘어 세상과의 연대와 책임을 강조하였다. 그에게 있어서 하나님은 개인만을 위하시는 하나님이 아니라, 공동체 모두를 위한 하나님인 것이다.

6) 종교적인 것을 비판하는 '하나님 나라' 운동

블룸하르트는 종교로서의 그리스도교를 부인하고 하나님 나라의 증인으로 살았다. 그에게 있어서 중요한 것은 형식적인 종교적 행위가 아니라, 실제적인 하나님 나라의 삶이었다. 하나님 나라의 현존은 예수께서 말씀하신 대로 회개하고 복음을 믿는 자에게 즉시 이루어지는 현실로 드러나야 하기 때문이다.

이러한 하나님 나라가 우리의 삶 가운데 세워지기 위해 먼저 선행되어야 할 것은 하나님 나라를 간절히 소망하는 탄식과 간절한 기도이다. 블룸하르트의 하나님 나라는 불의한 현실에 침묵하고 인내하는 것이 아니라, 간절한 탄식과 기도로 행동하며 왜곡된 삶을 변화시키는 적극적인 하나님 나라를 의미한다. 그러므로 블룸하르트는 천상 위에서 이루어지는 하나님 나라에 대한 소망으로 현재 우리가 겪고 있는 삶의 왜곡된 현실을 참고 인내할 것을 요구하지 않았다.

이러한 인식에 근거하여 아들 블룸하르트는 현실 교회, 특히 이기적이고 위선적인 교회의 교리를 혹독히 비판했는데, 왜냐하면 그는 이것이 그리스도인을 죽일 수도 있고 심지어 성서마저도 죽을 수 있다고 생각했기 때문이다. 그는 교회를 비판하면서 교회 전통을 고수하는 입장을 견지한 아버지 블룸하르트까지도 비판의 대상을 확대하였다.

또한, 블룸하르트는 죽어 가는 교회에 대해서도 과격한 비판을 가했는데, 그가 보기에 교회는 죽음의 상황에 직면해 있었고 아무런 위기의식 없이 살아가는 현실 교회는 심각한 죽음의 위기상황에 처했기 때문이다. 그는 바트볼에서의 자신의 목회사역에서 온갖 종교적인 것들을 제거했을 뿐만 아니라, 교회를 많은 사람에게 개방하기 위해 대단히 자유롭게 운영했는데, 일례로 설교실의 강단을 지역의 가난한 교회에 선물하기도 했다.

여기서 아버지 블룸하르트와 아들 블룸하르트의 차이점을 간략히 언급하면 다음과 같다. 아버지 블룸하르트가 보다 교회 중심적이라면, 아들 블룸하르트는 보다 현실 참여적이다. 아버지의 경우 교회 현실과 교회의 전통을 고수하면서 교회 내에서 비판을 행한 반면, 아들은 교회를 강도 높게 비판하면서 교회 밖에서 들리는 하나님의 음성에 귀 기울였다. 아들 블룸하르트는 아버지의 계승자로서 하나님 나라 운동을 전개했지만, 새로운 시대의 변화는 아들로 하여금 새로운 방식으로 해석된 하나님 나라 운동을 요청하였다.

아버지 블룸하르트의 하나님 나라 선포가 교회 안에 머무르면서 외적인 질병 치유에 전념한 데 반해, 아들 블룸하르트의 하나님 나라는 교회 밖에서 전 지구적인 피조세계의 위기로까지 그 영역을 확대한 가운데 내적인 치유와 회복에 집중하였다. 즉, 아버지 블룸하르트가 사람들의 육체적 괴로움에 대해 인간적 연민과 사랑으로 육체적 치유에 관심을 기울였다면, 아들 블룸하르트는 육체적 치유보다는 영적 치유에 더 관심을 기울였다.

7) 성육신적인 '하나님 나라' 운동

블룸하르트는 교회 밖의 사람들, 심지어 외국 이교도에게까지 미치는 하나님의 사랑에 대해 말하면서, 그들 역시 하나님의 사랑에서 배제될 수 없다고 주장하였다. 그는 자신의 사위이자 중국 청도 선교사로 파송된 빌헬름(R. Wilhelm)을 향해 "중국 사람들이 이교도라는 생각에 앞서 먼저 하나님 안에 속한 사람이라는 것을 생각하라"라고 충고했던 것으로 전해진다.[11]

또한, 그는 중국인을 회심으로 이끌어 세례를 베푸는 일보다는, 오히려 중국인들과 함께 있는 일, 함께 사는 일, 그들의 물질적 궁핍을 진지하게 생각하고 그들에게 봉사하는 일이 하나님께서 원하시는 하나님 나라 운동이라고 생각한다고 사위에게 가르쳤다. 그리고 가능한 학대받는 사람들과 가난한 사람들과 죄인들의 편에 설 것을 충고하였다. 이는 그가 예수께서 사랑의 빛을 가지고 이 세상에 성육신하셨는데, 이 빛은 어둠을 밝히기 위해 계속 퍼져 나가야 하고 온 세상을 향한 것이 되어야 한다고 확신했기 때문이다.

---

11 참고로 빌헬름은 장인 블룸하르트의 권고로 중국 전통문화를 존중하는 가운데 『논어』, 『맹자』, 『도덕경』, 『주역』 등 고전 여덟 권을 독일어로 번역했는데, 이 번역서들은 현재 독일의 대학에서 중국학 전공자의 교재로 사용되고 있다.

8) 온 세계·전 피조물을 포괄하는 '하나님 나라' 운동

블룸하르트에게 있어서 하나님은 개인만을 위하시는 하나님이 아니라, 공동체 모두를 위한 하나님이시다. 또한, 하나님의 사랑은 하나님을 사랑하고 고백하는 사랑하는 사람들에게만 한정된 사랑이 아니라, 온 세계와 전 우주의 피조물에 대한 사랑으로 확대된다. 이는 그가 모든 피조물이 하나님의 사랑의 손길 안에 있으며, 예수께서 선포하신 하나님 나라는 무신론자들도 배제하지 않는 전 우주적 사랑 안에서 온 땅에 선포되어야 한다고 확신했기 때문이다.

> 그렇습니다. 사랑하는 그리스도인들이여, 여러분이 죽어서 구원을 얻는 것은 확실합니다. 그러나 우리 주 예수는 이보다 많은 것을 원하십니다. 그분은 나와 여러분의 구원뿐만 아니라, 온 세상을 구원하기를 바라십니다. 그분은 이 세상을 지배하고 있는 악을 완전히 몰아내고 불신앙 속에 빠져 버린 온 세상을 자유롭게 만들어 놓기를 바라십니다.

또한, 블룸하르트는 세상을 하나님 나라의 모습으로 변혁시키고 회복시키는 일은 자신의 중요한 문제로 간주하면서 이렇게 고백하기도 했다.

> 만일 우리가 세상을 포기하는 것은 마치 나의 일부를 포기하는 것과 같은 것이다.

그러므로 그는 교회의 울타리를 넘어 세상과의 연대와 책임을 강조했는데, 왜냐하면 교회는 공동체 전체를 향한 기도와 고통당하는 전 인류에 대한 공동의 책임을 가지고 살아가야 하며, 그리스도인들은 세상을 빛으로 인도할 책임과 하나님 나라가 이 세상에서 이루어지도록 하는 것에 대한 책임이 있다고 생각했기 때문이다.

공동체 목회는 블룸하르트로 하여금 종국적으로 교회의 울타리를 넘어 세상과의 연대와 책임을 자각하는 가운데 온 세계와 전 피조물을 포괄하는 하나님 나라 운동을 지향하는 계기를 마련했다고 볼 수 있다. 이러한 확신에 의거하여 블룸하르트의 사역지는 교회에서, 정치·경제·사회·생태계 등 전 지구적 영역으로 확대되었다. 이에 블룸하르트의 목회대상은 점차로 확대, 곧 교회 안에서 점차로 세상에서 살아가는 교회 밖의 사람들에게까지 확대되었는데, 심지어 무신론적인 사회주의자들과 공산주의자들까지도 포함되었다.

블룸하르트는 예수께서 가르쳐 주신 기도대로, 뜻이 하늘에서 이루어진 것과 같이 땅에서도 이루어지는 치유목회를 모색했는데, 이 치유목회의 사역지는 교회에서, 더 나아가 정치·경제·사회·생태계 등 전 지구적 영역으로 확대되어야 한다고 생각했기 때문이다. 예수께서 선포하신 하나님 나라가 이제 가까이에 임했고 온 땅 위에 선포되어야 하기 때문이다. 그러므로 예수께서 하나님 나라를 선포하고 보여 주신 것은 죽음 이후에 이루는 하나님 나라가 아니라, 이미 가까이 온 하나님 나라를 온 땅에 선포하는 것이 되어야 한다는 것이다.

블룸하르트는 그리스도인들이 두 번 거듭나야 한다고 강조했는데, 첫 번째 회심은 그리스도 안에서 거듭나는 것이고, 두 번째 회심은 그리스도와 함께 세상 가운데로 나아가는 것을 통한 거듭남이다. 이에 그는 교회의 울타리를 넘어 현실 사회로, 세상을 향한 하나님 나라로 발을 내닫게 되었다. 블룸하르트가 이해한 하나님 나라는 불의한 현실을 무시하거나 외면하는 하늘 위에서만의 하나님 나라가 아니라, 불의한 현실 속에서 하나님의 뜻을 선포하고 실현하는 하나님의 자녀의 참여로 이루어지는 하나님 나라이다.

블룸하르트의 하나님 나라 운동은 세상을 향해 열린 신학에 기반한다. 그에게 있어서 하나님 나라는 모든 피조물을 새롭게 하는 보편적이고도 포괄적인 희망의 나라이다. 블룸하르트는 시편 22편과 137편을 묵상하는 가운데 교회 밖에서 부르짖는 노동자들의 목소리 가운데 예수의 음성이 들려온다는 것을 감지하였다. 이러한 외침이야말로 예수께서 기도하신 주기도가 땅에서 응답되어지는 모습으로 해석하기도 했다.

교회 안에서는 깨어 있는 신앙인, 바른 생각을 가진 신앙인을 찾아보기 어려운 반면, 오히려 교회 밖에서 외치는 소리 속에서 "사람의 참된 가치" 와 "사람 됨의 권리" 그리고 "사회정의와 평화"를 위해 외치고 노력하는 모습을 목도했기 때문이다.[12]

9) 하나님 말씀 중심의 '하나님 나라' 운동

블룸하르트에게 있어서 성서는 무엇보다도 하나님 나라의 도래의 소식을 알리는 책이며, 그의 설교의 주제는 항상 하나님 나라였다. 블룸하르트는 항상 하나님 나라의 선교자일 뿐만 아니라, 하나님 나라의 생활자였던 것이다. 블룸하르트가 성서 중심의 하나님 나라 운동을 전개하게 된 배경에는 성서주의를 표방하는 뷰르텐베르크 경건주의의 영향이 매우 크다고 볼 수 있다.

18세기 독일 뷰르템베르크주에는 경건주의가 성행하여 많은 시민에게 영향을 미쳤는데, 경건주의를 주도한 대표적 인물은 벵겔(A. Bengel)과 외

---

[12] 이 자각은 블룸하르트로 하여금 독일 사회민주당(SPD)으로 입당하도록 유도하였다. 사민당의 종교정책은 전통과 관습에 매몰된 기독교를 비판하고 신앙을 개인의 몫으로 돌리는 정책과 독일 민족주의와 제국주의의 노선을 반대하며 세계 보편의 '인류 공동체'를 표방하는데, 이에 대해 그도 공감했기 때문이다. 이제 그는 설교강단에 오르는 대신, 교회 밖에서 말씀을 선포했고 시대가 요구하는 하나님 나라 운동에 참여하게 되었다.

팅어(F. C. Öthinger)라는 신실한 신학자들이다. 블룸하르트는 경건주의 조류가 정점에 달하던 19세기 중엽에 성장함으로써, 경건주의는 블룸하르트가 성서를 어려서부터 가까이 할 수 있는 중요한 환경적 요인으로 작용하였다.

10) 나를 위한 '하나님 나라'가 아닌 '하나님 나라'를 중심으로 한 나의 전환

블룸하르트는 하나님 나라의 실현을 위해 자기 자신의 유익을 생각하지 않고 하나님의 뜻을 생각함으로써, 하나님의 뜻을 이루는 실천과 시작을 중요시하였다. 그는 하나님 나라를 위한 근본적 개혁과 근원적 해결을 위해 자신이 먼저 죽어야 한다고 말하면서 온 몸을 던지는 희생적 각오를 결심하였다. 그는 "자기에 대해 죽어라", "육에 대해 죽어라", "가난해져라", "단념하라", "버려라" 등의 선포를 통해 자신을 죽임으로 예수께서 사시는 길을 결단하였다.

블룸하르트가 선포한 "죽어라, 그래야 예수께서 사신다"라는 선언은 "누구든지 제 목숨을 구원코자 하면 잃을 것이요, 누구든지 나와 복음을 위해 제 목숨을 잃으면 구원받으리라"(막 8:25)는 성서 말씀에 대한 블룸하르트의 응답이다. 크고자 하는 사람은 도리어 작아져야만(죽어야만) 하나님 나라에서 크다고 하는(예수께서 사시는) 진리가 우리의 삶 속에서 이루어질 때, 예수께서 우리 삶 속에 살아 계실 수 있는 근거가 된다. 블룸하르트는 위대한 그리스도인이 되기 위해 예수 그리스도께서 세상에서 위대하게 되고 우리들이 작게 되는 일이 더욱 중요한 일임을 선포했던 것이다.

블룸하르트 부자가 이루고자 한 하나님 나라 운동은 재림하신 예수께서 천상에서 주관하시는 하나님 나라가 아니라, 우리의 삶 가운데 실제적으로 임함으로 우리의 왜곡된 삶을 변화시키고 회복시킴으로 성취되는 하나님 나라 운동이다.

이에 블룸하르트 부자의 하나님 나라 운동은 보다 실천적이고 구체적으로 우리의 삶과 연결되며, 하나님의 자녀로 하여금 하나님 나라 운동으로의 참여를 촉구하였다. 하나님 나라의 실현을 위해 자기 자신의 유익을 생각하지 않고, 오히려 하나님의 뜻을 생각하며 하나님의 뜻을 이루는 실천과 시작을 중요시했던 것이다. 이는 블룸하르트는 하나님 나라와 하나님의 정의를 이루고자 노력하는 것은 영적으로만이 아닌 실제적 운동으로 나타나야, 곧 지금 우리의 현재의 삶 속에 이루어져야 한다고 생각하였다.

6. 블룸하르트의 '하나님 나라' 운동이 21세기 한국 기독교에 주는 도전

블룸하르트 부자가 평생에 걸쳐 추진한 하나님 나라에 대한 인식은 사변 가운데 얻어진 명제가 아닌 몸소 체험을 통해 얻은 진리인데, 앞서 논했던 그 특성을 정리하면 다음과 같다.

즉, 이 세상을 '하나님 나라' 현실로 개혁·갱신하는 '하나님 나라'(하늘과 땅의 동시적 '하나님 나라'), 지상의 시공간 속에 임하는 현실적·가시적 '하나님 나라', 인간의 참여를 배제하지 않는 '하나님 나라', 기다림과 서두름 가운데 이루어지는 종말론적 '하나님 나라', 형제·자매의 공동체적 '하나님 나라', 종교적인 것을 비판하는 '하나님 나라', 성육신적 '하나님 나라', 온 세계와 전 피조물을 포괄하는 '하나님 나라', 하나님 말씀 중심의 '하나님 나라', 나를 위한 '하나님 나라'가 아닌 '하나님 나라'를 중심으로 나를 전환시키는 운동이 그것이다.

블룸하르트의 하나님 나라 운동의 특성을 깊이 유념할 때, 이것이 한국 교계와 신학계에 주는 도전은 실로 지대하다고 할 수 있다.

그런데 신학사상사에 끼친 블룸하르트 부자의 공헌과 영향력에도 불구하고, 그들의 신학사상에 대해서는 활발하게 연구되지 못했다. 한국 기독교계에서 블룸하르트의 지명도는 여전히 낮은데, 이는 귀중한 보석을 놓치는 대단히 유감스러운 일이라 아니 할 수 없다.

19세기 독일어권 개신교 신학에 관한 연구가 한국의 신학계에서 지극히 미미한 상황은, 예컨대 16세기 종교개혁자 마르틴 루터(M. Luther) 연구에서 20세기 신학자 칼 바르트(K. Barth)로 훌쩍 건너뛰는 연구 풍조에서 여실히 드러난다. 바로 이 지점에서 우리는 블룸하르트 부자를 연구해야 할 필요성과 그 가치를 발견할 수 있다.

왜냐하면 그들은 17세기에 확립된 루터교 정통주의 및 국가교회 체제를 비판할 뿐만 아니라, 18세기 이후 본격화된 계몽주의와 이분법적 경건주의를 비판함으로써 교회사에 중요한 획을 그었기 때문이다. 무엇보다도 그들은 19세기의 다양한 철학적 신학과 씨름하여 당대 자유주의 신학을 극복함으로써, 20세기 신학계에서 올바르게 균형 잡힌 신학의 지평을 열었기 때문이다.[13]

그동안 한국 기독교는 개인구원과 사회구원을 양자택일로 간주한 가운데 성도들로 하여금 불의한 세상 현실을 외면한 채 개인적이고 내면적인 영성 추구에 몰입하도록 종용하는 구습을 여전히 극복하지 못하고 있다. 그러면서도 한국 기독교는 여러 형태의 정치·경제·사회적 부조리에 직·간접적으로 관여한 가운데 기독교 본연의 정체성을 잃어버림으로써, 세상 사람들로부터 위선적이고 이율배반적이라는 비판을 받고 있다.

오늘의 현실은 단순한 우려의 차원을 넘어 존폐의 중대한 역사적 기로에 서 있을 만큼 뼈아픈 성찰과 갱신을 촉구하는 상황이다.

---

13 임희국, 『블룸하르트가 증언한 하나님 나라: 19세기 독일의 산업화, 민족주의, 제국주의』(서울: 대한기독교서회, 2020), 5f.

한국 교회는 과연 우리나라의 기틀을 바로잡고 국가의 새로운 역사를 일구어 낼 수 있는가?

한국 교회는 7천만 우리 민족의 삶과 정신세계에 깊이 뿌리내리고 이 민족이 가야 할 길을 밝히는 등대의 역할을 감당할 수 있는가?

아니면 서구 세계에서 기독교 왕국이 몰락했던 것처럼 한국 교회도 한국 사회에서 몰락의 위기를 맞이할 것인가?[14]

현재 한국 교회가 봉착한 위기는 근원적으로 영성과 도덕성, 공동체성의 상실로 말미암아 비롯된 위기라고 진단할 수 있다.[15] 현재 한국 교회 안에는 예수 그리스도의 십자가 영성이 사라진 가운데 복음을 샤머니즘적으로 곡해하는 미신적 영성이 지배하는 현실, 영적 실용주의에 함몰되어 십자가 없는 상업적 성령 운동이 횡행하는 현실이 심각하게 제기되고 있다.

또한, 한국 교회가 사회적 공신력을 잃어버린 주된 원인은, 잘못된 영성 못지않게 도덕성의 실패, 특히 교계 지도자들의 비윤리적 행태와 언행 불일치, 신앙과 삶의 불일치에 있음은 아무도 부인할 수 없는 사실이다. 그리고 한국 교회가 공동체 정신 및 공교회성(catholicity)을 상실하고 자신이 속한 교회만 배타적으로 인정하는 개교회주의, 게토화된 이익집단으로 인식됨으로써, 세상 사람들에게 탈(脫)사회적이고 몰(沒)역사적인 종교로 오해받고 있다. 엄밀히 말해, 영성과 도덕성, 공동체성이 얽히고설키어 한국 기독교의 전체적 위기를 만들어 냈다고 볼 수도 있을 것이다.

이러한 위기상황 속에서 21세기 한국 기독교는 블룸하르트 부자가 불의한 사회 현실을 개혁하려는 의지를 마비시키는 그리스도인들의 피안성을 비판함과 동시에 교회갱신과 신앙각성 운동의 일환으로 하나님 나라 운동을 전개한 것을 깊이 성찰해야 할 것이다. 그리하여 피안의 종교의 하나님

---

14 곽혜원, "한국 교회에 대한 한국 사회의 인식", 제2종교개혁연구소 엮음, 『제2종교개혁이 필요한 한국 교회』(서울: 기독교문사, 2015), 173.
15 이원규, 『한국 교회의 위기와 희망』(서울: 예영커뮤니케이션, 2007), 173.

이 아닌 지금 이 자리에 살아 계신 하나님에 대한 생생한 체험, 하나님 나라의 실재성에 대한 분명한 경험을 통해 교회를 갱신하고 성도들의 신앙을 각성시켜야 할 것이다.

필자는 블룸하르트 부자의 하나님 나라 운동을 고찰하면서 한국 기독교가 당면한 절체절명의 위기를 극복할 수 있는 방안과 함께 향후 한국 기독교가 나아가야 할 방향에 대한 좌표를 발견할 수 있다고 확신하는 바이다. 그러므로 한국 기독교의 총체적 위기상황 속에서 하나의 대안으로 블룸하르트 부자의 하나님 나라 운동을 계승하여 적용할 것을 제언한다.

특별히 블룸하르트 부자의 하나님 나라 운동이 한국 기독교에 주는 도전은, 21세기 인류문명의 변곡점을 맞이한 COVID-19 팬데믹 시대에 더욱 의미심장하다. 주지하듯이, 팬데믹이 장기화하면서 최악의 경제위기 속에 갈수록 사회 양극화가 악화일로로 치닫고 사회 약자들의 생존기반이 붕괴되고 있다. 그렇지 않아도 침체상태에 있던 경제상황에 팬데믹 사태의 악영향이 겹침으로써, 종래 심각했던 빈부 격차와 불평등을 더욱 악화시키고 있기 때문이다. 이로 인해 팬데믹이 계층 간에 격차를 극명하게 노정함으로써, 소수 부유층과 다수 빈곤층의 계급화를 고착화시킨다는 것이 전문가들의 진단이다.

이러한 상황 속에서 한국 기독교는 포스트-코로나 시대에 최대 현안인 사회 양극화의 해결방안을 제시하고, 사회적 소외자를 다시 일으켜 세우는 사역을 헌신적으로 감당해야 할 것이다. 사회 양극화를 극복함에 있어서 한국 기독교의 사명이 특히 중요한 이유는, 자타공인 한국 사회를 움직이는 가장 거대한 동력인 한국 교회가 움직여야만 사회 양극화 문제가 근본적으로 해결될 수 있기 때문이다. 그러므로 블룸하르트 부자가 주력했듯이, 한국 교회의 사역은 구체적 삶의 현장에서 세상을 변혁시키는 사역이 되어야 할 것이다.

더욱이 현재 많은 국민이 극도의 생활고 속에 스스로 생을 마감함으로써 자살 동향 데이터가 심상찮은 위기 국면을 드러내고 있는데, 이것은 한국 기독교가 단지 영혼만을 구원하는 데 머물지 않고 하나님의 전인적·총체적 구원을 지향하는 방향으로 나아가야 함을 시사한다. 이에 우리는 상생·연대하는 기독교의 생명 공동체가 그 어느 때보다 절실히 요청되는 시대를 직면하고 있다.

이러한 맥락에서 사회·경제적 공평과 정의의 정착이 사회 양극화를 위시해서 한국 사회의 근본적 문제해결의 핵심과제라는 사실을 유념할 필요가 있다. 야훼 하나님의 공의는 궁극적으로 사회·경제적 공평과 정의에 귀결되므로 한 나라의 사회·경제적 공평과 정의는 하나님의 공의가 이 세상 속에 올바르게 실현되는지의 여부를 판가름하는 중요한 척도라고 말할 수 있다. 특히, 한국 교회가 사회·경제적 정의 구현을 위해 헌신해야 하는 특별한 이유가 있는데, 왜냐하면 이것이 하나님의 명령임은 물론 사회적 소외자들에 대한 보호와 배려 없이 이들의 생존권을 결코 보호할 수 없기 때문이다.

이제 한국 교회와 성도들은 공평과 정의를 실현하고 사회 약자들을 보호하라는 성서의 메시지에 귀 기울여 사생결단의 일념으로 불의한 사회·경제적 체제를 개혁하고 사회 전반에 하나님의 공의를 실현할 수 있는 길을 모색해야 할 것이다.

한국 교회와 성도들은 사회를 향한 빛과 소금의 역할을 마음 깊이 되새기는 가운데 뼈를 깎는 아픔으로 끊임없이 자기 갱신(更新)과 성화(聖化)를 생활화하는 '사회적 성화'의 단계로 진일보해야만 할 것이다. 그리하여 치열하게 살아가는 사회적 소외자들이 극도의 생활고에 시달리다가 생존의 벼랑 끝에서 스스로 목숨을 끊는 일이 없는 정의로운 세상을 만드는 데 혼

신의 힘을 기울여할 것이다.[16]

끝으로 블룸하르트 부자가 견지했던 입장, 곧 '하나님 나라'에 대한 희망과 이를 인간세계에 책임적으로 구현해야 할 그리스도인의 책임적 사명 사이의 긴밀한 상관성을 강조하면서 결론을 맺고자 한다.

> 만일 우리가 희망할 수 있다면, 우리는 무엇을 희망할 수 있는가?
> (*Was dürfen wir hoffen, wenn wir hoffen dürfen?*).

이것은 독일의 조직신학자 마르크바르트(F.-W. Marquart)의 종말론 저서의 제목이다.[17] 이에 비추어 '만일 우리가 희망할 수 있다면, 과연 무엇을 희망해야 하는가'라고 우리가 질문을 받을 때, 바로 하나님께서 모든 피조물 안에 거하시고 이 세계를 완성하시는 하나님 나라가 우리가 희망해야 할 대상이라고 답변할 수 있을 것이다.

하나님 나라가 우리의 희망의 대상이라면, 하나님 나라는 과연 어떻게 임하는가?

하나님 나라는 예수 그리스도의 삶에서 나타났는데, 곧 하나님은 그분의 독생자 예수를 이 땅에 보내시고 하나님 나라의 역사를 시작하셨다. 그러므로 하나님 나라의 오심은 궁극적으로 하나님 자신이 이루시는 일이 됨으로써, 하나님의 구원의 역사에 있어서 주체는 하나님 자신이다.

그러나 하나님 나라가 하나님 자신의 초월적 능력으로 말미암아 도래한다는 것은, 우리가 아무것도 행할 필요가 없음을 결코 의미하지 않는다. 하나님 나라에 대한 종말론적 희망과 이를 실현하기 위한 인간의 실제적 노력, 하나님의 주권에 대한 기다림과 진일보한 세계 상황을 만들기 위한

---

16 곽혜원, 『현대 세계의 위기와 하나님의 나라』, 288-294.
17 F.-W. Marquart, *Was dürfen wir hoffen, wenn wir hoffen dürfen?*, Bd. I, Gütersloh, 1993, Bd. III, 1996.

인간의 실천적 노력은 양자택일의 문제가 결코 아니기 때문이다. 하나님 나라는 분명 하나님 자신의 행위를 통해 임하지만, 인간의 동역(同役)을 요청하기 때문이다.

즉, 하나님은 하나님의 뜻을 이루시기 위해 인간을 부르시고 변화시키면서 그분의 역사에 개입시키신다. 이에 하나님의 약속을 받은 사람들은 수동적 태도가 아니라, 아버지 블룸하르트의 표현대로 "기다림과 서두름 속에" 긴장으로 가득하여 깨어 있었고 하나님의 뜻을 향해 나아갔다.[18] 그러므로 하나님 나라에 대한 희망과 기다림은 좀 더 나은 사회체제를 계획하고 건설하려는 그리스도인들의 실천적 노력과 긴밀한 연관성 가운데 있다고 말할 수 있다.[19]

참고 문헌

곽혜원. 『삼위일체론 전통과 실천적 삶』. 서울: 대한기독교서회, 2010.
_____. "예수 그리스도의 '하나님 나라'에 대한 종말론적 이해", 「신학과 교회」 (2019.겨울)
_____. 『현대 세계의 위기와 하나님의 나라』. 서울: 한들, 2008.
김균진. 『기독교 신학』 제1권, 서울: 새물결플러스, 2014.
_____. 『기독교 신학』 제5권. 서울: 새물결플러스, 2020.
_____. 『종말론』. 서울: 민음사, 1998.
_____. 『현대 신학사상: 20세기 현대 신학자들의 삶과 사상』. 서울: 새물결플러스, 2014.
김윤국. 『희망의 선구자 요한 크리스토프 블룸하르트』, 서울: 한신대학교출판부, 2009.
유광웅. 『블룸하르트의 투쟁과 소망』, 서울: 한국장로교출판사, 2004.
유은수. "크리스토프 프리드리히 블룸하르트의 생명 신학", 장로회신학대학원 박사 학

---

18 김균진, 『종말론』(서울: 민음사, 1998), 375.
19 김균진, 『기독교 신학』 제5권, 605.

위논문, 2018.
임희국. 『블룸하르트가 증언한 하나님 나라: 19세기 독일의 산업화, 민족주의, 제국주의』, 서울: 대한기독교서회, 2020.
정지련. "하나님 나라에 대한 신학적 반성." 「한국조직신학논총」 제22집 (2008.12).
Blumhardt, C. F./원마루 옮김. 『숨어 있는 예수』, 서울: 달팽이, 2008.
_____/김성민·고학준 옮김. 『지금이 영원입니다』, 서울: 대장간, 2015.
_____/전나무 옮김. 『행동하며 기다리는 하나님 나라』, 서울: 대장간, 2018.
_____/신준호 옮김. 『예수는 승리자시다』, 서울: 선한 청지기, 2022.
Friedrich, G. & Küng, H./김균진 엮음. 『유토피아니즘과 기독교』. 서울: 종로서적, 1986.
Haug, R./김윤규 옮김. 『블룸하르트의 생애와 사상』, 서울: 한들출판사, 2002.
Marquart, F.-W. *Was dürfen wir hoffen, wenn wir hoffen dürfen?*, Bd. I, Gütersloh, 1993, Bd. III, 1996.
Moltmann, J./이신건 옮김. 『오늘 우리에게 그리스도는 누구신가?』. 서울: 대한기독교서회, 1997.
Riddelbos, H./오광만 옮김. 『하나님 나라』. 서울: 솔로몬, 2009.
Willis, W./박규태·안재형 옮김. 『하나님의 나라: 20세기의 주요 해석』. 서울: 솔로몬, 2011.

제2부

유토피아

제5장 유토피아란 무엇인가?

제6장 하나님 나라 관점에서 본 유토피아 사상 비판
　　　페터 바이어하우스의 통전적 하나님 나라 사상을 중심으로

제7장 유토피아니즘에 대한 비판적 고찰

제8장 유토피아적 기독교 혼합주의 종말론

제5장

유토피아란 무엇인가?

이 동 주 박사
전 아세아연합신학대학교 선교신학 교수, 현 바이어하우스학회 회장

1. 서론

우리는 평생동안 현재적으로는 하나님의 은혜와 사랑을 체험하며, 미래적으로는 하나님의 약속대로 종말적 하나님의 나라가 임하기를 간절히 사모하며 살아왔다. 그런데 갑자기 '유토피아'라는 용어를 들으면 어리둥절하게 된다.

기독교인에게 매우 생소하게 들리는 이 한 단어의 뜻은 무엇일까?

기독교인들은 하나님의 나라가 하나이기 때문에 유토피아도 하나일 것이라고 추측할 수 있겠지만, 사실 '유토피아'란 약 500년 전 토마스 모어(Tomas More)[1]가 창작한 공상소설에 등장하는 이상 국가로 지금까지 수많은 유토피아들이 시도되었다.

---

[1] 또는 Thomas Morus라고도 한다. 한국에서는 주로 토마스 모어라고 칭하고, 독일에서는 토마스 모러스라고 칭한다.

유토피아는 항상 무신론자들이 희망하는 완전한 '신세계' 또는 '더 나은 나라'를 뜻한다. 더 정확히 표현하자면, 토마스 모어의 소설 내용과 같이 초기의 유토피아는 하나의 새로운 세계 또는 알려지지 않은 외딴 "섬나라" 같은 곳이었지만, 인간이 희망하는 바와 같은 그런 완전한 이상적인 세계를 인간이 만들어 낼 수 없다는 자각에 이르러, 점차 유토피아는 '더 나은 세계'를 의미하게 되었다.

유토피아는 칼 맑스 시대 이후로는 더 이상 나라 또는 국가라고 칭하지 않고, '사회'라고 호칭한다. 맑스와 엥겔스가 선포한 '공산당 선언문'(1848년, 런던)도 "노동자에게 조국은 없다. 그러나 노동자계급이 국가를 장악하기 전까지는 그 자신이 민족적이다"라고 선언한다.[2]

전 세계 프롤레타리아(노동자, 극빈자, 착취당한 피억압계층)가 단결하여 혁명으로 세우려는 공산주의 유토피아는 모든 전통적 가정과 사회와 국가와 계급들을 다 무력 혁명으로 철폐한 후에 세워지는 사회이기 때문에, 더 이상 국가라고도 칭하지 않고, 사회라고 한다. 이 새로운 사회는 온 세계를 포괄한 하나의 "무계급 사회" 또는 "무정부 사회"라는 하나의 전체 사회이다.

그러나 현실적으로는 프롤레타리아 혁명으로 기존의 국가권력을 강탈하면 그 즉시 무정부적인 프롤레타리아 사회가 세워지는 것이 아니라, 일시적으로 프롤레타리아 독재자가 필요하다고 보았다. 그럼에도 불구하고 과거 역사가 증명하듯 한번 독재자가 들어서면 그 이후에 '무정부 사회'를 이룬 적이 없고, 그 나라가 거의 붕괴될 때까지 지속적으로 독재자의 손에 맡겨졌다.

---

2 https://blog.naver.com/ceb4747/221483748885 共産黨 宣言 Manifest der Kommunistischen Partei.

지금까지 무신론 사회의 희망인 모든 유토피아는 무너졌고, 실패한 유토피아(디스토피아)로 남게 되었다. 작금에 이르러 공산주의 국가들은 거의 무너졌어도, 공산주의 사상은 무너지지 않았고, 여전히 전 세계를 향하여 목표대로 공산주의 사상을 확장하고 있다.

하나님의 나라는 하늘로부터 큰 은혜와 사랑으로 우리에게 임하지만, 유토피아에 대한 집착은 잠시 잠깐 있다가 사라질 풀과 같이 무능하고[3] 타락한 인간임을 자각하지 못하고, 인간이 점차 진화하면서 하나님처럼 완전해지고 무한한 창조력이 있는 것으로 착각하고, 이 땅 위에 "새 사회" 또는 "더 나은 사회"를 세우려는 열망에 차 있다.

그러나 유토피아라는 단어가 U-topos(없는 장소, Nirgendwo)라는 뜻과 같이, 인간이 시도했던 유토피아들은 한 번도 성공한 적이 없다. 유토피아는 이 땅 어디에도 없고, 이 땅 위에 세울 수도 없는, 다만 공상적인 곳일 뿐이다. 그러므로 유토피아는 항상 하나님을 거역하는 인간의 도모였으며, 항상 파괴되었다. 그래도 하나님을 알지 못하는 인간들은 대를 이어 가면서 이 역사 안에 유토피아를 거듭 세우려고 시도하였고, 앞으로도 이 인간의 허망한 욕구로 변함없이 유토피아를 갈망하며 지속적, 반복적으로 세워 나갈 것이다.

맑스주의자들이 재래적 모든 권위자와 권위적 전통문화를 다 파괴하려는 이유와 목적은 무엇일까?

그 이유는 모두 현재까지의 전통사회를 철저히 파괴하고, 하나님이 창조하신 인간을 파괴해야만 그들이 무신론적 새 사회를 만들고, 새로운 인간을 창조할 수 있다고 믿는 믿음에서 비롯된 것이며, 하나님이 창조하신 재래 권위주의적 착취를 다 말소해야 권위에 눌리지 않는 자유로운 세계인 유토피아를 건설할 수 있다는 전제를 가지고 이를 시행하기 때문이다.

---

[3] 사 40:8. 풀은 마르고 꽃은 시드나 우리 하나님의 말씀은 영원히 서리라 하라.

이러한 세계 연대를 구축하기 위해서 바로 맑스와 엘겔스가 작성한 '공산당 선언문'이 공포하는 바와 같이, 공산주의자들이 모든 계급을 타파하고, 모든 무산층 계급을 국경 없이 하나로 일치해 나가고 단결해 나가는 데 목적을 두고 있다.

필자가 "유토피아란 무엇인가"라는 제목으로 연구하는 범위는 아래와 같다.

- 유토피아의 특징
- 숨겨진 칼 맑스의 정체성
- '공산당 선언문'과 유토피아
- 구소련의 디스토피아(Dystopia)
- 유토피아 아나키즘

2. 유토피아의 특징

『유토피아』(Utopia)는 1516년 영국의 소설 작가 토머스 모어(1478-1535, Thomas More)[4]가 최초로 저술한 장편소설 제목이다. Utopia는 그리스어 단어들을 조합하여 '장소'를 뜻하는 그리스어 명사, tópos(m., τόπος)와 '없다'라는 부정(negative)의 의미를 가진 관사 ou(οὐ)를 결합하여 만든 새로운 합

---

[4] https://100.daum.net/encyclopedia/view/47XX65200034 영국의 토머스 모어(1478-1535)는 1518년에 헨리 8세의 고문관으로, 1523년에는 하원의장과 대법관이 되었다. 그는 청빈하고 유능한 법률가였는데, 당시 헨리 8세가 성직자들에게 선포한 '수장령'에 "기독교 교회법이 허용하는 한도 내에서"라는 토를 달았다가 국왕과 갈등을 빚고, 국왕의 이혼을 반대하다가 왕의 권위를 부정한 죄로 1535년에 참수형을 당했다. 그 후 1935년 교황 레오 13세에 의해 가톨릭 성인으로 공인되었다. Thomas More를 독일에서는 Thomas Morus라고 호칭한다.

성어다.⁵ 즉, 이상적 사회라는 '유토피아'(Nirgendswo)는 '어디에도 없다'라는 뜻이며, 모어는 알려지지 않은 그 '완전한 이상 세계'(ideale Welt)를 하나의 섬나라(Inselstaat)로 비유하였다. 그러나 그 후 '완전한 이상 세계'는 점차 '더 나은 세계'(eine bessere Gesellschaft)를 의미하는 것으로 변모하여 갔다.⁶

이 저서의 원제목은 『국가의 최선 정체와 섬 유토피아에 관하여』(Libellus de optimo reipublicae statu, deque nova insula Utopia)로서 라틴어로 쓴 두 권의 풍자적 장편소설이다. 제1권은 당시 유럽의 부패한 사회를 비판했고, 제2권은 이상적 사회 유토피아를 묘사했다.⁷

A. 챙커(A. Zänker)는 그의 저서에서 "이상 국가"(Idales Staat)란 모어 자신이 묘사한 말이 아니라, 그의 절친한 친구 로텔담의 에라스무스(Desiderius Erasmus Roterodamus, 1466-1536)가 이 소설에 자기 생각을 삽입했을 가능성이 있다고 본다. 이와 같이 챙커는 이 최초의 유토피아 소설을 토마스 모어와 에라스무스 두 저자의 합작품(Mischgebilde)이라고 본다. A. 챙커가 확신하는 것은, 모어는 그의 소설 초고를 에라스무스의 제안대로 "더 나은 세상"(besseren Welt)이라고 썼는데, 에라스무스가 이 책이 인쇄되기 직전에 Utopia라는 제목을 붙여 주었다고 한다.⁸

유토피아는 두 가지 형태가 있다.

하나는 인간이 소원대로 전개되기를 바라는 환상적인 유토피아이다.
다른 하나는 소원대로 되지 않는 디스토피아이다.

---

5 Alfred Zänker, *Der lange Weg nach Utopia,* Asendorf, Germany, 2003, 33f.
6 Ibid., 11f. 소설 내용: 이태리 외교관 아메르고 베스푸치(Amerigo Vespucci)의 그 이상적인 섬 이야기를 보고하는 대화형식의 공상소설이다(p.35).
7 https://100.daum.net/encyclopedia/view/b17a1816a
8 *Der lange Weg nach Utopia* (『유토피아에 도달하는 먼 길』), Asendorf, Germany, 2003, 40f.

Dystopia는 영국의 사상가 존 스튜어트 밀(John Stuart Mill)에 의해 처음으로 사용된 단어이며 "불길한 유토피아" 또는 "흑색 유토피아(Schwarze Utopien)"라고도 불린다. 유토피아의 반대 개념인 디스토피아(dystopia)는 '나쁜', '어려운' 등의 부정적 의미를 지닌 그리스어 접두사 dys-(δυσ-)와, '장소'를 뜻하는 그리스어 명사 tópos(τόπος)가 합쳐서 만들어진 합성어다. 이 신조어는 "독재자에 의해 지배되는 비인간적인 사회"를 의미하는 용어로도 사용된다.[9]

토마스 모어를 포함한 모든 유토피아의 특징은 반사유재산주의이다. 모어의 유토피아인 '섬나라'는 사유재산을 모든 악의 뿌리라고 한다. 사유재산이 있는 곳에서는 인간을 돈으로 평가하며, 공의롭고 행복한 정치가 불가능하게 된다고 한다. 또 사유재산제 사회는 군주와 노예로 분리되는 계급사회국가가 세워지고, 부유층은 국가적 특권을 오용한다고 한다.[10]

이 소설에서 설명하는 이상적 세상인 유토피아는 하나의 가족이고, 지도자는 '아버지'다. 모두가 노동해야 하고, 모두가 하루에 6시간 일을 하고, 다 공동 식사를 한다. 아이들은 같은 나이끼리 먹는다. 모두가 평등을 누린다. 재산을 공유하고, 물물교환을 하고, 의복도 다 똑같이 입는다. 자유의지는 없다. 하루 시간도 다 똑같이, 독서도 다 같이, 취침도 같이, 강의도 같이 듣는다. 만인이 만인을 감시한다. 놀이도 같이하고 안락사도 있다.

가족제도는 한 가구에 40명의 가족과 2명의 노예가 있다. 30가구가 하나의 대표를 뽑는다. 개인의 자유는 없다. 그곳에서도 종교다원주의가 실시되어 완전한 종교의 자유를 누리고, 하나님을 부정하는 사람은 낮은 계층에 속한 사람으로 여긴다. 원시 공산주의(향락주의)로, 법 없이, 불공평

---

9 http://cafe.daum.net/latinaanglicaque/qY4x/134?q=%EC%9C%A0%ED%86%A0%ED%94%BC%EC%95%84%20%EB%B0%98%EB%8C%80
10 Alfred Zänker, *Der lange Weg nach Utopia*, 35f.

없이 산다는 곳이다. 나라는 공동의 복지를 영위한다. 화폐를 안 쓴다. 사유재산도 없다. 사유재산과 화폐는 이상 사회의 적들이다.

그러나 유토피아 내에는 죄인과 형벌이 있다. 유토피아에도 도둑이 있고 도둑을 사형하는 제도는 폐지한다. 도둑이 생기는 원인은 귀족의 욕심 때문에 일자리가 없어 실직 상태이며, 굶어 죽게 되어 도둑질하고, 그래서 감옥에 간다. 그러므로 도둑질은 사형을 해도 없어지지 않는다. 도둑과 생명은 바꿀 수 없다. 도둑은 일해서 먹어야 한다. 도둑은 강제노동을 해야 하며, 범죄자들의 형벌은 노예가 되어 중노동을 하는 것이다. 간통자도 노예가 된다.

그러나 노예는 서비스업자다. 간통죄인이 그 노예를 계속 사랑하면 둘 다 노예가 된다. 그러나 그들이 다 바르게 살면 나중에 유예될 수 있다. 이와 같이 유토피아에는 범죄자들이 있고, 전쟁도 하고, 전쟁시 암살도 하고 땅도 뺏는다. 왕을 죽이기도 한다. 아이들은 스파르타식 훈련으로 집에서 쫓아낸다. 그러면 아이들은 알아서 살아야 한다. 그래야 자라서 힘 있는 군인이 된다는 것이다.[11]

위와 같은 저술 내용을 보면 이 소설가 토마스 모어는 상당히 인본주의적이고 자유주의적 견해를 가졌던 것으로 보인다. 뉴욕국립도서관은 T. 모어에게 "현대 유토피아의 아버지"라는 가치(Würde) 칭호를 부여하고, 모어의 유토피아 소설은 새로운 정치적 사고를 대표한다고 칭찬하고 있다.[12]

16세기 유토피아 소설에서 제시된 정치, 경제, 사회, 윤리적 모델은 400년이 지나 작성된 '공산주의 선언문'과 비교하면 이상 사회의 모습이 그대로 변함없이 전수된 것들도 있지만 전혀 달라진 것들도 있다.

11　https://youtu.be/ye5nqgaAazg
12　Alfred Zänker, *Der lange Weg nach Utopia*, 34.

1848년 초 칼 맑스와 프리드리히 엥겔스가 작성한 '공산당 선언문'의 유토피아와 동일한 측면은 사유재산을 폐지해야만 한다는 경제관과 지배자가 없는 무정부주의적 사회관이다.

그렇지만 과거나 현재나 유토피아주의자들의 시각은 오로지 고통에만 초점을 맞추었으므로 사유재산 폐지 이후의 부작용이나 무정부 사회를 이루고 난 이후의 부작용에 대하여는 아무것도 준비하지 않았다.

'공산당 선언문'으로 토마스 모어의 이상 국가와 아주 달라진 유토피아의 형태는 폭력과 유혈 혁명으로 손에 피가 가득한 프롤레타리아 독재의 지배단계에서 만들어지는 유토피아로서 프롤레타리아 혁명에 의해 부르주아들의 사유재산과 자본을 다 몰수하여 프롤레타리아가 소유하고, 부르주아들을 모조리 살해함으로써 세우는 유토피아다.

이 독재의 단계 후에는 "저절로" 공산주의 최후단계인 무정부주의 사회가 이루어진다고 믿는다. 그곳은 모든 윤리가 무너지고, 가정과 부부와 나라와 국적과 종교와 모든 도덕이 다 폐지된 곳이다. 그것은 절대적 자유와 평등이 "이루어지는" 사회라서 "아내는 생산도구만이 아니라"는 이유로 아내 공유제를 만들어 부부와 가정이 무너지고, 부모와 자녀의 관계가 무너지고, 종교의 자유가 없을 뿐만 아니라 종교가 허용되지 않는다. 이러한 공산주의적 유토피아의 정의(定意)는 아래에 인용한 '공산당 선언문' 내용을 참조하면 된다.

> 가족의 폐지라니!
> 공산주의자의 이 파렴치한 주장에는 가장 급진적인 사람들까지도 분노하고 있다.
> 지금의 가족, 부르주아적 가족이 서 있는 토대는 무엇인가?
> 그것은 자본이며 사적 이익이다. 따라서 이 가족이 완전히 발전한 형태는 단지 부르주아에게만 존재할 뿐이다. 반면 이러한 상태가 진행되면 결국 프

롤레타리아에게는 가족이 실제로 사라질 것이며, 공창(公娼)만이 남을 것이다.
당신은 우리가 부모에 의한 자식의 착취를 중지시키려 한다고 해서 비난하는가?
그것도 죄라면 우리는 죄를 지었다고 할 수 있다. 그러나 당신은 우리가 가정교육을 사회교육으로 바꾸려는 것을 모든 관계 중에 가장 성스러운 관계를 파괴하는 것이라고 말하고 있다.

...

그렇지만 너희 공산주의자들은 '여성 공유제'를 도입하려는 게 아니냐고 전체 부르주아는 소리 맞춰 악을 쓴다. 부르주아는 자기 아내를 단지 생산도구로만 본다. 그는 생산도구는 공동으로 이용되어야 한다고 들었으므로 자연히 모든 것을 공유한다는 운명이 여성에게도 닥치리라는 결론에 이를 수밖에 없다.
진정으로 목적하는 바는 단순한 생산도구로서의 여성의 지위를 없애 버리려는 데 있다는 것을 그는 전혀 생각조차 하지 않는다. 더군다나 공산주의자들이 이른바 공개적이고 공식적으로 건설하려 한다는 여성 공유제에 대해 우리의 부르주아가 실제로 분노를 터뜨리는 것은 정말 가관이 아닐 수 없다. 그것은 거의 기억할 수 없을 정도의 먼 옛날부터 존재해 온 것이므로. 우리의 부르주아는 공창은 물론 자기 휘하에 있는 프롤레타리아의 아내와 딸들을 마음대로 할 수 있는데 만족하지 않고 다른 부르주아의 아내를 유혹하는 데 커다란 쾌락을 느낀다.
부르주아의 결혼은 사실상 부인 공유제이다. 그러므로 설령 공산주의자가 비난받는다 하더라도 그 비난은 위선적으로 은폐된 여성 공유제가 아니라 공개적으로 합법화된 여성 공유제를 도입하려 한다는 것이어야 한다.

...

그러나 공산주의는 영원한 진리, 모든 종교나 도덕을 새로운 토대 위에서 구성하는 것이 아니라 아예 폐지한다.

...

모든 지배계급을 공산주의 혁명 앞에 떨게 하라.
프롤레타리아가 잃을 것은 쇠사슬밖에 없으며 얻을 것은 온 세상이다.
(Let the ruling classes tremble at a Communistic revolution. The proletarians have nothing to lose but their chains. They have a world to win.)
전 세 계 노 동 자 여, 단 결 하 라!
WORKING MEN OF ALL COUNTRIES, UNITE![13]

3. 숨겨진 칼 맑스의 정체성

칼 맑스는 본래 무신론자가 아니라 기독교인이었고, 그의 가장 친밀한 친구 엥겔스도 역시 기독교인이었다. 이 두 사람은 지금까지 공산주의의 지침이 되고 있는 '공산당 선언문'을 작성한 사람들이라는 것은 이미 잘 알려져 있다. 그러나 그 '공산당 선언문'의 서두는 아주 특이하게도 물질적 세계가 아닌 영적 세계의 유령(Gespenst) 이야기로 시작된다.

맑스와 유령은 아주 무관해 보여서 지금까지 맑스와 유령과의 관계를 관심 있게 연구한 사람이 별로 없다. 필자는 '공산당 선언문'에서 가장 중요한 위치인 서두에 맑스주의를 '유령'이라고 소개한 칼 맑스의 정체성을 연구해 보았다.

---

[13] https://blog.daum.net/skxogkswhl/17962353

그중에 리하르트 범브란트(Richard Wurmbrand)가 쓴 『칼 맑스와 사탄』(*Karl Marx und Satan*)[14]이라는 책이 1977년 독일 스테파누스(Stephanus)출판사에서 출간되어 맑스의 영적 관심에 대해 탐구하며 읽게 되었다. 그 내용에서 독자는 맑스의 놀라운 새로운 정체성을 들여다보게 된다. 독자들이 이 책의 내용을 파악할 수 있도록 필자는 그 내용을 발췌해서 아래에 소개하려고 한다. 판단은 독자들의 소견에 맡긴다. 필자가 이 책에서 인용한 페이지는 괄호 속에 써 두었다.

참고로 맑스와 엥겔스가 '공산당 선언문' 서두에 세 번이나 사용한 '유령'이라는 용어는 독일어 원문에 Gespenst이고, 성경에서 동일한 단어인 유령은 마태복음 14:26에 그리스어 원문으로 '판타스마'(φάντασμα,[15] Erscheinung)이며, NIV로는 ghost(귀신, 도깨비)로, 한국어로는 '유령', '요괴'(요사스러운 귀신), '악마'로 번역된다.[16] 마가복음 6:49f.에는 제자들이 바다 위를 걸어오시는 예수를 보고 유령(Gespenst)인가 하여 놀라고 무서워하여 소리질렀다는 기록이 있다. 상식적으로 보아 유령은 두렵고 해치는 영이고 인간을 불행하게 하는 악마로 이해된다.

성경에 나오는 악마들 중에 사탄은 마귀들의 왕(아볼루온, 아바돈, 무저갱의 사자, 계 9:11) 또는 귀신의 왕 바알세불(마 12:24)이며 단 하나뿐이다(눅 10:18), 사탄의 수하에는 무수한 마귀 또는 귀신이 있고(마 12:24), 대적자(벧전 5:8, 계22:2)인 마귀들을 성경에서는 악한 자(마 13:19), 더러운 귀신(마 10:1), 거짓말쟁이 또는 거짓의 아비(요 8:44), 옛 뱀(계 20:2, 창 3:4), 온 천하

14　Richard Wurmbrand, *Karl Marx und Satan,* Stephanus Druck, 7772 Uhldingen1, Uhlingen 1, ISBN 3-921213-15-0, 1976(1), 1977/78(3)].
15　φάντασμα: Erscheinung, Gespenst (Rienecker, F. *Schprachlicher Schlüssel,* Gießen, 1970. 38. Bauer, W. *Wörterbuch zum Neuen Testament,* Berlin, 1971, 1687. Gespenst, Erscheinung, Geistererscheinungen (유령의 나타남). 박창환 편저, 『성서헬라어사전』, 대한시독교서회, 1965, 428. 유령, ghost. 부록 119.
16　고영민 편저, 『성서원어대사전』, 기독교문사, 1973, 429.

를 꾀는 자, 용(계 20:2), 참소하던 자(계 12:10), 살인한 자(요 8:44), 벨리알 (고후 6:15), 무저갱의 사자(계 9:11), 에베소서 6:12에는 마귀를 어둠의 세상 주관자들, 하늘에 있는 악의 영들이라고 칭한다.

예수께서는 가난한 사람들이 어떻게 하나님의 나라에 들어갈 수 있는가를 대답하셨는데, 맑스는 어떻게 굶주리고 가난하고 억압받는 민중을 도울 수 있는가를 질문하였다. 그는 착취당하고 있는 민중을(Massen, 대량) 자본주의가 만들었다고 주장했다.

맑스는 이 썩은 사회구조를 타도하고, 하나의 과도기로 극빈자들(Proletariat)을 위한 독재자 시대가 와야 한다고 하였다. 그 시기가 지나면 전 세계 프롤레타리아가 단합하여 하나의 새로운 사회를 세울 것인데, 그 사회에는 개인을 다스리는 국가도 없을 것이고, 전쟁이나 혁명도 없을 것이며, 거기엔 모두가 일반적인 형제들이 존재할 것이라고 주장하였다. 이것이 바로 공산주의 자들의 유일한 희망인 '유토피아'이다.

이때는 백성들의 행복이라는 망상적인 종교가 제거된 상태이다. 칼 맑스가 종교를 대적하는 이유를 교회가 착취자들의 편에 서 있고, 공산주의 사상을 실현하는 데 유일하게 방해가 되기 때문이라고 하였다(3f.).[17]

놀랍게도 지금까지 이렇게만 알려졌던 칼 맑스의 실체는 사실과는 아주 다른 측면이 있었다. 맑스는 본래 무신론자가 아니라 기독교인이었다. 그는 고등학교(Gymnasium)를 졸업할 때까지 확실한 기독교인이었다. 그의 고등학교 졸업시험 때 쓴 '종교학'의 테마는 "신도들과 그리스도와의 연합"("Die Vereinigung der Gläubigen mit Christo", nach John 15:1-14)이었고, 그 내용은 인간의 가장 깊은 내면에서 경험하는 그리스도와 살아 있는 교제와 그리스도의 사랑에 젖은, 우리는 헌신적으로 형제들을 사랑한다는 것이었다.[18]

---

[17] 당시에 서구에서 종교하고 하면 기독교와 이슬람교를 뜻했으나 이미 수백 년간 기독교 지역이었기 때문에 '종교'라면 모두 기독교로 이해하였다.
[18] *Marx and Engels*, Ges. Werke Teil I. Intern. Publishers, New York. 1974. 위의 책 p.5.

이렇게 맑스는 기독교를 통해서 인간이 사랑스러운 형제들이 될 수 있다는 길을 알았었다.[19] 그의 고등학교 마지막 증명서의 종교교육(Religionserziehung)란 아래에는 "그는 기독교 신앙과 도덕적 규범에 관한 지식이 명확하고 확실하게 확립되어 있다"고 기록되어 있었다(5-7).[20]

페터 바이어하우스는 고등학교 졸업논문을 쓰던 칼 맑스가 하나님의 사랑으로 충만하였지만, 대학생 시절에는 사탄숭배자로 변했고, 임마누엘을 거꾸로 읽어 "울라넴"이라고 하는 제목으로 마귀에게 바치는 찬송시도 썼다고 증거하고 있다.[21]

맑스는 그 이후 얼마 안 되어 1841년 모세스 헤스(Moses Hess)의 강력한 영향력에 의해 그의 생애에 하나의 신기한 일이 생겼다. 헤스(Moses Hess)는 맑스가 공산주의자가 되도록 설득한 바로 그 사람이었다.[22] 그로 인해 맑스는 열정적으로 반-종교적(anti- religiös)[23]으로 급변하게 된 것이다. 그는 대학 시절에 전혀 다른 사람이 된 것이다.

그가 쓴 한 시에는 이런 구절이 있다.

재인용,
19 Wurmbrand, R., *Karl Marx und Satan,* Stephanus Druck, 7772 Uhldingen1, Uhlingen 1, ISBN 3-921213-15-0, 1976(1), 1977/78(3), 6. "Also kannte Marx einen Weg, wie Menschen liebevolle Brüder werden konnte".
20 "Seine Kenntnis des christlichen Glaubens und der mopralischen Grundsätze ist klar und sehr fundiert.", Ibid., 7.
21 Beyerhaus, P., *Die Wahrheit in der Auseinandersetzung mit Religionen und Ideologien.* Berlin, Lorenz Keip Verlag, 1977. 12. Karl Marx, der - wie sein Abituraufsatz zeigt - noch als Oberschüler von Gottesliebe erfüllt war, sich in seinen studentischen Jahren dem Satansdiest zuwandte und dabei sogar eine Hymne auf den schieb unter dem Titel "Ulanem (Verdrehung des Namens Emanuel)
22 Richard Wurmbrand, *Karl Marx und Satan,* Stephanus Druck, 7772 Uhldingen1, Uhlingen 1, ISBN 3-921213-15-0, 1976(1), 1977/78(3)], 18. 27.
23 중세 이후 맑스 당시 서구에서 종교(Religion)라고 칭할 때는 기독교를 의미한다.

나는 저 위에서 통치하고 있는 유일한 그에게 복수할 것이다.[24]

이와 같이 맑스는 원래 무신론자가 아니었다. 그는 하나님과 하나님의 나라가 있다는 것을 확실히 알고 있었다. 그는 가정에서도 유복하게 자랐다. 그는 어릴 때 배고픈 적이 없었고, 다른 동기들보다 잘 살았다.

그런데 무엇이 그를 그렇게 바꾸어 놓았을까?

젊을 때 맑스는 기독교 교리를 확신하고 있었다. 그러나 그의 삶은 전혀 달랐다. 그의 부친과의 관계를 통해 알 수 있는 것이 있다. 그는 오락을 위해 큰 금액을 낭비하고, 낭비벽이 심했다고 한다. 그리고 항상 부모의 권위에 대항하여 투쟁하였다.

"천재와 부자"(Genie und Reichtum)[25] 라는 글을 쓴 랄프 바우어(Rolf Bauer)는 맑스의 경제생활에 대해 아래와 같이 기록하고 있다.

> 베를린에서 공부하고 있을 때 그는 아버지 맑스로부터 매년 700탈러(Taler)의 용돈을 얻어 썼다.

이 금액은 그 시대에 비상하게 큰 돈이었다. 당시 전체 국민의 5퍼센트만 한 해에 300탈러를 지닐 수 있었다. 이로 보아 맑스는 학생 시절까지 결코 프롤레타리아가 아니었다.

그러나 그가 청년기에 사탄교에 입교하게 된 후로는 극도로 쪼들리는 생활을 하였고, 그의 친구 엥겔스의 도움으로 생명이 한동안 연장될 수 있었다(31).

사탄교에 입교한 맑스는 아래와 같은 시를 썼다.

---

[24] Ibid., Wurmbrand, R., *Karl Marx und Satan,* 7. "Ich möchte mich an dem Einen rächen, der dort oben herrschet".
[25] 재인용., Bertelsmann, Gütersloh und Wien, 1971.

나는 하나의 왕좌를 나를 위해 세울 것이다.
그 꼭대기는 싸늘하고 장엄할 것이며,
그의 요새는 그에게 초인적 두려움이며,
그의 군대는 음울하고 고통스러울 것이다.

누구나 건강한 눈으로 그것을 쳐다보면
극도로 창백해지며 벙어리가 될 것이며,
소경으로 싸늘한 죽음에 붙들릴 것이며,
행복은 그의 무덤을 준비할 것이다.[26]

이는 이사야 14:13-14에 나오는 루시퍼(Luzifer)의 고백을 기억나게 한다.

내가 하늘에 올라 하나님의 뭇 별 위에 내 자리를 높이리라 내가 북극 집회의 산 위에 앉으리라 가장 높은 구름에 올라가 지극히 높은 이와 같아지리라 (사 14:13-14).

놀라운 것은 칼 맑스가 사탄과 똑같은 말을 하고있다는 것이다.

첫째, 이사야서 14장 말씀에서 사탄은 자신이 가장 높아지겠다고 한다.
둘째, 태초에 하나님이 인간을 창조하셨을 때 인간에게 다가와 "너희가 이것을 먹는 날에는 너희 눈이 밝아져 하나님과 같이 되어 선악을 알 줄

---

[26] *Karl Marx, Collected Works,* Bd. I. New York international Publishers, 1974. 위의 책 p.8. 재인용. "Des Verzweifelnden Gebet", "Einen Thron will ich mir auferbauen, kalt und riesig soll sein Gipfel sein, sein Bollwerk sei ihm übermenschlich Grauen, und sein Marschall sei die düst're Pein". "Wer mit gesunden Auge sieht, soll tödlich blaß und stumm sich wenden, von blinder, kalter Sterblichkeit ergriffen, soll das Glück sein Grab bereiten"

하나님이 아심이라"고 거짓말로 속여 피조물인 하나의 인간이 감히 하나님과 같이 되고자 하는 마음을 품게 하여 타락하게 하였다(창 3:5).

셋째, 사탄은 하나님의 아들 예수 그리스도께도 다가와서 천하만국과 그 영광을 보이며 "내게 엎드려 경배하면 이 모든 것을 네게 주리라"라고 하면서 사탄이 하나님의 아들을 굴복시키고 천하만국에서 제일인자가 되고 싶어 했다(마 4:8f.).

맑스는 대학생 시절에 '임마누엘'(하나님이 우리와 함께 계시다)이라는 예수 그리스도의 이름을 뒤집어서 울라넴(Oulanem)이라 칭하였고, 〈Oulanem〉이라는 드라마를 창작하기도 했다(8).

저자 범브란트(R. Wurmbrand)가 설명하고 있는 당시 사탄교의 현상은 아래와 같다.

'사탄교'(Satanskirche)의 마귀제사장(Teufelspriester)은 깊은 밤중에 '검은 미사'(Schwarze Messe) 의식을 행한다. 초는 촛대에 거꾸로 꽂고, 예복을 안이 밖이 되도록 뒤집어 입는다. 그의 기도 책에 기록된 모든 것은 뒤에서 앞으로 읽는다. 하나님 이름, 예수 이름, 마리아 이름 모두를 거꾸로 읽는다. 마귀제사장은 한 교회에서 도둑질해 온 (가톨릭의 미사의식에서 예수님의 몸을 표징하는) 성체(聖體)[27]에 대한 예수 그리스도의 말씀과 언약을 조롱한다. 십자가는 거꾸로 매달거나 짓밟는다. 한 나체 여인의 몸을 제단으로서 섬긴다. … '검은 미사' 중에는 성경 한 권을 불태운다.[28] 모든 참석자는 『가톨릭 교리문답서』에 기록된 7개의 사형죄들을 범할 것을 약속한다. 그 뒤에 광란(Orgie)이 따른다(9).

---

27   가톨릭은 화체설 신앙에 의해 예수 그리스도의 몸을 뜻하는 빵을 성체(성체)라고 호칭한다.
28   Der Körper einer nackten dient als Altar.

사탄교 예배 의식 중에는 보다 높은 성직자 후보자들에게 마법에 걸린 칼(verzaubertes Schwert)을 사도록 한다. 그 칼은 성공을 보증하는 칼이다. 그 대가로 그는 죽은 후에 그의 영혼이 마귀에게 소속된다는 맹세를 하고 자기 혈관에서 흐르는 피로 사인하는 것이다(10).[29]

맑스 가족은 맑스를 아주 특이하게 호칭하였다.

맑스의 아들 에드가(Edgar)는 1954년 3월 31일에 그의 아버지에게 편지를 썼는데, 그는 그의 아버지를 "나의 사랑하는 사탄이시여"(Mein lieber Teufel)라고 하며 자신의 아버지를 "사랑하는 사탄"이라고 호칭한 것이다. 이로 인해 이 책의 저자 리하르트 범브란트(Richard Wurmbrand)는 맑스의 아들 에드가 역시 사탄교에 입교했지 않았는가 하는 짐작을 하고 있다.

더 나아가서 맑스의 부인은 1844년 8월에 쓴 편지에서 남편 맑스를 대제사장이며 감독(Hohepriester und Bischof)이라고 호칭하였다.[30] 저자는 맑스의 부인이 그 남편에 대해 사용하던 "대제사장"이라는 호칭이 당시 유럽 종교에서는 유일하게 사탄교만 사용하던 칭호였다고 한다(36).

맑스는 대학교에서 성경을 공부하여 성경을 아주 잘 알았다. 그는 마귀가 한 천사에 의해 결박되어 지옥에 던져진다는 것도 알고 있었다.

맑스는 온 인류를 마귀와 그의 천사들을 위해 예비된 지옥으로 끌어가기를 원했던 것이다. 사탄교(Teufelssekte)는 물질주의가 아니다. 맑스는 영생을 믿었다. 그러나 그 영원이라는 것은 마귀에게 고문을 의미했다. 마 8:29과 같이 마귀들은(Dämonen) "때가 이르기 전에 우리를 괴롭게 하려고 여기 오셨나이까"라고 예수께 질문했던 것과 같은 것이다(11f.).

저자는 사탄교회가 예배 의식에서 맑스에게 임직을 "수여"(Weihe)했고, 그는 환각적인 광란 중에 그가 숭배하는 사탄을 보고, 마귀의 대변자(Sp-

---

29 Er bezahlt dafür, indem er mit Blut aus seinen Adern einen Schwur unterschreibt, daß seine Seele nach dem Tod dem Teufel gehört.
30 재인용, Marx und Engels. VollständigeWerke, Ostberin 1967-74. Zusatzband I. W. 654.

rachrohr)가 되어 말하였다고 쓰고 있다[31]:

> 나는 저 위에서 다스리는 그 유일자에게 복수하겠다(12f.).[32]

그의 드라마〈울라넴〉(*Oulanem*)에서 맑스는 마귀처럼 행동했고, 그는 모든 인종을 저주 가운데로 보내고, 그의 저주로 인해 온 세계가 파괴되기를 원하고 있다(13).[33]

맑스는 나이 19세에 이미 그 일생에 관한 의사일정을 확립하였다. 그의 뜻은 인류나, 프롤레타리아나 사회주의에 봉사하는 문제가 아니었다. 그의 진실한 뜻은 모든 인종을 멸망시키는 것이다(13). 이 세계를 망하게 하는 것이다(die Welt ins Verderben bringen). 그리고 그는 스스로 왕좌를 세우고, 그 요새로 인해 인간은 전율할 것이다(13f.).[34]

1837년 이러한 맑스에 대해 그의 아버지는 "오직 네 심장이 깨끗하게 유지되고 네 심장이 순전한 인간의 심장으로 뛰고, 네가 마귀적인 천재(dämonisches Genie)가 아니라면 나는 행복하겠다"고 하였다(15).[35] 그의 아버지는 지금까지 그리스도인으로 고백했던 그의 아들에게서 마귀 세력이 보이자 갑자기 공포감을 느꼈던 것이다. 아버지는 그의 55세 생일날 그의

---

31 So wird Marx zum Sprachrohr des Teufels.
32 Ich will mich an dem Einen rächen, der dort oben regiert.
33 재인용, Robert Payen, Marx, H. W. Allen, London, 1968, S. 69, 73. "In Oulanem tut tut Marx dasselbe wie Teufel, Er schickt die ganze Rasse in die Verdammnis. Er will durch seinen Fluch die ganze Welt zertrümmern. Oulanem ist vieleicht das einzige Drama der Welt, in der Welt, in dem sich alle Personen ihrer eigenen Verderbtheit bewußt sind… Alle sind satanish, korrupt und verdammt."
34 Er wollte die Welt ins Verderben bringen. Er wollte sich einen Thron errichten, dessen Bollwerk menschliches Schaudern sein sollte.
35 재인용, Marx, Engels, Historisch-kritische Gesamtausgabe, hrsg. von David Rjazanov, Marx-engels-Verlagsgesellschaft, Berlin, 1929, A bt. 1, Halbband 2, Seiten 186, 202-203, 218-219).

아들이 아래와 같이 쓴 한 편의 시를 접하게 되었다.

〈창백한 처녀〉[36]

경솔하게도 나는 하늘을 잃어버렸다.
나는 그것을 확실하게 알고 있다.
나의 영혼은 한때 하나님께 속하였으나,
이제는 지옥으로 확정되었다.[37]

보통 알려진 바와 같이 맑스는 결코 무신론자가 아니었다. 그는 유대인인 부친의 개종과 기독교에 대해 알고 있었고, 하나님과 천국과 지옥에 대해서도 알고 있었다. '공산당 선언문' 서두에 그가 공산주의를 단호하게 유령이라고 선언한 것에는 상당한 의미가 있던 것이다. 맑스는 지옥을 믿었다. 그의 목표는 온 인류를 지옥으로 끌어가는 것이다(44).[38]

러시아의 무정부주의자 바쿠닌은 "세상 최초의 자유 사상가이며 세상의 구주는 사탄이다"[39]라고 하며 자신이 사탄 숭배자임을 드러냈다. 그는 마귀가 "아담을 해방하고 그의 인간성과 자유를 그의 이마에 인치며 그를 불복종하게 만들었다"고 하였다(20).[40]

한때 맑스와 함께하였던 바쿠닌 역시 루시퍼를 찬양했고, 확고한 혁명 프로그램을 가지고 있었는데, 그것은 가난한 자를 착취로부터 보존하려든

---

36   Die blasse Maid.
37   So habe ich den Himmel verscherzt, ich weiß es genau. Meine Seele, die einst Gott gehörte, ist nun für die Hölle bestimmt.
38   Er hatte es zu seinem Ziel erklärt, die ganze Menschheit in den Abgrund zu ziehen.
39   "Der Teufel"
40   재인용, Mikhail A. Bakunin, Oeuvres "Werke", Verlag von P. V. Stock, Paris 1895 Band I, S. 270. "Gott und der Staat".

것이 아니었다. 그는 혁명으로 백성 가운데 있는 마귀를 불러일으켜야 한다고 주장하였던 것이다.[41] 바쿠닌은 당시 칼 맑스의 친구였던 프루동(Proudhon) 역시 이때에 마귀를 숭배했다고 폭로한다.[42]

칼 맑스에게 절대적인 영향력을 행사한 모세 헤스(Moses Hess)는 맑스가 독특한 머리 스타일을 하고 있었는데, 이 스타일은 19세기 사탄교(Teufelssekte)도들의 머리 스타일이었다고 소개한다.[43]

칼 맑스

공산주의 유토피아주의자들의 너무 불행한 마지막에 대하여 필자는 아르놀트 퀸즐리(Arnold Kümzli)가 설명하는 칼 맑스[44]의 가족사를 예로 들어 두고 싶다. 즉, 두 딸의 자살, 한 사위의 자살, 세 자녀의 아사(餓死), 사회주의자 라포르그(Laforgue)와 결혼한 맑스의 딸 라우나(Launa)의 세 자녀 사망, 그 아이들 부모의 자살, 맑스의 딸 엘리오노(Eleonor)의 이혼 후 사망. 이같이 사탄 숭배자의 가족은 모두 저주 아래 있었다.[45]

---

41 재인용, Zitat ays Dzerjisnkii, R. Gul, 'Most" Publishing House, New York. "In dieser Revolution werden wir den Teufel im Volk erwecken müssen..."

42 재인용, S.21. "Bakunin schreibt, daß Prondhon ... zu dieser Zeit ebenfalls den Teufel verehrte".

43 재인용, *Gespräche mit Marx und Engels,* insel Verlag, Frankfurt am Main, 1973, s. 407. "Hess hattte Marx mit Proudhon bekanntgemacht, der ebenfalls diese typische Frisur der Teufelssekte des 19. Jahrhunderts trug."

44 https://search.daum.net/search?w=img&DA=IIM&t__nil_search-box=btn&q=%EB%A7%91%EC%8A%A4%EC%9D%98%20%EC%82%AC%EC%A7%84&docid=33L8cdeZqm1_tJWLuP

45 재인용, Künzli, A. "Karl Marx: Eine Psychographie", Eyropa Verlag, Zürich, 1966. 맑스 자신은 가사 도우미를 임신시킨 후, 그 아이를 그의 절친한 친구 엥겔스(Engels)의 족보에 실었다는 것은 이미 알려진 사실이다. 맑스-엥겔스 연구소장 라자노(Rjazanow)는 그의 책에 맑스가 대단한 술꾼이었다고 쓰고 있다(24).

맑스주의는 브루주아만이 아니라 하나님을 포함한 모든 권위를 거부하고, 교회와 성도들과 기독교 신앙까지 다 파괴하고, 예수께서 심판주로 재림하시는 예언과 새로운 창조물인 새 하늘과 새 땅을 거부하고, 하나님 나라 대신 인간 자신이 유토피아를 세우기 위해 수 세대를 이어 가면서, 모든 프롤레타리아 계층과 젊은이들을 세뇌 교육하여 공산주의 사상을 주입시키고 확장시켜 나가고 있다.

이들은 무신론교육을 받지만, 프롤레타리아 혁명의 사명감과 일종의 종말론 이단과 같은 성격을 지닌 그들만의 신세계인 유토피아 건설이라는 일종의 '신앙교육'을 받는 것이다.

그러나 비참하게도 그들은 맑스가 사탄교 교인이었고, 혈서로 사탄의 하수인이 될 것을 서약하고, 그 교회에서 사탄교 의례를 통해 임직을 수여받고, 모든 공산주의자를 지옥으로 끌어가는 목표를 위해 '공산당 선언문'을 만들었다는 사실을 알아채지 못하고 있는 것이다. 그들이 그들 교주의 영적 상태를 전혀 할 수 없었다는 것이다. 그 이유는 공산주의가 철저한 물질주의이며 인간은 진화론적 존재이고, 창조자나 하나님이나 하나님의 나라에 관해서는 일체 문외한이기 때문에 맑스와 그의 뜻은 항상 감추어져 왔다는 사실이다.

범브란트(R. Wurmbrand)는 맑스가 종교를 싫어한 것이 아니라, 인류를 영원히 불행하게 하고자 한 것이며, 그의 목표는 종교 파괴이고, 사회주의와 프롤레타리아를 위한 걱정과 그의 인본주의는 모두 핑계이고 구실이라고 평가하였다.[46]

이로 인해 이미 유토피아로 자처하는 구소련과 중국, 캄보디아, 북한 등의 공산주의 문화권에서 무수한 순교 사화가 일어났던 것이다.

---

46 Wurmbrand, R., *Karl Marx und Satan*, Stephanus Druck, 7772 Uhldingen1, Uhlingen 1, ISBN 3-921213-15-0, 1976(1), 1977/78(3)], 43.

리하르트 범브란트(Richard Wurmbrand)는 오히려 공산주의자들은 천국과 지옥을 알고 순교자는 천국으로 간다는 것도 알고 있다면서, 그러기에 그들은 기독교 신자들을 박해하면서, "우리가 너희(기독교인들)를 죽이면 너희는 순교자의 면류관을 얻는다. 너희는 먼저 하나님을 저주해라. 그리고 지옥으로 가라"라고 하며 고문한다는 것이다.[47]

4. '공산당 선언문'(Manifesto of the Communist Party)과 유토피아

1847년 11월 29일부터 12월 8일까지 런던에서 '공산주의자동맹'[48] 제2차 대회가 열렸다. "공산주의자동맹 규약"이 칼 맑스와 그의 친구 프리드리히 엥겔스(K. Marx, & F. Engels)에 의해 제출되고 1848년 초에 '공산주의자동맹'에서 채택되었다. 그 "동맹의 목적은 전 세계 노동자들(Proletariat)의 단합으로 혁명을 통하여 부르주아지(부르지아 계급)의 사회제도를 타도한 후, 프롤레타리아가 정권을 장악하고, 계급이 없고 사유재산이 없는 사회를 건설하는 것"이었다.

'공산당 선언문'은 칼 맑스와 프리드리히 엥겔스가 1847-48년까지 작성한 것이며 그 내용은 아래와 같다. 유물사관의 원리가 정치와 사회적 기초가 된다. 이 선언문은 자본주의 멸망과 공산주의 승리를 표명하는 오늘날까지 가장 중요하고 포괄적인 공산주의 지침이다. '공산주의자동맹' 아래 1864년 9월 영국에서 '국제노동자협회'가 설립되었다. 이 '국제노동자협회'는 '제1 인터내셔널'이라는 이름으로 개명하고, 이 협회의 "발기문"에

---

[47] Ibid., 50.
[48] https://blog.naver.com/davidycho/221864050818 영국에서 독일 망명 노동자 그룹이 프롤레타리아 공산주의 사회를 세우려고 맺은 "의인동맹"이 "공산주의자동맹"으로 전환되었다.

서 그 취지를 발표하였는데, 그것은 노동자들 스스로가 '노동자계급의 해방'을 실천할 것을 천명한 것이다.

프롤레타리아는 모든 상위층과 부르주아지(부르주아 계급) 존재를 타도하지 않고는 생산력의 주인이 될 수 없기 때문에, 그들은 사명감을 가지고 사유재산을 파괴한다. 공산주의는 자본은 오직 프롤레타리아 사회 전체 구성원들의 공동 작업에 의해서만 운영되어야 한다고 여긴다.

'공산당 선언문'의 핵심 내용은 사유재산 철폐만이 아니라, 자본과 이익의 기초에 서 있는 지배자들의 가정도 폐지해야 하고, 가정이 파괴됨으로 인하여 자녀교육은 사회가 맡게 되고, 가정파괴와 사회 공동체의 교육에 의해 자라나는 자녀들에게는 부모와 자식 간의 애정관계가 존재하지 않는다. 부모는 존경과 사랑의 대상이 아니라 비판의 대상이 된다.

'공산당 선언문'은 가정파괴 이후의 대책으로 "부인 공유제"라는 논리를 펴고 있다. 그 내용은 "설령 공산주의자가 비난받는다 하더라도 위선적으로 은폐된 부인 공유제가 아니라 공개적으로 합법화된 부인 공유제를 도입한다"는 것이다. 이 선언문 작성자들은 부인 공유제에 관해 그 타당성을 거짓 증거하며 아래와 같이 변명한다.

> 거의 기억할 수 없을 정도의 먼 옛날부터 존재해 온 것으로서 부르주아는 공창은 물론 자기 수하에 있는 프롤레타리아의 아내와 딸들을 마음대로 할 수 있는 것에 만족하지 않고, 다른 부르주아의 아내를 유혹하는 것에 커다란 쾌락을 느낀다. 따라서 부르주아의 결혼은 사실상 부인 공유제이다.

'공산당 선언문'은 또 나라와 국적 폐지를 주장한다. 국적 폐지의 이유는 "노동자에게는 나라가 없다"는 논리다.

더 나아가 '공산당 선언문'은 종교의 폐지를 주장한다. 공산주의는 또한 모든 도덕도 폐지한다. 새로운 토대 위에서 구성하는 것이 아니라 아예 폐지한다고 한다.

노동계급에 의한 혁명의 첫걸음은 프롤레타리아를 지배계급의 지위로 끌어올리고, 부르주아지에게서 점차로 일체의 자본을 빼앗고, 모든 생산도구를 지배계급으로 조직된 프롤레타리아트의 수중에 집중시키며, 총생산력을 가능한 한 빨리 증대시키는 것이다.

'공산당 선언문'은 아래와 같이 구체적으로 혁명의 단계를 설명한다.

1. 토지소유를 폐지하고 모든 지대를 공공의 목적으로 활용한다.
2. 소득에 대해 높은 누진과세를 적용한다.
3. 모든 상속권을 폐지한다.
4. 모든 망명자와 반역자의 재산을 몰수한다.
5. 국가자본과 배타적 독점을 가진 국립은행을 통하여 신용을 국가의 수중으로 집중한다.
6. 전달, 운송수단을 국가의 수중으로 집중한다.
7. 국가 소유의 공장과 생산도구를 증대한다. 황무지를 개간하고 공동의 계획에 따라 토질을 개선한다.
8. 모두가 똑같이 노동의 의무를 진다. 특히, 농업을 위한 산업군을 편성한다.
9. 농업과 제조업을 결합한다. 인구를 전국적으로 보다 균등하게 분배함으로써 도시와 농촌 간의 차별을 점차 폐지한다.
10. 공립학교에서 모든 어린이를 위한 무상교육을 실시한다. 현존하는 어린이의 공장노동을 폐지한다. 교육과 산업적 생산을 결합한다.[49]

---

49 http://blog.daum.net/skxogkswhl/17962353

1) 공산주의라는 유령

'공산당 선언문' 첫마디는 유령 이야기로 시작된다.

> 하나의 유령이 유럽을 배회하고 있다(A spectre is haunting Europe).

공산주의를 지칭하는 '유령'이라는 단어를 세 번이나 반복한 것은 아주 이례적이다. 이어서 이 선언문은 이렇게 진술한다.

> 구유럽의 모든 열강이 이 유령을 몰아내기 위해 신성동맹을 맺었다.[50]

맑스나 엥겔스와 같은 무신론자가 '공산당 선언' 머리말에서 유령 이야기를 하는 것은 아주 독특하다. 탁양현은 칼 맑스까지도 "고독한 유령"으로 칭하며 한 권의 책을 썼다.[51]

"하나의 유령이 유럽을 배회하고 있다(A spectre is haunting Europe). … 구유럽의 모든 열강이 이 유령을 몰아내기 위해 신성동맹을 맺었다"라는 문구에서, 그들의 "유령"은 공산주의를 의미하며 공산주의가 유럽에서 아직 뿌리 내리지 못하고 배회하고 있지만, 곧 기독교적이고 전통적인 문화에 대항하는 유령이라는 공산주의 세력이 유럽에 공개적으로 드러날 것이며, 유럽 전역으로 확산될 것을 예고하는 내용이다.

다른 말로, 유령과 같은 공산주의는 어두운 곳으로부터 나타나는 "흑암의 영"이며, 그것은 곧 유럽의 공중 지배자가 될 것이라는 경고이다.

---

50 http://blog.daum.net/skxogkswhl/17962353
51 탁양현, 『맑스 철학, 고독한 유령 칼 맑스의 철학사상』, 출판e퍼플, 2019.1.11.

'유령'이란 한국에서는 '귀신'이라고 번역되는데, 그것은 한이 맺혀 저 승으로 가지 못하고 떠돌아다니는 죽은 사람의 혼을 의미하며, 그 원한을 사람에게 복수하며 무섭게 하고 괴롭히는 샤머니즘 문화권에서 전래한 용어다. 그러나 서구에서는 샤머니즘과 관계없는 기독교문화권 언어라서 죽은 사람은 천국이나 지옥으로 가고 이 세상에서 귀신으로 떠돌아다니는 것에 대한 용어가 없다. 그러므로 '공산당 선언문'에서 귀신 또는 유령이라 칭함은 서구의 통념으로 죽은 사람의 혼이 아닌, "악한 영", "마귀", "사탄" 등을 의미한다.[52]

그러므로 맑스와 엥겔스가 '공산당 선언문'에서 유령이 바로 공산주의라고 진술한 것은, 하나님을 경외하는 기독교 문화권에서 무신론자로 남게 된 맑스와 엥겔스가 하나님을 대적하는 마귀 또는 사탄 쪽에 속했다는 것과 마귀의 권세를 부리고 집행한다는 뜻으로 볼 수도 있겠다.

2) 공산주의 구원관

맑스주의는 고통의 근원을 부르주아 층의 착취로서만 본다. 그러나 인간의 고통은 가난해도 행복하고 부유해도 고통스러운 것들이 수도 없다.

맑스주의 구원관은 아래와 같이 온 세상을 프롤레타리아 혁명으로 부르주아를 완전하게 척결하고 사유재산을 완전히 폐지한 후 모두가 자유와 평등과 공동체적 형제애를 누리는 행복한 유토피아를 세우는 것이다. 그러나 그 이상 사회를 세우는 사람은 유혈 혁명적인 광폭한 사람이다.

모든 지배계급을 공산주의 혁명 앞에 떨게 하라.

---

52   사탄과 마귀의 차이점은, 마귀는 복수적인 숫자로 셀 수 있지만, 사탄(Satan)은 복수형이 없는 단수, 즉 모든 마귀의 왕이며 하나뿐이다.

프롤레타리아가 잃을 것은 쇠사슬밖에 없으며 얻을 것은 온 세상이다.
전 세 계 노 동 자 여, 단 결 하 라!⁵³

3) 공산주의 혁명 이후의 디스토피아

그들은 이상적인 유토피아 사회가 이루어진 후 일어날 수 있는 혁명의 부작용과 결과가 얼마나 파괴적일 것인지 전혀 예측하지 못하고 있었다.

2020.10.17. 토요일, 「조선일보」 오피니언란에 실린 "억압자로 바뀐 투쟁가들"이라는 제목 아래 류근일 언론인이 기고한 칼럼에 붙은 머리말은 이와 같다.

> 권위주의로 향했던 민주화 운동 이제 와선 억압 기제로 변모, 세상을 적과 동지로 갈라치고 무자비한 섬멸전에 나서…

그 아래 글 일부를 옮겨 적자면 다음과 같다.

> 중요한 건, 그리고 기가 막힌 건 이게 다른 것도 아닌 왕년의 민주화 운동 뒤 끝이란 점이다.
> 권위주의를 향해 '민주·해방·정의'를 부르짖던 민주화 운동, 그렇던 그것이 이제 와선 국민의 신체 이동의 자유, 표현의 자유, 집회의 자유를 짓누르는 억압의 기제로 변모했다면 이 역설을 과연 어떤 논리로 설명해야 할 것인가?

---

53 https://blog.naver.com/ceb4747/221483748885 Mögen die herrschenden Klassen vor einer Kommunistischen Revolution zittern. Die Proletarier haben nichts in ihr zu verlieren als ihre Ketten. Sie haben eine Welt zu gewinnen. Proletarier aller Länder vereinigt Euch!

남아프리카 공화국 프리토리아대학 특임교수 헤민 멜버의 글 "해방투쟁가들이 어떻게 억압자로 바뀌었는가"는 위 질문에 앙골라, 모잠비크, 짐바브웨, 나미비아, 남아연방 사례를 들어가며 명쾌하게 답했다.

식민 통치의 체포·구금·고문에 맞서 죽기 살기로 투쟁하다 보니 저항자들은 독해질 수밖에 없었다. 세상을 적 아니면 동지, '그들' 아니면 우리로 갈라쳐 '그들'에겐 무자비한 섬멸전으로 임하는 습성, 이게 독립 후에도 그대로 굳어졌다는 것이다. …

앙골라의 조제 에두아르두 두스산투스 정권, 짐바브웨의 로버트 무가베 정권, 모자비크 해방전선, 나미비아의 서아프리카인민기구, 남아연방의 아프리카국민회의 등이 모두 그런 철혈 독재로 갔다. 살아남자니 지독해졌고, 지독하니까 독재권력이 되었다. 그들은 저항하는 약자에서 새 권력 엘리트, 새 억압자로 변모했다.…

'해방'을 부르짖던 그들은 정권을 잡은 후에 반대자들을 대량학살하는 일도 주저하지 않았다. 그들은 자기네 조직을 국가와 동일시했다. 합법적 경쟁자와 반대자를 인정하지 않았다. 자기들 내부에서도 개인의 자율을 용납하지 않고 집단 의사를 강제했다. 여성에 대한 성폭행도 많았다.[54]

이 칼럼은 누가 읽어 봐도 공산주의 사회적 양상이며, K. 맑스와 F. 엥겔스의 '공산당 선언문'에 바탕을 둔 정치 혁명 이후 현상임을 알 수 있다.

4) 그릇된 세계관

왜 인간은 지금까지 이상 사회 내지 이상 국가를 만들 수 없었는지 맑스주의자들은 정확하게 연구해 내지 못했다. 그 이유는 무신론이라는 잘못

---

[54] 2020.10.17. 토요일 「조선일보」 오피니언.

된 세계관 때문이다. 하나님을 알지 못하는 인간들이 인간 자신의 지식과 능력의 한계를 깨닫지 못하고 반복적으로 같은 일을 계속하는 것이다. 과거에 인간이 세운 모든 유토피아가 다 무너졌고 현세대에서도 구소련이라는 대형 유토피아가 무너졌음에도 불구하고 공산주의자들에 의해 이 땅에 더 나은 세계를 창조하려는 유토피아의 역사가 계속되고 있다.

그뿐 아니라 다시 이 땅 위에 마지막으로 온 세상을 통합한 초대형 유토피아를 세우려는 시도가 또다시 추진되고 있다.

부르주아의 착취나 공산주의 혁명군의 살인은 구시대적 인간을 바꾸는 올바른 방법이 될 수 없음이 역사적으로 증명되었다. 먼저 사회를 변혁하고자 하는 인간 자신부터 변화되지 않고는, 그 사회는 100번 다시 혁명을 일으켜도 이룰 수 없는 허망한 환상의 유토피아로 남아 있게 될 뿐이다. 이것은 오늘날 무너진 거대한 연합국 구소련이 극명하게 보여 주고 있다.

그러나 공산주의 나라는 파멸되어도 공산주의 사상은 대를 이어 가며 반복적으로 새 사회를 건설하고자 하므로, 유토피아는 우주를 창조하신 하나님의 심판이 이르러 최종적으로 멸망할 때까지 계속 추구될 것으로 보인다.

5. 구소련의 디스토피아(Dystopia)

맑스와 엥겔스가 러시아의 혁명가들과 교류한 결과 결국 러시아에서 최초로 공산주의 혁명이 발생하게 되었고, 맑스주의 이념은 구소련으로 건너가 사적 소유가 없는 새 사회 건설을 목표로 러시아 전국의 토지를 빼앗아 공산당의 소유로 삼은 것이 공산주의 사회 건설의 시발점이 되었다.

블라디미르 레닌(Vladimir Leninm 1870-1924)이 주창한바, 레닌당은 프롤레타리아 혁명이 아닌, 볼셰비키 일당 독재 공산주의 노선을 택하였다. 레닌은 구소련 혁명 이후 곧바로 독재자가 되어 공산당의 전제군주로 군림했다. 그의 군사혁명위원회가 권력을 잡자, 토지소유권을 다 폐지하고 모든 사유재산을 국가에 귀속시켰다. 그리고 그는 "해충들"을 박멸하기 시작하였는데 그 해충들은 전 지방위원회, 부농(대지주, 수입이 큰 농민), 주택 소유자, 고등학교 교사, 성가대원, 성직자, 수도사와 수녀, 노동조합 간부 등이었고, 이들은 모두 집단학살을 당하였다.[55]

아래는 1918년 8월 볼셰비키의 권위에 대항하는 자들에 대하여 학살을 명령한 레닌의 지시문이다.

> 동지들 5개 지역에서 일어난 부농들의 폭동을 무자비하게 진압해야 한다.… 왜냐하면, 부농들과의 '최후의 결전'이 지금 모든 곳에서 진행 중이기 때문이다.
>
> 누군가가 본보기로 다음을 실행해야 한다.
>
> 1. 백 명 이상의 부농, 부자, 흡혈귀 등을 목매달으라. 반드시 목을 매달아 인민들에게 보여 주어야 한다.
> 2. 그들의 이름을 공표하라.
> 3. 그들로부터 모든 곡물을 빼앗으라.
> 4. 어제 보낸 전보대로 인질들을 선정하라. 수백 킬로미터 주위의 사람들을 보고 전율하며 깨닫고 이렇게 소리치도록 실행하라. 그들(정부가 파견한 분견대)은 교수형을 집행하고 있으며, 흡혈귀 부농들을 처형할 것이다.
>
> 이 전보를 받는 즉시 시행할 것. 레닌 보냄[56]

---

55 https://tourinfo.org/515
56 https://blog.naver.com/kimhs2769/220879619091

그러나 레닌이 혁명을 성공한 후 국유화된 산업은 급격히 후퇴되고, 인구도 감소하여 1920년 제조업 총생산은 전쟁 전의 12.9퍼센트밖에 되지 않았으며, 1921년에는 식량공급조차 부족하여 소련이 1921년 붕괴 위기에 놓였다. 그리하여 레닌은 물물교환 시장경제로 전환하였다. 그때로부터 소련은 1년 사이에 300만 명이 사망하는 디스토피아(Dystopia, 역기능적 유토피아)를 초래하였다.[57]

스페인에서 방영된 TV 인터뷰 프로그램 〈디렉티시모〉(Directisimo)에서 알렉산드로 솔제니친은 "내가 아는 지구상에 자유가 없는 나라라고는 단 하나뿐이고, 그것은 바로 러시아요"라고 외치며, 1억 1천만 명의 러시아인들이 사회주의 때문에 희생되었다고 실토하였다.[58]

레닌의 뒤를 이은 J. 스탈린(Joseph Stalin, 1879-)은 소련 공산당 서기장(1922~53)과 국가평의회 주석(1941~53)을 겸임한 소련의 독재자이며, 소련을 세계 강대국으로 발전시켰다. 공업과 농업을 강제로 집단화했으며, 철저한 경찰 테러로 그의 지위를 확고히 했다.

소련은 공산주의 혁명 이후 스탈린 치하에서 제2차 세계대전에 연합국으로 참전하고 유대인들의 재산을 몰수하였으며 반공주의 유대인들을 탄압하여 1,300만 명의 유태인을 학살하거나 추방하였다.[59]

스탈린 집권 몇 년 동안, 그의 정책으로 인해 희생된 농민의 수가 약 1,000만 명에 달한다. 스탈린의 주요 박해사건은 소련 공산당과 소련 엘리트 전체를 길들이는 것이었다. 그는 반독립적인 고참 볼셰비키 당원들뿐 아니라 공산당의 많은 지도급 인사, 군부 지도자, 산업 관리인, 그리고 자신에게 철저히 순종한 정부의 고위 관리들까지도 숙청했다. 그 밖의 희

---

[57] https://tourinfo.org/515
[58] http://blog.daum.net/pnn518/7373864 솔제니친은 반혁명활동을 하다가 1946년부터 노동수용소에서 8년간 복역했다.
[59] https://blog.naver.com/sbkim527/221953529415

생자들 가운데는 소련 영내에 머물고 있던 외국 공산주의자들과 NKVD로 개칭된 정치경찰기구의 구성원들도 포함되어 있었다.

예술계·학계·법조계·외교관을 위시한 모든 분야에서 많은 엘리트가 희생되었을 뿐만 아니라 일반 국민도 많이 희생되었다. 스탈린의 정치적 희생자는 수천만 명으로 헤아려졌는데, 그의 주된 목적은 자신의 권력을 극대화하는 데 있었을 것으로 추정된다.

그는 제2차 세계대전 동안 독일을 패배시키는 데 한몫했으며, 소련의 지배권을 동유럽의 여러 나라로 확대하기도 했다. 그는 또한 소비에트 전체주의의 최고 설계자였다. 이 과정에서 개인의 자유는 말살되었고 생활수준은 극도로 추락했지만 강력한 군사력 배양으로 세계를 핵무장 시대로 이끌었다. 자기 자신의 흉상·동상·초상 등을 많이 건립해 개인숭배를 강요함으로써 전대미문의 광신적 숭배대상이 되었던 그는 20세기 공포정치의 상징적 인물이었다.[60]

유혈 혁명에 의한 구소련의 맑스-레닌주의적 유토피아(Utopia)라는 새 사회는 결국 타락한 인간의 참모습과 독재권력이 주어지면 더욱 처참한 결과를 낳게 되는 디스토피아(Dystopea)가 된다는 역사적 사실을 적시한다. 위정자들에 대한 독일 속담으로 "구유는 그대로 있는데 돼지들만 바뀐다"라는 말이 있다.

인간의 본성이 바뀌지 않는데 어떻게 새 사회가 탄생하겠는가?

위와 같은 사실은 무엇을 의미하는가?

무신론 맑스주의자에게는 인간보다 더 높은 것이 없고, 인간보다 더 높은 위치로 자각하는 프롤레타리아 독재자는 이 세상에서 최고의 존엄으로 착각한다. 그를 만드시고 통치하시는 주 하나님을 거역하는 사람은 흑암의 영이며 '공산당 선언문'의 머리말 내용과 같이 유럽을 배회하는 공산주

---

[60] https://100.daum.net/encyclopedia/view/b13s0731b

의 유령으로서 인민들의 생명을 파리같이 죽이는 상상을 초월한 공포정치를 하여, 양민이 이전에 '착취'당하며 살던 때보다 더욱 빈곤하고 공포적 환경 속에서 살아남아야 하는 고통스러운 처지에 이르곤 하였다.

여기 혁명의 피로 물든 살인적인 인간의 붉은 손으로 지은 유토피아가 아니라, 우리의 죗값을 치러 주시고자 흘리신 고귀한 대속의 피로 말미암아, 죄에서 벗어난 정결한 새사람이 되어 함께 하나님의 나라에 들어갈 수 있는데….

영원히 살아 계시고 항상 우리를 살피시는 사랑의 하나님께 돌아오기만 하면, 하나님의 그 크신 은총과 돌보심 아래 진실로 행복하겠건만!

6. 유토피아 아나키즘

일반적으로 공산주의란 K. 맑스와 F. 엥겔스가 시작한 '맑스주의'를 공산주의라고 칭한다. 아나키즘은 맑스주의와 동시대에 함께 일어난 무정부주의 사상이다.

아나키즘은 영어로 anarchism, 그리스어로 ἀν-(없음)과 ἀρχός(지배자, 통치자)가 결합된 '안 아르코스'(ἄναρχος), 즉 지배자가 없는 무정부주의라는 뜻이다. 무정부주의는 자본주의와 권위주의에 대한 반발로 발생하였다. 무정부주의는 누구의 지배도 받지 않고 어떤 조직도 원치 않음으로, 정부와 종교의 권력이나 억압을 다 거부한다.

아나키스트는 하나님이든 인간이든 억압이라고 느끼는 것은 다 거부하고 정치적, 경제적, 어떤 지배도 없는 완벽한 개인의 자유를 추구하는 무신론자들이며 자기중심적인 사람들이다. '지배자'란 억압자이며, 정부, 국가, 자본, 종교, 도덕, 각종 도그마, 성, 인종, 나이일 수도 있다. 즉 '무정부주의 유토피

아' 사회는 일체의 정치권력이나 공공적 강제의 필요성을 부정한다.[61]

"유토피아의 아버지"(Vater der modernen Utopie)로 호칭 되는 토마스 모어(Thomas Mure)의 소설 『유토피아』(Utopia)에서 무정부주의적 사회와 정치적 형태가 구상되었다. 그의 소설의 핵심 내용은 하나의 새로운 정치 공동체(Gemeinwesen)와 모두가 평등한 도덕적 헌법으로 제도화된 이상 사회를 설계한 것이다.[62]

토마스 모어의 유토피아는 하나의 대가족과 같고, 사유재산이 없는 나라, 화폐가 없고, 동등한 기회, 동등한 노동, 공동생활, 똑같은 분배, 공동 식사, 동일한 교육, 동등한 재능 연구시간, 동등한 운동시간을 누릴 수 있게 하며, 그런 사회는 지배자 없이 공동체 스스로가 세워 나가는 곳이다.

그러므로 그곳은 자유의지가 없고, 개인 소유도 없는 곳이다. 이렇게 토마스 모어의 유토피아(Utopia)는 완벽한 평등과 완벽한 자유를 추구하는 세상이다. 모어의 이러한 유토피아 사상은 오늘날 아나키즘의 원조가 되었다. 그런데 이 유토피아에도 도둑과 간통과 다른 범죄자들이 있고 그것들에 대한 형벌도 있다. 간통죄를 범하면 강제노동을 시키고, 재범일 경우

---

61 https://ko.wikipedia.org/wiki/%EC%95%84%EB%82%98%ED%82%A4%EC%A6%98
62 만하임(K. Manheim,1893-1947), 『이데올로기와 유토피아』, Ideologie und Utopie, (1929), 황성근 역, 삼성출판사, 1976, 36-43. 토마스 모어의 유토피아에서 각자는 취향에 따라 하나의 직업을 배우고, 각각 2년에 한 번씩 도시와 농촌에서 교환제로 일한다. 하루에 6시간씩 노동하되 오전에 세 시간 오후에 세 간씩 노동하고 공동 식사를 한다. 유토피아는 사회적 결핍에 관하여 알지 못한다. 주택들은 10년에 한 번씩 교환하고, 심지를 뽑아 분배한다. 아무도 굶주리거나 고통할 일이 없다. 거기에는 무료 급식 하우스들이 있고, 모두를 위한 교육 기관들이 있다. 내구성이 강한 천연색 재료로 된 소박한 옷감으로 된 의복을 입는다. 금과 은은 아궁이와 노예를 위한 사슬로 사용한다. 돈은 용병의 수고에 대한 보수로 사용한다. 휴식 시간에는 정원과 집안을 돌보고 음악연주를 위한 교육을 받는다. 유토피아에서도 불결함과 오물은 퇴치하여 환경보호에 힘쓴다. 유토피아에서도 이 세상적 일상생활과 같은 교육과 기계발명과 대통령 선거 등이 이어진다. 여성들은 높은 존경을 받는다. 유토피아에는 여러 형상의 신들과 다원적 종교들이 있고 관용적이며 종교 투쟁은 원칙적으로 피해야 한다. 신부(Priester)는 고통당하고 있는 불치병 환자들에게 스스로 굶어 죽거나 안락사하도록 권면한다. 유토피아에서도 전쟁과 방어와 여군도 있다.

에는 사형한다. 이혼은 상원의원회에서 세심한 심사를 통해 결정된다.

토마스 모어의 유토피아 개념은 그의 소설 내용으로 볼 때 결코 완전한 선이나 완전한 사람들이 거하는 곳이 아니다. 이 유토피아에서는 아직 후대 무신론적 공산주의자들이 추구하는 바와 같은 완전히 진화된 새사람이 사는 곳이 아니라, 이 세상 사람들과 다르지 않은 여전히 병들고 죄를 짓고 죽어야 하는 사람들이 사는 곳이다.

칼 만하임[63]은 토마스가 제안한 유토피아를 오직 누구도 특권을 누리지 않고 모두가 평등과 자유를 누리는 더 좋은 사회제도를 추구한 것이라고 한다. 모든 유토피아의 역사는 공통적으로 자유와 평등을 희구하되 이미 토마스 모어의 유토피아로부터 현대까지 동일하게 추구하는 바는, 유토피아는 공동생활을 하며 사유재산이 없는 나라, 재산 공유, 동등한 기회, 동등한 노동, 똑같은 분배를 추구하며, 그런 사회는 외적 권위에 대해 철저히 거부하며 지배자가 없이 공동체 스스로가 세워 나가는 나라이다.[64]

토마스 모어의 유토피아에서 사유재산은 악의 뿌리다. 사유재산은 인간의 가치를 돈으로 측량하고, 하나를 주인으로, 다른 하나는 노예로 사회를 쪼갠다. 그래서 계급사회가 이루어지고 부자는 국가적 특권을 남용한다고 한다.[65]

---

[63] Ibid., 423-438. 칼 만하임은(1893-1947) 헝가리 부다페스트에서 태어나서 독일 국적을 가지고 하이델베르크대학교, 프랑크푸르트대학교에서 교수로 지내다가 런던대학교 경제학대학에서 사회학을 강의했고, 런던대학교 교육연구소에서 교육철학과 교육사회학 교수를 지낸 알려진 사회학자로서 독일 중앙에 한 도시명으로 기념이 되고 있는 20세기 전반의 유수한 학자로 알려져 있다. 그는 유토피아는 "실현 불가능한 표상(상징)"이고, 그러므로 유토피아 중 어느 것도 실현시켜 본 예가 없고, 존재도 하지 않는 것, 실재하지 않는 것이라고 단언한다.

[64] https://book.naver.com/bookdb/book_detail.nhn?bid=15201056 https://blog.naver.com/hoyoon0407/221971580579

[65] 만하임, 『이데올로기와 유토피아』, 36f.

토마스 모어 이후에 무수한 유토피아 소설들이 쓰였지만, 특히 18세기의 서유럽은 절대군주 시대(Monarchen), 서구 혁명들(프랑스 혁명, 1789), 미국의 독립혁명(1776) 등과, 서구의 기술과 경제와 공업 혁명과 기계발달로 새롭게 일어난 시민사회의 계층과 노동자들의 빈곤, 자본주의 발생, 새로운 소유와 권력 관계가 생겨나고, 노동자 계층에 대한 사정없는 착취(Ausbeutung der arbeitenden Klassen)가 일어났다. 이러한 상황에서 사회비판의 소리가 높아지기 시작하였고 더 나은 세상과 이상적인 공동체를 그린 무수한 유토피아 소설들이 출판되었다.[66]

'공산당 선언문'에서도 아나키즘적 유토피아를 표명하고 있다. 그 내용은 기존사회의 모든 원칙을 타파하고, 도시와 농촌 간의 구별 폐지, 가족의 폐지, 개인의 사적 이익을 위한 산업경영 폐지, 임금제도의 폐지를 주장한다.

> 지금까지 개인재산을 보호하고 보장해 온 모든 것을 파괴하는 것이라고 하며, 구시대적 정치, 문화, 사회, 경제를 완전히 타파해야만 유토피아 새 사회를 건설할 수 있다는 사상이고, 현 사회의 최하층인 프롤레타리아는 사회의 모든 상위층이 사라져야만 일어설 수 있다.

이 주장은 공산주의는 원칙적으로 무정부주의를 지향하고, 무정부주의를 이룩하기 위해서는 최하층인 프롤레타리아가 모든 상위층을 혁명으로 제거해야 한다는 이론이다.

공산주의(맑스주의)와 아나키즘은 같은 이념과 같은 유토피아 사상을 가지고 있지만, 그 차이는 프롤레타리아 독재자가 있는가 없는가이다. 무정부주의자들은 국가권력을 장악하는 것이 아니라 그것을 폐지하는 것이라

---

[66] Alfred Zänker, *Der lange Weg nach Utopia*, Asendorf, Germany, 2003. 55.

고 함으로써, 맑스주의적 프롤레타리아 독재를 반대하였다. 그리고 "맑스주의자들과 레닌주의자들이 수십 번 혁명을 통해 권력을 장악했지만, 어느 것도 계급사회를 폐지하는 데 성공하지 못했으며, 오히려 국가를 더욱 강력하고 침략적인 존재로 만들었을 뿐이라"고 비판하였다.[67]

러시아 아나키스트 바쿠닌(1814-1876)은 "아나키즘의 아버지"라고 불리운다. 공산주의 설립 초기에 인터내셔널에 참가하여 칼 맑스와 함께 공산주의 운동을 하다가 그에게서 돌아선 이유가 바로 맑스 식으로 국가권력을 쟁취하면 독재자가 나오기 마련이라고 생각했던 것이다. 그리고 그의 주장대로 소련에서 독재자가 나왔던 것이다. 바쿠닌은 어떤 형태로든 국가와 자본주의를 거부하고, 모든 법률, 모든 법적 영향, 모든 권위, 모든 계급, 모든 사회적 경제적 불평등, 모든 특권을 거부하였다. 그는 특권을 지닌 사람은 "지성과 마음이 타락한 자"라고 비난하였다.[68]

그러나 아나키즘은 지배자가 없고 조직화되지 못했기 때문에 결국은 흩어졌다. 그래도 그들은 여전히 산재해 있다가 공산주의 혁명이 일어나는 곳에 합세하여 자유와 평등을 극렬하게 외치면서 가담한다. 대표적인 아나키즘의 투쟁은 프랑스 학생 혁명이다. 아나키즘은 철저한 파괴를 주장하면서도, 아나키즘을 새로운 대안으로 제시한다.[69]

그 대안이란 바쿠닌이 제시하는 것과 같이, 국가와 정부가 부재한 곳에 "사회적 아나키즘"이라고 하는 연방주의 조직체이다. 이 조직은 어떤 억압도 없이 자발적으로 연합한 사람들이 아래로부터 위로 향하는 조직이라고 한다.[70]

---

67 https://ko.wikipedia.org/wiki/%EC%95%84%EB%82%98%ED%82%A4%EC%A6%98
68 https://search.daum.net/search?w=tot&DA=UME&t__nil_searchbox=suggest&sug=&sugo=2&sq=%EB%B0%94%EC%BF%A0%EB%8B%8C&o=1&q=%EB%B0%94%EC%B-F%A0%EB%8B%8C
69 Ibid.
70 Ibid.

M. 바쿠닌은 맑스의 변증법적 진행적(dialektischen Prozeß) 사회 혁명은 결코 국가를 폐지(Abschaffung)할 수 없다고 주장하였다. 바쿠닌은 맑스가 말하는 몰수(Enteignung), 프롤레타리아 독재(Diktatur des Proletariats), 무계급 사회(Klassenlosen Gesellschaft)라는 변증법적 방법으로는 현재의 지배계층과 권위 계층을 결코 제거할 수 없으므로, 국가보다 우세한 군사력(Staatsübermacht)으로 전제국가(totalen Staat)를 만들어야 한다고 하며, 단 한 번의 계획으로 다시는 회복할 수 없는 완전한 분쇄를 주장하였다.

즉시 기존사회의 지배계층과 권위자들을 제거해 버려야 한다는 것이다. 그는 그러면 곧바로 새로운 '세계 형제 우애 사회'가 발생한다고 믿었던 것이다. 바쿠닌은 인간을 평화롭고 좋은 사람으로 보았고, 즉각적 살해를 통해 모든 사람은 형제가 된다고 믿었다.

바쿠닌은 "파괴의 열정은 곧 창조의 열정이기도 하다"라고 하고, 선배 이론가인 프루동의 비폭력주의를 반대하고 개혁노선에 반대했다. 결국 맑스와 바쿠닌 사이의 반목으로 '제1인터내셔널'이 붕괴되었다.

바쿠닌은 노동자계급의 자발적 봉기로 단번에 혁명을 완수해야 한다는 폭력적 혁명을 주장하였다.[71] 그렇게 만든 것이 바로 구소련이다. 바쿠닌이 지시한 테러행위는 세 가지이다.

첫째, 국가적 위계구조(Hierarchie)인 국가와 경찰 폐지(Abschffung)
둘째, 경제적 위계구조인 공업의 우두머리 폐지
셋재, 자기 마음대로 사랑하는 부부(Ehe zur freien Liebe)를 위해서 (결혼 부부를 인정하는) "강제기관"인 호적사무소 폐지[72]

---

[71] https://ko.wikipedia.org/wiki/%EC%A7%91%EC%82%B0%EC%A3%BC%EC%9D%98%EC%A0%81_%EC%95%84%EB%82%98%ED%82%A4%EC%A6%98

[72] Holland, M. *Das Evangelium der Anarcho-Marxisten und das Evangelium von Jesus Christus*, Albrecht Bengel-Haus, Tübingen, 1978. 10.12. 1967년에 무정부주의는 인간의 가

무정부주의는 이미 19세기 이탈리아에서 에리코 말라테스타가 외친 "폭동은 가장 효과적인 선전수단이다"라는 주장은 테러리스트들에 의한 개인 차원의 항의 형태로 바뀌어 갔다.

1880년대와 1890년대에 걸쳐 스페인의 무정부주의 운동은 프랑스나 이탈리아에서처럼 반란과 테러리즘으로 점철되었는데, 군부와 자본가들에 맞서 싸운 급진적 무정부주의자들이 전문적인 청부살인조를 고용하는 경우가 많았고, 1890~1901년에 걸쳐 암살사건들이 줄을 이었다. 이탈리아의 움베르토 1세, 오스트리아의 엘리자베트 황후, 프랑스의 카르노 대통령, 미국의 매킨리 대통령, 스페인 총리 안토니오 카노바스 델 카스티요 등은 그 대표적인 희생양들이었다.[73]

오늘날 서구의 젊은이들은 맑스주의만 아니라, 이와 같은 무정부주의에도 감동을 받는다. 살해하고서 사랑을, 불을 지르고 평화를, 혁명하고 형제 우애를, 증오하고 애정을⋯. 그들은 이러한 테러 분위기에서 위와 같이 좋은 것들을 희망하고 있다.[74]

7. 결어

20세기 전반기에 칼 만하임은 토마스 모어의 아나키적 유토피아를 연구하고, 아나키즘은 일체의 정치권력이나 공공적 강제의 필요성을 부정하고 개인의 자유를 최상의 가치로 내세우는 사상이기 때문에 무법세계가 되는

장 깊은 인격적 구조인 성적 관계를 무너뜨리기 시작했다. 외설적이고 자유로운 낙태와 피임약 오용으로 사랑을 합법화하는 호적사무소와 하나님이 세우신 일부일처제의 가정 질서가 무너지고, 이혼율은 급증하였다. 이는 또한 정치적 와해로 이어졌다.

73 https://100.daum.net/encyclopedia/view/b08m0466b#143580187
74 Ibid., 11.

것이라고 비판하고, 인간의 행동은 통찰력 있는 통제와 비판을 벗어나게 되면 탈선하기 마련이라고 올바로 판단하였다.[75] 만

만하임은 이미 한 세기 전에 모든 이념과 유토피아적인 것, 이데올로기적인 것, 그리고 모든 정신적 요소가 완전히 파괴되는 과정에 있다(퇴조하고 있다)고 인지하고, 존재를 초월한 어떤 것도 인정하지 않게 된다고 지적하였다. 그는 아나키즘이 인간은 충동대로 움직이고, 창조자와 타율이 없는 전제로 만들어진 용어로서, 아나키스들의 윤리란 모두에게 좋은 것은 옳은 것이고, 모두에게 싫은 것은 옳지 않은 것이라는 무신론적 공동체의 규정이라고 설명하며,[76] 오늘날 경험하게 되는 변태적 윤리관을 예언한 것이다.

만하임은 20세기 초에 살았지만 일찌기 포스터모던적 요소를 간파하고 그의 책 맨 마지막에서 이렇게 말했다.

> 현재는 모든 이념과 유토피아적인 것과 이데올로기적인 것과 모든 정신적인 요소가 완전히 파괴되는 과정에 있으며, 존재를 초월한 어떤 것도 인정하지 않는 시대다.[77]
>
> 역사는 … 자기 자신의 창조물이 되어 있다. … 유토피아의 갖가지 형태의 소멸과 함께 역사에의 의지와 전망을 잃게 된다.

그는 놀랍게도 벌써 한 세기 전에 오늘날 포스트모던적 사상을 앞서 간파하고 정의하였다.[78]

75　Holland, M. *Das Evangelium der Anarcho-Marxisten und das Evangelium von Jesus Christus*, 255.
76　만하임, 『이데올로기와 유토피아』, 36f.
77　Ibid., 472.
78　Ibid., 477f.

탈현대를 이렇게 비참하게 보는 사람은 보드리야드(Jean Baudrillard)이다. 그는 어떤 개혁이나 희망이 없는 꿈을 상실한 이미 닥쳐온 미래의 불행에 대해 진술한다. 그는 탈현대(Postmoderne)를 탈역사(Posthistoire)라는 개념으로 대체하고 종말적 유토피아는 이미 도래했기 때문에, 이젠 종말도 없고 어떤 희망도 없다는 절망의 표현으로서, 흑암의 세계를 묘사한 것이다.[79] 옳은 말이다. 유토피아의 마지막은 하나님을 알지 못하는 불신자들의 절망이다.

칼 만하임은 무정부주의에 대하여 개인의 자유를 최상의 가치로 내세우고 모든 차별을 무시하는 사상이므로 "모든 세부적 차별을 무시하고, 일체는 동등하다"고 주장하기 때문에 하나의 무법사회가 되는 것이라고 비판하였다.[80]

공산주의는 프롤레타리아를 하나의 계급으로 형성시키고, 부르주아 지배를 타도하며, 프롤레타리아트가 정치권력을 장악하도록 하는 데 있다. 하나의 새로운 세계 공동체를 이루려면, "현 사회의 최하층인 프롤레타리아가 사회의 지배자들인 부르주아를 타도하여 모두 다 사라져야만 일어설 수 있다"라고 함으로써 원칙적으로 무정부주의를 주장한다.

'공산당 선언문'에서 명확하게 공표하는 요점은 공산주의가 폐지하려는 대상은 사유재산이지만, 모든 사유재산의 폐지가 아니라 부르주아적 사유재산의 폐지이고, 모든 자본은 구성원들의 공동행동으로만 운영되어야 한다는 것이다. 자본이 공동재산, 즉 전 사회 구성원의 소유로 바뀐다.[81]

---

79 Welsch, W., *Unsere Postmoderne Moderne*, Weinheim, 1988, 150-152. 주 43.
80 만하임, 『이데올로기와 유토피아』, 426f, 466.
81 http://blog.daum.net/skxogkswhl/17962353 공산당 선언 발췌.
　이 '공산당 선언문'에는 참혹한 '공동체의 소유물'이 있는데 그것은 생산도구는 공동으로 이용되어야 한다는 맥락에서 그 공유 대상에 아내들도 포함된다는 조항이다. 그 조항이 비난받는다는 것을 의식한 맑스와 엥겔은 부르주아의 결혼을 부인 공유제라고 거짓 선전하였다. 그리고는 "설령 공산주의자가 비난받는다 하더라도 그 비난은 위선적으로 은폐된 여성 공유제가 아니라, 공개적으로 합법화된 여성 공유제를 도입하려 사실로 지금까지 모든 공산주의자는 그 이전이 있던 것들을 철폐하고는 다시 세우지 못한 까닭에 그나마 있던 평화와 자유마저 다 사라지고, 모두 똑같이 이전보다 더 빈곤하고 더 물질적인 속박을 당하게 되었다. 모든 무정부 사회와 같이 공산주의 사회도 폭력적 독재자에 의해 더 부서지고 더 속박되었다. 공산주의 목표인 새로운 사회를 이루고자 했던 구소련은 레닌의 쿠데타로부터 시작하여 그 해체(1991)까지 그 땅에 살육과 학살과 빈곤을 하늘 높이 쌓았다.

　모든 문화를 파괴하는 동시에 부자(착취자), 지식인, 지배자, 교사, 사업가들을 모조리 죽여 없애고자 했던 60년대 서구에서 시작한 학생 혁명 운동의 결말은 중국 문화 혁명 시 홍의병(학생조직)에 의한 대학살, 일본까지 확대된 학생 혁명들과, 70년대 캄보디아가 공산화되자 폴 폿트(Pol Pot)가 주도한 맑스주의자들에 의한 국민 대학살 등의 역사가 증거한다. 그렇게 해서 만든 유토피아의 역사는 지금까지 한 명의 새 인간도, 새 사회도 창조하지 못했다.

　그 이유는 무엇인가?

　구소련적 샘플이 무너진 것과 같이 공산주의와 아나키즘의 유토피아 건설이 실패한 원인은 이 유토피아 건설가들과 혁명가들이 모두 무신론자들이었던 것과 그 건설가 자신인 인간이 타락과 악함을 알지 못한 잘못된 인간관 때문이다.

　유토피아가 그들의 목표대로 실현되려면 먼저 자신이 누구인지를 알아야 한다. 자신도 하나의 타락한 인간이면서 구시대와 전통문화에 젖은 자본가들과 착취자들이 없는 유토피아 세계를 건설한다는 명분으로 죄책감을 떨치고 스스로 소위 "착취하는 타락한 인간들을 죽이고 빼앗고 파괴한다."

한다"라는 구실을 달았다.

그들은 무신론자들이기 때문에 죄에 대하여 거의 아는 바가 없다. 이윤을 남기는 것과, 억압과 착취는 죄라고 하지만, 살육과 폭행과 박해는 죄라고 하기보다 목적을 위한 수단으로만 인식한다. 그러므로 그들은 생명을 경시하고 인간을 짐승 죽이듯이 죽이고도 양심의 가책을 받지 않는 것으로 보인다.

자신이 죄인이고 무능하며 새사람이 아니면서, 그가 새사람을 창조하고 새 사회를 창조하겠다는 것은 어불성설이 아닌가?

하나님 나라 관점에서 본 유토피아 사상 비판

페터 바이어하우스의 통전적 하나님 나라 사상을 중심으로

우 병 훈 박사
고신대학교 교의학 교수

1. 바이어하우스의 하나님 나라 사상

페터 바이어하우스(Peter Beyerhaus, 1929-)[1]는 하나님 나라에 대한 성경적 이해를 바탕으로 현대 신학에 깊게 침투한 유토피아 사상을 다각도로 비판하였다. 유토피아 사상은 이미 교부 시대부터 다양하게 존재해 왔다.[2]

---

[1] 페터 바이어하우스의 신학에 대한 분석과 평가는 아래 글들을 참조하라. 김은홍, "바이엘하우스의 신학적 배경과 방법론의 고찰", 「한국개혁신학」 46 (2015): 79-104; 김은홍, "바이어하우스의 선교목표인 복음화의 신학적 구조 분석", 「한국개혁신학」 65 (2020): 262-94; Peter Beyerhaus, *Mission in urchristlicher und endgeschichtlicher Zeit* (Gießen: Brunnen-Verlag, 1975), 307-8; D. Bosch, *Witness to the World* (London: Marshall, Morgan & Scott, 1980), 30; J. W. de Gruchy, "The Great Evangelical Reversal: South African Reflections," *Journal of Theology for Southern Africa*, 9 (1978): 45-57.

[2] 교부 시대 유토피아 사상에 대해서는 대표적으로 아래 자료들을 보라. Bronwen Neil and Kosta Simic, eds., *Memories of Utopia: The Revision of Histories and Landscapes in Late Antiquity*, 1 edition (New York, NY: Routledge, 2019); B. Hoon Woo, "Pilgrim's Progress in Society: Augustine's Political Thought in the City of God," *Political Theology* 16, no. 5 (2015): 421–41.

하지만 현대 '자유주의 신학들'(liberal theologies)과 '메시아주의적 맑스주의'(Messianic Marxism)에서 제시하는 유토피아 사상은 기존의 사상과는 전혀 결이 다르다. 바로 그 점을 바이어하우스가 예리하게 포착하였다. 그는 신학적 자유주의가 제시하는 유토피아 사상은 비성경적일 뿐 아니라, 하나님 나라의 대척점에 서서 현대 교회와 선교를 병들게 만들고 있다고 보았다.

이 글에서는 바이어하우스의 유토피아 사상 비판의 주요 특징들을 분석하면서, 그의 하나님 나라 사상이 얼마나 성경적이고 통전적인지 살펴보고자 한다. 특히 그의 대표작인 『하나님 나라와 유토피아주의의 오류: 성경적 하나님 나라를 그 정치적 모조품으로부터 구분하기』를 중심으로 연구하겠다.[3]

이때까지 바이어하우스에 대한 연구 가운데 그의 하나님 나라 사상만 특정하여 다룬 연구는 김은홍 박사의 연구가 전부이다.[4] 그의 논문은 바이어하우스의 하나님 나라 사상을 소개하며, 유토피아 사상의 오류를 비판하고 있으며, 특히 후자가 지닌 "네오 막스주의적 관점"과 "비틀어진 선교 신학의 관점"을 비판하고 있다. 그리하여 바이어하우스의 하나님 나라 사상이 가지는 전체적 핵심 논지를 잘 제시하고 있다.

본 논문은 김 박사의 논문과 달리 바이어하우스 사상에서 하나님 나라와 유토피아가 다른 열 가지 지점에 초점을 맞춰 집중적으로 탐구하고자 한다. 그리하여 본 논문은 바이어하우스의 사상을 그 심층에서부터 이해하는 데 도움을 줄 것으로 기대한다.

---

3 이 작품은 아래와 같이 영어로 출간되어 있으나, 우리말 번역은 아직 없다. Peter P. J. Beyerhaus, *God's Kingdom and the Utopian Error: Discerning the Biblical Kingdom of God from Its Political Counterfeits*, First Paperback Edition (Wheaton, IL: Crossway Books, 1992).

4 김은홍, "바이어하우스의 하나님 나라 사상과 에큐메니칼 유토피아 오류", 「한국개혁신학」 67 (2020): 169-206.

글의 전개는 다음과 같다. 우선 바이어하우스가 비판하는 메시아주의적 맑스주의를 소개하되, 그 주요 주창자들과 그들의 사상을 소개하겠다. 그 다음 부분은 본 논문의 핵심 부분으로서 바이어하우스가 제시하는 하나님 나라 사상이 유토피아 사상과 어떤 점에서 다른지를 열 가지 비교점을 들어 자세히 설명하겠다. 결론부에서는 바이어하우스의 유토피아 비판이 지니는 그 성경적이며 통전적인 특징을 분석하여 제시하겠다.

2. 메시아주의적 맑스주의의 유토피아 사상

페터 바이어하우스는 현대의 유토피아 사상을 적극적으로 파헤치고 그 허상과 반(反)기독교적 성격을 지적하는 데 결코 지치지 않았던 신학자였다.[5] 그가 비판한 유토피아 사상가들 중에는 신(新)맑스주의자들이 있었는데, 그는 그중에서도 '메시아주의적 맑스주의'를 향해서 비판의 칼날을 세웠다.[6]

'메시아주의적 맑스주의'란 성경 및 기독교 신학과 대화하면서 자신의 사상을 더욱 펼치고자 했던 1960년대의 맑스주의자들을 가리킨다.[7] 그들은 여전히 유물론적 사상을 갖고 있었지만 성경에서 새로운 관점과 통찰을 얻고자 했다. 특히, 그들은 구약 선지자들의 모습과 예수의 하나님 나라 설교에서 종말에 대한 혁명적 비전을 발견하였고, 이것을 자신들이 가

---

[5] 김은홍, "바이어하우스의 선교목표인 복음화의 신학적 구조 분석", 276-77, 289-90에서 바이어하우스의 신학이 가지는 변증적 성격에 대해 요약적으로 제시한다.

[6] Beyerhaus, *God's Kingdom and the Utopian Error*, 제3장("God's Kingdom and Modern Utopianism: A Biblical Encounter with Some Contemporary Philosophical and Theological Systems")을 보라.

[7] Ivan Boldyrev, *Ernst Bloch and His Contemporaries: Locating Utopian Messianism* (London: Bloomsbury Academic, 2014)을 보라.

지고 있던 사회주의적 관심과 연결시켰다.[8] 그들은 '유토피아적 메시아주의'를 지지한 자들로서, 정치·경제적 운동으로 이 땅에 맑스주의적 유토피아를 건설할 수 있다고 믿으면서 여러 이론을 제시하였다.

대표적인 메시아주의적 맑스주의자인 에른스트 블로흐(Ernst Bloch)는 이런 경향을 맑스주의의 "따뜻한 기류"(Wärmestrom)라고 불렀는데, 이것은 그 이전의 경향 즉 사회경제적 분석과 변증법적 유물론으로 특징 지워지는 "차가운 기류"(Kältestrom)와 대조시킨 표현이다.[9] 블로흐는 이전의 맑스주의 이데올로기에서 제시한 "유토피아"와 대조하여 이러한 메시아주의적 맑스주의의 유토피아를 "현실유토피아"(Realutopie)라고 불렀다.[10]

블로흐 외에도 메시아주의적 맑스주의자들은 체코 사람인 비테츨라프 가르다프스키(Vitezslav Gardavsky)와 밀란 마초베크(Milan Machovec)가 있고, 프랑스 사람인 로저 가로디(Roger Garaudy)가 있다. 흥미롭게도 로저 가로디는 프랑스 공산당의 주된 사상가였는데, 나중에는 이슬람으로 개종을 했다.[11]

"희망의 철학자"라 불리는 블로흐가 "희망의 신학자"라 불리는 위르겐 몰트만(Jürgen Moltmann)에게 많은 영향을 준 사실은 이미 잘 알려져 있다.

---

8 Beyerhaus, *God's Kingdom and the Utopian Error*, 42.
9 Beyerhaus, *God's Kingdom and the Utopian Error*, 42.
10 Beyerhaus, *God's Kingdom and the Utopian Error*, 43; Ernst Bloch, *Geist der Utopie* (Frankfurt am Main: Suhrkamp, 1985); Ernst Bloch, *The Spirit of Utopia*, trans. Anthony A. Nassar (Stanford, CA: Stanford University Press, 2000), 246-55("The True Ideology of the Kingdom"); Peter Zudeick, "Utopie," in *Bloch-Wörterbuch: Leitbegriffe der Philosophie Ernst Blochs*, eds. Beat Dietschy, Doris Zeilinger, and Rainer Zimmermann (Berlin: Walter de Gruyter, 2012); Peter Thompson and Slavoj Zizek, eds., *The Privatization of Hope: Ernst Bloch and the Future of Utopia* (Durham, NC: Duke University Press, 2013), 특히 제2장과 제4장을 보라.
11 가로디가 이슬람으로 개종한 이유는 이슬람이 가진 미래적 정향성 때문이었다. Beyerhaus, *God's Kingdom and the Utopian Error*, 43.

로저 가로디는 "인간의 역사는 하나님 나라가 성립되는 유일한 장소이다"라고 주장하면서, 하나님 나라의 초월성과 영적 특성을 철저하게 배격하였다.[12] 사실 그는 자신의 이론에서 모든 형이상학적 초월성을 거부하였다.

블로흐 역시 마찬가지 입장이었는데, 그는 하나님의 존재를 절대적으로 배격하는 무신론적 입장을 취했다.[13] 그는 자기 이론의 기초적 전제로서 "하나님은 없으며 있었던 적도 없다"라고 단언하였다.[14] 이러한 무신론적 사상은 메시아주의적 맑스주의자들이 자신들의 유토피아를 건설하는 이론적 기반이 된다. 새로운 시대를 여는 것은 오직 인간의 책임에 달려 있다는 것을 강조하는 것이다.

흥미롭게도 몰트만은 사회적 이슈들에 대한 기독교인의 책임성을 더욱 부각시키고 기독교 정적주의(Christian quietism)를 비판하기 위해서 이러한 종류의 무신론을 정당화한 적이 있다.[15]

하나님을 배격하고 무신론을 표방한 메시아주의적 맑스주의자들이 성경까지 버린 것은 아니었다. 오히려 그들은 성경이야말로 변화의 힘을 가져다주는 비교할 데 없는 희망의 문서라고 생각했다. 심지어 블로흐는 하나님을 완전히 거부하고 인간을 해방시키는 테제는 성경 자체의 은밀한 주제라고 말하기까지 했다.[16]

---

12 Iring Fetscher and Milan Machovec, eds., *Marxisten und die Sache Jesu* (München: Kaiser, 1974), 28.
13 Ernst Bloch, *Atheismus im Christentum: zur Religion des Exodus und des Reichs* (Frankfurt am Main: Suhrkamp, 1985); Ernst Bloch, *Atheism in Christianity: The Religion of the Exodus and the Kingdom*, trans. J. T. Swann (New York: Herder and Herder, 1972)을 보라.
14 Ernst Bloch, *Works*, Volume V (Frankfurt am Main: Suhrkamp, 1985), 1524.
15 Jürgen Moltmann, *Das Experiment Hoffnung: Einführungen* (München: Kaiser, 1974), 50; Beyerhaus, *God's Kingdom and the Utopian Error*, 44에서 재인용.
16 Bloch, *Atheismus in Christendum*, 350.

그는 "오직 무신론자만이 좋은 기독교인이 될 수 있다"라는 말을 남겼다.[17] 그에 따르면, 창세기 3장에 나오는 뱀의 유혹 곧, "하나님처럼 될 것이다"라는 유혹은 이제 사탄의 간교한 속임수가 아니라, 인류에게 주어진 첫 번째 약속이 된다.[18] 블로흐는 이 약속이 예수에 의해 성취된다고 보았다. 블로흐는 다음과 같이 적고 있다.

> 그리스도는 해방된 인간의 상징이다. … 그 안에서 인간은 처음으로 초월 안으로 침공하여 그 자신을 하나님의 자리에 두었으니, 그는 하나님을 반대하고 인간 편에 선 메시아이다. … 인간은 하나님이 된다.
> 따라서 가장 큰 죄는 하나님처럼 되지 않으려는 것이다![19]

블로흐는 인간이 하나님처럼 되는 이러한 기획이 역사 속에서 모세, 욥, 그리스도, 토마스 뮌처, 플로리안 가이어(Florian Geyer von Giebelstadt, 1490년경-1525년), 러시아 혁명에서 나타났다고 보았다.[20]

---

17 여기에 더하여 몰트만은 "오직 기독교인만이 좋은 무신론자가 될 수 있다"라고 덧붙였다. Peter Thompson, "Ernst Bloch and the Quantum Mechanics of Hope," in *Atheism in Christianity: The Religion of the Exodus and the Kingdom*, trans. J. T. Swann (New York: Herder and Herder, 1972), xxi.

18 Bloch, *Atheism in Christianity*, 72-76.

19 Bloch, *Works*, 3:335; Beyerhaus, *God's Kingdom and the Utopian Error*, 44에서 재인용. 인간이 하나님처럼 되려는 기획은 현대 과학기술을 이용한 트랜스휴머니즘의 기획에도 표출된다. 아래 글을 보라. 우병훈, "트랜스휴머니즘 시대에 도전받는 기독교 신학: 인간론, 구원론, 종말론을 중심으로", 「한국개혁신학」 68 (2020): 164-215.

20 Bloch, *Geist der Utopie*, 243; Thompson, "Ernst Bloch and the Quantum Mechanics of Hope," xxvii. 참고로, 플로리안 가이어는 1524년 독일의 농민전쟁 시에 농민군 수백 명을 모아 흑색부대(Schwarze Haufen; Black Company)를 조직하였고, 토마스 뮌처와 연합하여 귀족들을 공격했던 독일의 귀족 기사였다. Gerhart Hauptmann, *Florian Geyer: Die Tragödie Des Bauernkrieges* (Stuttgart: Reclam, 2002)를 참조하라.

이런 점에서 바이어하우스는 블로흐의 메시아주의적 맑스주의는 "신성모독적 성격"(blasphemous nature)을 드러내고 있다고 강하게 비판한다.[21] 블로흐의 사상 속에서는 하나님께서 인간의 역사를 주관하신다는 성경적 가르침은 소멸되고, 오히려 새 창조는 인간이 스스로 만들어 내야 하는 일이 되어 버린다. 그리스도에 대한 이해도 오직 가난한 자들과 연대하여 압제의 권력 시스템을 전복시키는 존재로만 묘사될 뿐이다.

성경에 대한 이러한 '유물론적 해석'은 포르투갈인이었던 페르난도 벨로가 처음 시도하였고, 그 뒤를 이어 미쉘 끌레브노와 조지 카살리스 등이 유사한 논조를 이어 갔다.[22]

바이어하우스는 유물론적 성경해석은 성경적 신앙을 심각하게 침해한다고 보았다. 그 안에는 신앙 대신에 맑스주의의 이데올로기가 들어서게 되며, 인간과 물질을 초월한 그 어떤 신적 존재도 상정할 수 없게 되는 까닭이다.[23]

가령 가로디의 유물론적 성경해석에서는 그리스도의 부활이 신(新)맑스주의에서 말하는 수평적인 초월이 형이상학적이고 수직적인 초월을 대체한 상태에 대한 상징으로 여겨진다. 가로디에 따르면, 부활이란 불가능해 보이는 이러한 전환을 인간이 자신의 노력과 용기로 스스로 실현하는 임무이다. 맑스주의적 혁명을 향해 한 걸음 더 나아가는 발걸음이 바로 부활이 된다.

---

21 Beyerhaus, *God's Kingdom and the Utopian Error*, 44.
22 Fernando Belo, *Lecture matérialiste de l'Évangile de Marc* (Paris: Éditions du Cerf, 1974); Michel Clévenot, *Approaches matérialistes de la Bible* (Paris: Éditions du Cerf, 1976); George Casalis, *Les idées justes ne tombent pas du ciel* (Paris: Éditions du Cerf, 1977); Michel Clevenot, "Lectures matérialistes de la Bible," *Dialogues d'histoire ancienne* 7, no. 1 (1981): 179-97을 보라.
23 Peter P. J. Beyerhaus, *Aufbruch der Armen* (Bad Liebenzell: Verlag der Liebenzeller Mission, 1981), 54-61; Beyerhaus, *God's Kingdom and the Utopian Error*, 44-45.

가로디는 1968년 3월의 프랑스 학생 운동의 모토들에서 이러한 기획을 더욱 확신했다. 소위 "68혁명"(혹은 "68운동")으로 불리는 이 운동의 모토는 "합리적이 되자, 불가능한 것을 요구하자"(Soyons raisonable: demandons l'impossible), "금지하는 것을 금지한다"(Il est interdit d'interdire) 등이었다.

바이어하우스는 가로디와 블로흐 등이 제시한 메시아주의적 맑스주의에 대해 통렬하게 비판한다. 그 안에서 하나님 나라는 단지 역사 안에 갇힌 실체가 되어 버리고, 하나님은 배제된 채 인간에 의해서만 실현되어야 할 대상이 되어 버리기 때문이다.

메시아주의적 맑스주의에서 인간은 혁명적 운동을 통해 "자유의 나라"(Kingdom of Liberty)로 나아가는 문을 스스로 열어 젖혀야 하며 그것을 방해하는 것은 그 무엇도 없다. 인간의 미래는 인간 스스로가 결정한다. 특히, 메시아주의적 맑스주의가 현대 과학기술과 만나는 상황을 바이어하우스는 크게 염려한다. 메시아주의적 맑스주의자들이 가진 미래에 대한 낙관적 기대를 과학기술이 더욱 부채질하기 때문이다.[24]

3. 하나님 나라와 유토피아에 대한 바이어하우스의 열 가지 테제

『하나님 나라와 유토피아주의의 오류: 성경적 하나님 나라를 그 정치적 모조품으로부터 구분하기』라는 책에서 바이어하우스는 메시아주의적 맑스주의에서 제시하는 유토피아 사상뿐 아니라, WCC(World Council of Churches; 세계교회협의회)의 문서나 현대 선교 문서들에 나타난 유토피아 사상을 비판하였다. 그는 그러한 사상들과 성경적 하나님 나라 개념의 차이

---

24 Beyerhaus, *God's Kingdom and the Utopian Error*, 45.

를 10가지 지점에서 구체적으로 짚어 냈다.[25]

그의 글은 현대 유토피아 사상에 대한 비판뿐 아니라, 하나님 나라에 대한 성경적 이해를 매우 요약해 주므로 찬찬히 분석해 볼 가치가 있다. 이 하에서는 바이어하우스가 제시한 열 가지 사항을 요약하면서 동시에 중요한 요소들을 『하나님 나라와 유토피아주의의 오류』와 그의 다른 책들을 참조하여 자세히 설명하겠다.[26]

첫째, 바이어하우스는 하나님 나라가 항상 기독교 선교의 중심 모티프라고 주장한다(막 1:15; 마 24:14). 그러나 현대에서 그 개념이 흐려져 버렸기에, 이 지점을 다시금 분명하게 하는 것이 세계 복음화의 미래를 위해 필수적인 일이라고 그는 주장한다.[27]

이 첫 번째 사항은 바이어하우스가 제시한 선교신학의 핵심을 보여 준다. 그에게 세계 선교의 동기와 목표는 언제나 하나님 나라의 선포와 확장이기 때문이다.[28] 예수님과 사도들의 복음 전파 사역의 심장부를 형성한 것은 바로 하나님 나라 선포였다(마 4:17). 예수님이 오신 것은 바로 하나님 나라를 지시하고 전파하기 위함이었다(눅 4:43).[29] 하나님 나라 선포가 예수님의 복음적 메시지의 핵심을 이루었던 이유는 빌헬름 부쎘이 적절하게

---

[25] Beyerhaus, *God's Kingdom and the Utopian Error*, 159-62(Chapter 8, "Ten Criteria to Discern Between the Biblical Kingdom and Its Utopian Counterfeits").

[26] 이하에서 열 가지 사항을 정리할 때에 바이어하우스의 문장들을 거의 문자적으로 번역할 텐데, 그의 사상을 그대로 소개하고자 하는 글의 목적상 각주는 붙이되, 따로 인용부호를 붙이지는 않겠다.

[27] Beyerhaus, *God's Kingdom and the Utopian Error*, 159.

[28] Beyerhaus, *God's Kingdom and the Utopian Error*, 21-39(Chapter 2, "World Evangelization and the Kingdom of God"); 김은홍, "바이어하우스의 선교목표인 복음화의 신학적 구조 분석", 278.

[29] Beyerhaus, *God's Kingdom and the Utopian Error*, 22. 또 다른 곳에서 바이어하우스는 복음서에서 예수님은 선교사로서 묘사되었다고 주장한다. Beyerhaus, 『그가 보내신 말씀』, 47.

지적한 것처럼, "이스라엘이 미래에 대해 기대했던 모든 것의 전체적 종합이 하나님 나라였기 때문이다."[30]

둘째, 바이어하우스는 현재적 실재와 미래적 소망의 대상으로서 하나님 나라는 오직 성경에 나타난 하나님의 약속과 자기 계시에 근거할 때만 올바르게 파악될 수 있다고 본다.[31]

그는 하나님 나라의 약속을 인간의 바람과 소원 속에서만 파악하고자 할 때 오해가 생긴다고 주장한다. 여기에서 바이어하우스는 사회비판적 성경해석이나 사회비판적 상황신학들의 성경해석을 비판한다. 한마디로 말하자면 하나님 나라의 실현이 하나님께 있다면 그에 대한 올바른 이해 역시도 하나님의 계시 중심적으로 이뤄져야 한다는 것이다.

바이어하우스는 성경과 선교는 떼려야 뗄 수 없는 관계라고 주장한다. 그리고 하나님 나라는 선교를 통해서 그 역사가 진행된다고 본다. 그에 따르면 모든 선교의 중심에는 하나님의 선교가 있으며, 교회의 선교의 핵심은 성경에 계시된 하나님의 말씀을 모든 민족들에게 전하는 것이다.[32]

구약은 이미 완전한 선교비전을 지니고 있으며, 신약성경은 탁월한 선교적 의미가 있다.[33] 바이어하우스는 "바른 신학은 성경에 유일한 근원을 둔다"라는 루터의 주장을 자신의 것으로 수용한다.[34] 그리고 하나님의 계시의 말씀을 주의 깊게 듣는 자들의 헌신적 사랑이 선교 사역의 전제라고 주장한다.[35]

---

[30] Wilhelm Bousset, *Jesu Predigt in ihrem Gegensatz zum Judentum* (Göttingen: Vandenhoeck & Ruprecht, 1892), 23; Beyerhaus, *God's Kingdom and the Utopian Error*, 22에서 재인용.
[31] Beyerhaus, *God's Kingdom and the Utopian Error*, 159.
[32] Beyerhaus, 『그가 보내신 말씀』, 39(제1부 제2장).
[33] Beyerhaus, 『그가 보내신 말씀』, 40, 45.
[34] Beyerhaus, 『그가 보내신 말씀』, 66.
[35] Beyerhaus, 『그가 보내신 말씀』, 69.

셋째, 바이어하우스는 성부 하나님께서 성자로 하여금 이 타락한 피조물을 재형성하고 회복시키는 사명을 주셨다고 본다.

그에 따르면, 하나님의 어린양이신 예수 그리스도는 자신의 희생적 죽음으로써 세상 죄를 대속하셨다. 부활하신 분으로서 예수 그리스도는 화목의 메시지를 사람들에게 주셔서 그들을 반역, 포로상태, 죽음으로부터 건지신다. 그리하여 그들을 하나님 나라로 이끄시며 하나님과 생명적 교제를 나누게 하신다.[36]

그러나 바이어하우스는 "해방의 신학"(theology of liberation; 해방신학[Liberation Theology]보다 넓은 의미로 사용됨)이 그리스도의 구속적 통치를 오해하고 있다고 여긴다. 그것은 그리스도의 십자가 죽음을 죄 용서의 근거로 해석하지 않고, 오히려 역사 속의 권력과의 대결에 대한 하나의 예로 제시하기 때문이다. 그 대결은 무죄하게 고난당하는 가난한 자들을 포로 상태에서 해방하기 위한 것이다. 그 해방으로 말미암아 가난한 자들은 이전에 착취당했던 것의 대가로 하나님 나라의 시민으로 참여할 수 있는 권리를 할당 받게 된다.[37]

바이어하우스는 여러 종류의 "민족의 신학들"(People's Theologies)에 대해서 날선 비판을 제시한다.[38] 그는 1950년대부터 시작된 탈식민(decolonization) 현상의 결과로 신학의 영역에서도 민족주의와 인종의식이 형성되었다고 본다.[39] 그렇게 해서 형성된 신학 운동이 "인도신학", "아프리카 신학", "고통받는 하나님에 대한 일본의 신학"(K. Kitamori), "미국의 흑인신학", "라틴 아메리카의 해방신학", "타이완의 조국신학"(Homeland Theolo-

---

36　Beyerhaus, *God's Kingdom and the Utopian Error*, 159-60.
37　Beyerhaus, *God's Kingdom and the Utopian Error*, 160.
38　"민족의 신학"(Theologie des Volkes)에 대한 분석과 비판은 아래 책을 보라. Peter Beyerhaus, *Theologie als Instrument der Befreiung: Die Rolle der "Neuen Volkstheologien" in der ökumenischen Diskussion* (Giessen: Brunnen-Verlag, 1986).
39　Beyerhaus, *God's Kingdom and the Utopian Error*, 93.

gy), "한국의 민중신학" 등이다.[40]

이러한 신학들을 통칭해서 바이어하우스는 "민족의 신학들"이라고 부른다. 그런데 문제는 이러한 민족의 신학 운동들이 근거한 이론적 뿌리가 "기독교사회주의"(Christian Socialism)였다는 데 있다.[41] 기독교사회주의는 혁명적 기독교와 맑스주의의 연대를 전략적으로 지지한다. 성경도 그런 관점에서 해석되어 혁명을 위한 도구로 전락한다. 또한, 제도적 교회를 무차별적으로 비판한다.[42] 바로 이러한 특징들 때문에 바이어하우스는 민족의 신학 운동 혹은 해방의 신학 운동이 성경적 하나님 나라 개념과는 궤를 달리 한다고 보면서 거리를 둘 것을 요청한다.

넷째, 바이어하우스에 따르면, 부활하신 그리스도께 위임된 하나님 나라는 그의 교회 안에서 그 구원역사적 출발점을 가진다.[43] 교회는 이스라엘과 이방인에게 선포된 복음적 설교를 통하여 모인 공동체이다. 교회는 불신세계와 명백하게 마주하여 서 있다. 하지만 교회는 선포와 봉사 안에 드러난 자신의 증언을 통하여 불신세계 속에서 소금과 빛의 역할을 하면서 그 안으로 침투한다.[44]

하지만 만일 교회와 세상 사이의 경계가 지워지고 구원역사가 정치역사와 동일시된다면 하나님 나라를 오해한 것이다. 이것은 선교가 인간 사회의 시급한 문제들에 답을 제시하기 위해서 정치적으로 작용하는 일과 본

---

40   Beyerhaus, *God's Kingdom and the Utopian Error*, 93-94.
41   Beyerhaus, *God's Kingdom and the Utopian Error*, 95.
42   Beyerhaus, *God's Kingdom and the Utopian Error*, 95-96.
43   이러한 사상은 아우구스티누스의 『신국론』을 전유하여 정치신학을 펼친 진 엘슈테인이 자신의 기획 속에서 교회를 중요하게 다룬 것과 비교해 볼 수 있다. 우병훈, "아우구스티누스의 공공신학에 대한 두 현대 이론 분석: 한나 아렌트와 진 엘슈테인의 대표적 연구서에 나타난 『신국론』 해석을 중심으로", 「갱신과 부흥」 25 (2020): 65-144을 보라.
44   Beyerhaus, *God's Kingdom and the Utopian Error*, 160.

질적으로 일치될 때 발생하는 일이다.[45]

바이어하우스 역시 교회가 세상의 시급한 문제들에 대한 책임이 있다고 본다. 가령 그는 구약성경과 신약성경이 가난한 자들에 대한 깊은 관심을 보여 준다고 생각한다.[46]

이스라엘의 하나님은 모든 백성이 하나님과 진정한 교제를 누리기를 원하신다. 그러기 위해서 백성의 가난한 자들이 돌봄을 받아야 했다.[47] 아무도 의지할 데가 없는 가난한 자들은 다름 아닌 하나님께서 직접 자신의 보호자가 되도록 요청할 수 있다. 그렇기에 성경에서는 "가난한 자들"(히브리어, '아니이'['änî])은 '겸손한 자' 혹은 '경건한 자'와 동의어로 사용된다(시 18:28 참조).[48]

이들은 자신의 삶에서 하나님께서 직접 개입하셔서 그들을 구원해 주실 것을 확신할 수 있었다. 하나님께서 직접 가난한 자들에게 구원의 약속을 주셨기 때문이다.[49] 구약성경에는 종말에 여호와께서 이러한 가난한 자들에게 구원을 베풀어 주실 것이라는 예언도 있다(습 3:11-13).[50]

바이어하우스의 분석에 따르면, 예수님 시대에 아람어로 "아나윔"(anawim)이라 불리는 운동그룹이 있었는데, 그들은 종말에 이뤄질 구원이 곧 성취될 것을 기대하면서 살았던 사람들이다. 흥미로운 것은 이스라엘에는 가난한 자들이 폭력을 사용하여 자신들의 사회적 권리를 성취하려고 하는 정치 운동이 없었다는 사실이다.[51]

45　Beyerhaus, *God's Kingdom and the Utopian Error*, 160.
46　Beyerhaus, *God's Kingdom and the Utopian Error*, 65-77(Chapter 4, "The Kingdom-Christ's Promise to the Poor: The Theology of the Poor in Biblical Perspective").
47　Beyerhaus, *God's Kingdom and the Utopian Error*, 71-72.
48　Beyerhaus, *God's Kingdom and the Utopian Error*, 72.
49　Beyerhaus, *God's Kingdom and the Utopian Error*, 72-73.
50　Beyerhaus, *God's Kingdom and the Utopian Error*, 73.
51　Beyerhaus, *God's Kingdom and the Utopian Error*, 73.

예수님께서 오셨을 때에 가난한 자들에게 복음이 전파되었다. 가난한 자들에 대한 종말론적 구원 약속은 예수님에 의해 성취된 것이다. 그런데 예수님의 구원은 가난한 자들의 사회적 권리를 찾아주는 데 있지 않고, 오히려 그들이 겸손과 회개와 믿음 안에서 하나님께 나아가도록 하는 데 있었다.[52] 하나님 나라에서 중요한 것은 영적 상태였다. 단지 가난하다고 해서 하나님 나라에 받아들여지는 것도 아니었고, 단지 부자라고 해서 하나님 나라로부터 배제되는 것도 아니었다. 하나님 나라에 수용되고 그것으로부터 배제되는 것은 내면적 태도와 관련이 되었다.[53]

이런 맥락에서 바이어하우스는 "심령이 가난한 자"를 바울의 칭의교리와 연결시킨다. 하나님은 율법적 선행을 행하면서 자랑하는 자들이 아니라, 은혜의 선물을 믿음으로 받아들이는 자들을 의롭다 하시고 평화를 주실 것이다.[54]

바이어하우스는 이 점에 있어서 자신의 성경해석을 유물론적 성경해석과 대조시킨다. 유물론적 성경해석에 따르면, 예수님께서 선포하신 하나님 나라는 새로운 사회적 상태의 전조였다. 그것은 곧 번영의 시대이며, 기존 질서의 역전이며, 가난한 자들과 소외된 자들이 부와 사회적 자유를 누리며, 정치적 권력을 획득하는 것이었다.[55]

바이어하우스는 바로 이러한 비전이 예수님의 설교를 처음 들었던 사람들에게서도 발견되는 기대였다고 지적한다. 심지어 예수님의 제자들 중에서도 그런 기대를 갖고 있는 자들이 있었다. 하지만 그들은 곧 실망하고 말았다. 왜냐하면 예수님은 자신들이 생각하는 그런 비전을 성취하는 분이 아니라는 것을 깨달았기 때문이다.

---

52 Beyerhaus, *God's Kingdom and the Utopian Error*, 74.
53 Beyerhaus, *God's Kingdom and the Utopian Error*, 74.
54 Beyerhaus, *God's Kingdom and the Utopian Error*, 74-75.
55 Beyerhaus, *God's Kingdom and the Utopian Error*, 75.

만일 예수님이 유물론적 성경해석에서 제시하는 그런 분으로 오셨다고 한다면, 예수님은 가난한 자들의 경제적 빈곤을 해결하기 위해 적극적으로 행동하셨을 것이며, 옥에 갇힌 세례 요한을 구하기 위해 조치를 취하셨을 것이다. 하지만 예수님은 그렇게 하지 않으셨다. 능력과 영광 가운데 임하는 하나님 나라는 아직 미래의 일이기 때문이었다.[56]

그리고 그 일은 복음이 땅 끝까지 전파되는 일이 먼저 있고 난 다음의 일이다(마 24:14; 막 13:10).[57] 예수님께서 재림하실 때에 완전한 회복과 샬롬이 주어질 것이다. 그 전까지 예수님의 제자들은 성령께서 주시는 구원 즉 영적 속박에서 해방되는 일을 경험한다.[58]

그렇기에 바이어하우스에 따르면, 예수님의 복음을 정치적으로 사회적으로 억압받는 이들을 무력을 사용하여 해방시키는 일로 보는 것은 성경의 가르침을 떠난 것이다. 하나님 나라는 계급투쟁을 통하여 새로운 정치 경제적 세계 질서를 형성하는 일과는 무관하다.[59] 예수님은 잘못된 경제 질서에서 생긴 가난을 죄의 결과로 보셨다. 그리고 죄와 그 결과는 예수님의 재림 시까지는 완전히 없어지지는 않을 것이다(마 24:7).[60]

이러한 결론은 계급 없는 사회를 건설하고자 하는 맑스주의적 유토피아 사상을 거부한다. 물론 그렇다 하여 바이어하우스가 세상의 가난한 자들에 대해 교회가 마냥 침묵하고 있어야 한다고 주장하는 것이 아님을 알 필요가 있다. 또한, 그는 정치적 전횡과 이기적인 부자들에 의해서 사람들이 억압받고 눌림 받는 현상에 대해 교회가 모른 척하라고 말하지도 않는다(약 5:1-5 참조).

---

56 Beyerhaus, *God's Kingdom and the Utopian Error*, 75-76.
57 Beyerhaus, *God's Kingdom and the Utopian Error*, 76.
58 Beyerhaus, *God's Kingdom and the Utopian Error*, 76.
59 Beyerhaus, *God's Kingdom and the Utopian Error*, 76-77.
60 Beyerhaus, *God's Kingdom and the Utopian Error*, 77.

오히려 바이어하우스가 주장하는 것은 교회가 세상에 영향을 미칠 때에는 "성령의 능력"으로 행해야 한다는 것이다.[61] 교회는 사회적 권리를 행사하기 위해 폭력을 사용해서는 안 된다. 교회가 가난한 자들의 필요를 돕는 방식은 "형제적 교제와 자비로운 사역"을 통해서이다. 교회는 하나님께서 이 세상에 두신 조화로운 인간관계의 기준들을 선포하고 가르쳐야 한다. 이 세상에서 불의하게 고통받는 사람들을 대신하여 교회는 언제든지 입을 열 준비를 해야 한다.[62]

다섯째, 예수님의 메시아적 통치에 복종할 때 신자들은 "사탄적인 정사들과 권세들"(the satanic principalities and powers)의 지배 또한 거부한다. 사탄적인 정사들과 권세들은 그리스도의 구속적 죽음에 의해 폐위되었음에도 불구하고 여전히 불신자들을 종으로 삼고 있다.[63]

해방의 신학은 이러한 사탄적인 정사들과 권세들을 억압적인 사회구조와 동일시하고, 그것을 폭력적 혹은 비폭력적인 정치적 대결을 통하여 전복시켜야 한다고 주장하는데, 이것은 하나님 나라를 오해한 것이다.[64] 해방의 신학은 사탄적인 정사들과 권세들을 특히 자본주의 체제와 동일시한다.[65] 그렇게 하여 구원론에서 형이상학적이고 영적인 의미를 제외시킨다. 해방의 신학이 제시하는 구원이란 경제적 가난과 불행을 제거하는 것이다. 그것은 사회경제적, 정치적 권력구조의 전복을 통하여 가능하다.[66]

바이어하우스가 지적하는 "사탄적인 정사들과 권세들"은 에베소서 1:21, 3:10, 6:12 등에 나오는 표현이다.[67] 현대 학자들은 바울이 거기에서

---

61 Beyerhaus, *God's Kingdom and the Utopian Error*, 77.
62 Beyerhaus, *God's Kingdom and the Utopian Error*, 77.
63 Beyerhaus, *God's Kingdom and the Utopian Error*, 160.
64 Beyerhaus, *God's Kingdom and the Utopian Error*, 160.
65 Beyerhaus, *God's Kingdom and the Utopian Error*, 89-90.
66 Beyerhaus, *God's Kingdom and the Utopian Error*, 117.
67 (엡 1:21; 개역개정판) 모든 통치와 권세와 능력과 주권과 이 세상뿐 아니라 오는 세상에 일컫는 모든 이름 위에 뛰어나게 하시고; (엡 1:21; 개역판) 모든 정사와 권세

말한 "정사들과 권세들"이 무엇을 의미하는지 다양하게 논의했다.[68]

신약학자 케어드(G. B. Caird)는 이 본문에 대한 해석이 에베소서 해석의 성패 여부를 좌우한다고 주장할 정도로 이 본문에서 정사들과 권세들의 의미를 중요하게 여겼다.[69]

여러 학자들은 그 의미가 인간 사회의 정치·경제적 구조를 의미한다고 주장했다. 예를 들어, 조직신학자 헨드리쿠스 베르코프(Hendrikus Berkhof)는 바울이 이 용어를 유대 묵시문학에서 빌려오긴 했지만, 그 의미를 변화

와 능력과 주관하는 자와 이 세상뿐 아니라 오는 세상에 일컫는 모든 이름 위에 뛰어나게 하시고; Kurt Aland et al. eds., *Novum Testamentum Graece*, 28th edition (Stuttgart: Deutsche Bibelgesellschaft, 2012), Eph 1:21, ὑπεράνω πάσης ἀρχῆς καὶ ἐξουσίας καὶ δυνάμεως καὶ κυριότητος καὶ παντὸς ὀνόματος ὀνομαζομένου, οὐ μόνον ἐν τῷ αἰῶνι τούτῳ ἀλλὰ καὶ ἐν τῷ μέλλοντι; (엡 3:10; 개역개정판) 이는 이제 교회로 말미암아 하늘에 있는 통치자들과 권세들에게 하나님의 각종 지혜를 알게 하려 하심이니; (엡 3:10; 개역판) 이는 이제 교회로 말미암아 하늘에서 정사와 권세들에게 하나님의 각종 지혜를 알게 하려 하심이니; Aland et al. eds., *Novum Testamentum Graece*, Eph 3:10, "ἵνα γνωρισθῇ νῦν ταῖς ἀρχαῖς καὶ ταῖς ἐξουσίαις ἐν τοῖς ἐπουρανίοις διὰ τῆς ἐκκλησίας ἡ πολυποίκιλος σοφία τοῦ θεοῦ"; (엡 6:12; 개역개정판) 우리의 씨름은 혈과 육을 상대하는 것이 아니요 통치자들과 권세들과 이 어둠의 세상 주관자들과 하늘에 있는 악의 영들을 상대함이라; (엡 6:12; 개역판) 우리의 씨름은 혈과 육에 대한 것이 아니요 정사와 권세와 이 어두움의 세상 주관자들과 하늘에 있는 악의 영들에게 대함이라; Aland et al. eds., *Novum Testamentum Graece*, Eph 6:12, "ὅτι οὐκ ἔστιν ἡμῖν ἡ πάλη πρὸς αἷμα καὶ σάρκα ἀλλὰ πρὸς τὰς ἀρχάς, πρὸς τὰς ἐξουσίας, πρὸς τοὺς κοσμοκράτορας τοῦ σκότους τούτου, πρὸς τὰ πνευματικὰ τῆς πονηρίας ἐν τοῖς ἐπουρανίοις" (밑줄은 필자의 것).

68 아래 논의들을 보라. 길성남, 『에베소서 어떻게 읽을 것인가』(서울: 한국성서유니온선교회, 2010), 231-37; F. F. Bruce, *The Epistles to the Colossians, to Philemon, and to the Ephesians*, The New International Commentary on the New Testament (Grand Rapids, MI: Wm. B. Eerdmans Publishing Co., 1984), 320-22; Andrew T. Lincoln, *Ephesians*, vol. 42, Word Biblical Commentary (Dallas: Word, Incorporated, 1990), 185-89; Clinton E. Arnold, *Ephesians*, Zondervan Exegetical Commentary on the New Testament (Grand Rapids, MI: Zondervan, 2010), 112-14, 196-98; Harold W. Hoehner, *Ephesians: An Exegetical Commentary* (Grand Rapids, MI: Baker Academic, 2002), 458-62; Peter Thomas O'Brien, *The Letter to the Ephesians*, The Pillar New Testament Commentary (Grand Rapids, MI: Eerdmans, 1999), 244-49.

69 G. B. Caird, *Paul's Letters from Prison* (Oxford: University Press, 1976), 66-67.

시켜 사용했다고 본다. 그래서 정사들과 권세들은 하늘의 영적 존재들이 아니라 이 땅의 전통, 도덕, 정의와 사회질서 등을 의미한다고 주장한다.[70] 재세례파 신학자인 존 요더 역시 베르코프의 견해를 그대로 수용하여 이 본문에서 정사들과 권세들이란 현시대의 사회정치적 구조들과 제도들, 그리고 이데올로기들이라고 해석한다.[71]

하지만 다른 학자들은 정사들과 권세들이 이 땅의 제도나 권세를 뜻하는 것이 아니라고 본다.

예를 들어, 해롤드 회너는 에베소서 3:10에서 정사들과 권세들은 천상의 존재자들이라고 주장한다.[72]

클린턴 아놀드도 역시 그것들을 영적 존재자들이라고 해석한다.[73]

케어드는 1956년에 출간된 책에서는 정사들과 권세들을 세속 권력, 법, 이방종교와 그 권세를 뜻한다고 보았다가, 1976년에 출간한 에베소서 주석에서는 인간사회에서 작용하는 온갖 형태의 권력들과 구조들 위에 군림하는 "영적 존재들"을 가리킨다고 보았다.[74]

여러 학자의 견해를 종합하면 에베소서 본문에서 정사들과 권세들은 영적 존재자들을 뜻하는 것이 분명해 보인다.[75] 이러한 현대 학계의 주된 의

---

[70] Hendrikus Berkhof, *Christ and Powers* (Scottdale: Herald Press, 1962), 23; 길성남, 『에베소서 어떻게 읽을 것인가』, 232에서 재인용.

[71] John H. Yoder, *The Politics of Jesus* (Grand Rapids: Eerdmans, 1972), 141-42; 길성남, 『에베소서 어떻게 읽을 것인가』, 232에서 재인용.

[72] Hoehner, *Ephesians*, 460.

[73] Arnold, *Ephesians*, 112-13.

[74] G. B. Caird, *Principalities and Powers: A Study in Pauline Theology* (Oxford: Clarendon, 1956), 27-41; Caird, *Paul's Letters from Prison*, 46, 66-67; 길성남, 『에베소서 어떻게 읽을 것인가』, 232-33에서 재인용.

[75] 자세한 논의는 길성남, 『에베소서 어떻게 읽을 것인가』, 231-37을 참조하라. 또한, 브루스의 지적처럼 에베소서에 나오는 "정사들과 권세들"을 순전히 악한 것으로만 볼 필요는 없고, 천사들과 악한 영들을 경우에 따라서 다르게 대입시킬 수 있을 것이다. Bruce, *The Epistles to the Colossians, to Philemon, and to the Ephesians*, 321: "There is no need to limit the 'principalities and powers' in such a context as this [sc. Eph 3:10] to hos-

견은 바이어하우스의 하나님 나라 관점이 해방의 신학에서 제시하는 관점보다 더 성경적인 지지를 받을 수 있음을 시사한다.

여섯째, 바이어하우스는 선교의 사명이 나사렛 예수와 함께 임한 은혜의 왕국(the Kingdom in grace)과 그의 재림과 더불어 임할 영광의 왕국(the Kingdom in glory)의 분명한 구분 가운데 신학적으로 결정된다고 주장한다. 선교란 말씀의 선포, 성례, 봉사와 같은 은혜의 왕국의 영적 선물들을 중재하는 것이다. 그리고 사람들을 신앙의 결단으로 부름으로써 영광의 왕국이 도래하는 길을 예비한다.[76]

그런데 이와 달리 과정신학(process theology)에서는 선교의 종말론적 정향이 오해된다. 과정신학은 하나님 나라의 도래를 역사의 논리적 결과로 보기 때문이다. 그것은 한 개인이 그리스도께로 돌아오는 것이나 적그리스도의 출현에 대해 전혀 관심이 없다(살후 2:3-10 참조). 그러한 오해 속에서 선교는 비기독교적 운동을 통하여 소위 말하는 하나님 나라를 건설하는 임무로 대체되어 버린다.[77]

여기에서 바이어하우스가 말하는 "은혜의 왕국"(*regnum gratiae*)과 "영광의 왕국"(*regnum gloriae*)이라는 용어는 루터파 신학에 뿌리를 두고 있는 용어들이다. 루터파 신학은 전통적으로 세 가지 종류의 왕국에 대해 논하였다.

① 권능의 왕국(*regnum potentiae*)
이것은 신적 말씀이자 삼위일체의 제2위이신 그리스도께서 온 피조물을 섭리적으로 다스리시는 것을 가리킨다. 권능의 왕국 통치는 보편적이며 일반적이다.

---

tile forces."
76 Beyerhaus, *God's Kingdom and the Utopian Error*, 160-61.
77 Beyerhaus, *God's Kingdom and the Utopian Error*, 161.

② 은혜의 왕국(regnum gratiae)

이것은 그리스도께서 지상의 교회를 다스리시며, 복 주시고, 지키시는 것을 뜻한다. 은혜의 왕국 통치는 신자에게만 해당되며 그리스도의 삼중 직분 즉 제사장, 선지자, 왕의 직분 수행을 통해 이뤄진다.

③ 영광의 왕국(regnum gloriae)

이는 그리스도께서 승리한 교회 즉 지금 하늘에 있는 교회와 장차 극치(consummation)에 임할 하나님 나라를 다스리시는 것을 뜻한다. 이때 그리스도는 그의 모든 대적을 정복하고 모든 교회를 승리의 통치로 이끌 것이다. 영광의 왕국의 통치는 그 통치를 받는 신자들의 장소와 상태에 있어서 앞의 두 왕국과는 구분된다.[78]

바이어하우스는 이 중에서 은혜의 왕국과 영광의 왕국의 차이에 주목한다. 은혜의 왕국의 통치는 여전히 이 땅에서 살아가는 지상의 교회를 향한 통치이다. 반면 영광의 왕국의 통치는 천상에 있는 성도들을 대상으로 한다.

바이어하우스는 하나님 나라가 지니는 '이미'(already)와 '그러나 아직은 아닌'(but not yet)의 긴장을 기억한다. 하나님의 나라는 이미 도래하였지만, 아직 이 세대의 극치(consummatio saeculi)에 이르지는 않았다. 이 세상의 종말이 되면 "우유성에 따른 세상의 소멸"(interitus mundi secundum accidentia)이 이뤄지고, 죄는 사라지며, 피조물은 정화되어, 온 세상이 새롭게 될 것이다. 이것은 하나님의 창조 목적의 성취이며, 동시에 타락의 결과에 대한 은혜의 승리를 가리킨다.[79]

---

[78] Richard A. Muller, *Dictionary of Latin and Greek Theological Terms: Drawn Principally from Protestant Scholastic Theology*, 2nd ed. (Grand Rapids, MI: Baker Academic, 2017), 308("*regnum Christi*").

[79] Muller, *Dictionary of Latin and Greek Theological Terms*, 2nd ed., 79("*consummatio saecu-*

그때까지 교회는 선교에 힘써야 한다. 그것은 복음 전파를 통하여 사람들을 그리스도께로 이끄는 것이며, 은혜의 방편을 통하여 신자들을 세우는 것이다.

일곱째, 바이어하우스에 따르면, 하나님 나라의 도래는 "시대의 표적들"(the signs of the time)을 통하여 인식된다(마 16:3; 눅 21:11-25).[80]

이러한 표적들은 부정적인 측면에서는 옛 시대가 파괴되는 것이다. 그때 거짓 선지자들과 가짜 메시아들이 출현할 것이다. 그러나 긍정적인 측면에서 보자면 이러한 표적들 중에는 복음이 모든 민족들 가운데 선포되는 일과 이스라엘의 회개가 포함된다(롬 11을 보라. 마 24:14; 막 13:10도 참조).[81]

그러나 하나님 나라의 표적들이 사회정치적 변화로 대체되어 버릴 때 심각한 오해가 일어난다. 그러한 변화는 교회를 통하여 일어날 수도 있지만, 비기독교 운동을 통해서도 일어날 수 있기 때문이며, 그리스도께서 제

---

li"), 178("*interitus mundi*")를 참조하라.

[80] (마 16:3; 개역개정판) 아침에 하늘이 붉고 흐리면 오늘은 날이 궂겠다 하나니 너희가 날씨는 분별할 줄 알면서 시대의 표적은 분별할 수 없느냐; (눅 21:11-25; 개역개정판) [11] 곳곳에 큰 지진과 기근과 전염병이 있겠고 또 무서운 일과 하늘로부터 큰 징조들이 있으리라 [12] 이 모든 일 전에 내 이름으로 말미암아 너희에게 손을 대어 박해하며 회당과 옥에 넘겨 주며 임금들과 집권자들 앞에 끌어 가려니와 [13] 이 일이 도리어 너희에게 증거가 되리라 [14] 그러므로 너희는 변명할 것을 미리 궁리하지 않도록 명심하라 [15] 내가 너희의 모든 대적이 능히 대항하거나 변박할 수 없는 구변과 지혜를 너희에게 주리라 [16] 심지어 부모와 형제와 친척과 벗이 너희를 넘겨 주어 너희 중의 몇을 죽이게 하겠고 [17] 또 너희가 내 이름으로 말미암아 모든 사람에게 미움을 받을 것이나 [18] 너희 머리털 하나도 상하지 아니하리라 [19] 너희의 인내로 너희 영혼을 얻으리라 [20] 너희가 예루살렘이 군대들에게 에워싸이는 것을 보거든 그 멸망이 가까운 줄을 알라 [21] 그 때에 유대에 있는 자들은 산으로 도망갈 것이며 성내에 있는 자들은 나갈 것이며 촌에 있는 자들은 그리로 들어가지 말지어다 [22] 이 날들은 기록된 모든 것을 이루는 징벌의 날이니라 [23] 그 날에는 아이 밴 자들과 젖먹이는 자들에게 화가 있으리니 이는 땅에 큰 환난과 이 백성에게 진노가 있겠음이로다 [24] 그들이 칼날에 죽임을 당하며 모든 이방에 사로잡혀 가겠고 예루살렘은 이방인의 때가 차기까지 이방인들에게 밟히리라 [25] 일월 성신에는 징조가 있겠고 땅에서는 민족들이 바다와 파도의 성난 소리로 인하여 혼란 중에 곤고하리라.

[81] Beyerhaus, *God's Kingdom and the Utopian Error*, 161.

자들에게 전하신 말씀과는 무관하기 때문이다(막 16:17-20).[82]

바이어하우스가 이 항목에서 염두에 두고 있는 것은 소위 말하는 "카이로스 신학자들"(Kairos Theologians)의 유토피아 사상이다.[83] 1985년 9월 25일에 남아프리카교회연합의 회장인 바이어스 노데(Beyers Naudè)는 "카이로스 문서"를 작성하여 WCC의 임원들에게 제시하였다.[84]

이 문서는 남아프리카의 정치적 위기에 대한 성경적·신학적 입장을 정리한 것으로, 전 세계 교회를 그 수신자로 보고 있다. 카이로스 문서는 곧 여러 언어로 번역되었고 전 세계 교회의 반향을 불러일으켰다.[85] 이후에는 중앙아메리카 카이로스 문서를 비롯한 또 다른 카이로스 문서들이 나오게 되었다.[86]

1985년의 카이로스 문서는 남아프리카의 여러 교단 대표자와 교인의 서명을 받았지만, 그 저자는 무명으로 되어 있다.[87] 이 문서는 다섯 개의 장(章)으로 구성되어 있다.

제1장은 남아프리카의 정치적 충돌 역사에 있어서 현재의 중요성을 강조한다.[88]

제2장과 제3장은 카이로스 문서의 기조와 정치적·교회적 반대편에 있는 자들의 사고를 비판한다.[89]

---

82 Beyerhaus, *God's Kingdom and the Utopian Error*, 161.
83 Beyerhaus, *God's Kingdom and the Utopian Error*, 133-57("Chapter 7, What Kingdom Is at Hand?: A Critical Assessment of *The Kairos Document*").
84 이 문서는 아래에서 구할 수 있다. *Christliches Bekenntnis in Südafrika*, 2nd edition, Evangelisches Missionswerk, ed. (Hamburg: Das Kairos Dokument. Herausforderung an die Kirche, 1987), 3-39.
85 Beyerhaus, *God's Kingdom and the Utopian Error*, 133-34.
86 Beyerhaus, *God's Kingdom and the Utopian Error*, 135.
87 Beyerhaus, *God's Kingdom and the Utopian Error*, 134.
88 Beyerhaus, *God's Kingdom and the Utopian Error*, 135-36.
89 Beyerhaus, *God's Kingdom and the Utopian Error*, 136.

제4장과 제5장은 카이로스 문서가 제시하는 신학적 입장을 요약한다. 문서는 카이로스 신학을 "선지자적 신학"이라고 명명한다.[90]

결론부에서 문서는 이러한 주제를 가지고 기독교인들이 어디에서건 적극적으로 만나서 토론하고 행동할 것을 촉구한다.[91]

바이어하우스는 카이로스 문서를 "땅으로 임하는 신학의 종류들"(down-to-earth types of theology) 가운데 하나라고 본다.[92] 그는 그러한 신학들 중에 고가르텐과 본회퍼에게 영향받은 세속화 신학, 블로흐와 프랑크푸르트 비판 이론가들에게 영향 받은 희망의 신학, 혁명의 신학, 해방의 신학, 흑인 신학 등을 비롯한 여러 민족의 신학을 열거한다.[93]

이러한 신학들은 모두 상황화 신학(Contextual Theology)이다.[94] 이 신학은 전통 신학과 대척점에 서 있으며, 성경의 권위에서 출발하기보다는 사회경제적 분석에서부터 출발한다. 특히, 성경해석에 있어서 맑스주의적 해석과 유물론적 해석을 선호한다. 이런 경향에서 신학적 지식은 하나님을 알고 그분과 더욱 깊게 교제하는 목적이 아니라, 행동의 동기부여로 사용된다.

그리고 이론적 입장과 실천이 서로 변증법적 운동 가운데 연결되어 있으며, 언제나 실천이 이론보다 강조된다.[95] 1966년부터 1975년 사이에 WCC의 중앙위원회 의장이었던 M. M. 토머스는 이러한 입장을 적극 지지하였다.[96]

---

[90] Beyerhaus, *God's Kingdom and the Utopian Error*, 136-37.
[91] Beyerhaus, *God's Kingdom and the Utopian Error*, 137.
[92] Beyerhaus, *God's Kingdom and the Utopian Error*, 137.
[93] Beyerhaus, *God's Kingdom and the Utopian Error*, 138.
[94] Beyerhaus, *God's Kingdom and the Utopian Error*, 139.
[95] Beyerhaus, *God's Kingdom and the Utopian Error*, 139-41.
[96] Beyerhaus, *God's Kingdom and the Utopian Error*, 141.

그러나 바이어하우스는 카이로스 문서를 적극 반대하면서, 성경이 말하는 '카이로스'란 바로 하나님의 행동이 나타나는 시간임을 강조한다. 성경에 나오는 카이로스는 예수 그리스도의 오심을 중심으로 이뤄지며, 인간을 은혜 가운데 구원하시는 하나님의 역사를 드러낸다.[97] 이러한 성경적 토대를 근거로 바이어하우스는 하나님 나라의 표적들을 사회정치적 변화로 대체하려는 카이로스 문서와 거기에서 나타나는 유토피아 사상을 거부한다.

여덟째, 성경적 하나님 나라의 중심에는 아들을 통하여 세상을 구원하시고 성령 안에서 세상을 새롭게 하시는 성부가 계신다고 바이어하우스는 주장한다. 그에 따르면, 하나님 나라의 역사가 지니는 최종 목적은 새 창조 안에서 삼위 하나님이 영광을 받으시는 데 있다.[98]

그는 이와 반대로 하나님의 나라 복음이 이데올로기적으로 전락할 때 하나님 나라에 대한 오해가 발생한다고 주장한다. 특히, 하나님의 구원하시는 은혜가 민중을 위한 그리고 민중을 대신한 율법주의적 행동 프로그램으로 여겨질 때 그런 일이 발생한다. 이러한 오해는 하나님 나라에 대한 종말론적 계시의 약속을 인간적 유토피아를 의미하는 것으로 여긴다.[99]

바이어하우스가 이 대목에서 염두에 두고 있는 것 역시 카이로스 문서이다. 그는 진정한 카이로스(a true *kairos*)가 의미하는 바가 세 가지라고 주장한다.

① 선택된 시간인 카이로스는 주권적 하나님의 자유로운 행동에서 온다. 성경이 말하는 카이로스 안에서 인간의 역할은 아무것도 없다. 사실상 성경은 하나님의 카이로스와 인간의 "카이로스들"(*kairoi*)을 대조시킨다

---

[97] Beyerhaus, *God's Kingdom and the Utopian Error*, 143-44.
[98] Beyerhaus, *God's Kingdom and the Utopian Error*, 161.
[99] Beyerhaus, *God's Kingdom and the Utopian Error*, 161.

(요 7:6).[100]

② 성경적 카이로스는 예수 그리스도의 보내심을 중심으로 형성된다. 예수 그리스도는 세상에 대한 하나님의 구원 계획을 이루시는 분이시다.[101]

③ 하나님의 카이로스는 그분의 은혜로운 행위에 의해 특징 지워진다. 하나님의 카이로스의 목적은 인간이 정해진 때에 구원 즉 죄 용서와 은혜를 받아 하나님의 자녀들이 되도록 하는 데 있다. 그리하여 인간은 성령의 선물에 의해 신적 본성에 참여하는 자가 된다.[102]

그런데 바이어하우스는 이러한 세 가지 특징이 카이로스 문서에는 전혀 나타나지 않는다고 비판한다.

① 카이로스 문서는 카이로스가 하나님에 의해 시작된다고 말하지 않는다. 물론 그들은 하나님께서 카이로스를 시작한다고 말하기는 한다. 하지만 실제적으로 카이로스는 인간의 행동 여부에 달려 있게 된다.[103]

② 카이로스 문서에서는 예수 그리스도가 카이로스의 중심에 있지 않다. 아주 핵심적인 부분에서 그리스도는 아예 언급조차 되지 않기 때문이다.

③ 카이로스 문서에는 하나님이 구원의 은혜와 전혀 관련이 없다. 사실상 그 반대가 드러난다. 가장 "율법주의적인"(legalistic) 방식으로 인간은 행동하도록 요청 받는다. 화해의 개념이 사실상 거절된다. 카이로

100　Beyerhaus, *God's Kingdom and the Utopian Error*, 143.
101　Beyerhaus, *God's Kingdom and the Utopian Error*, 144.
102　Beyerhaus, *God's Kingdom and the Utopian Error*, 144.
103　Beyerhaus, *God's Kingdom and the Utopian Error*, 144.

스 문서에서 말하는 식의 정치적 정의가 획득되지 않는 한 화해란 일어나지 않는다고 본다. 카이로스 문서는 정치적 정의가 이뤄지기 위해서는 물리적 폭력이 어쩔 수 없이 필요하다고 보고 있다.[104]

바로 여기에서 바이어하우스가 하나님 나라와 세속적 유토피아 사상의 대조를 하나님의 은혜의 행동과 인간의 율법주의적 행동으로 대조시켜 설명한 것은 탁견이다. 바로 율법주의와 차이를 보여 주는 은혜의 사상에서 기독교의 독특성이 드러나기 때문이다. 정치적 행동주의에서 율법주의가 나타나는 경우는 드물지 않다. 바이어하우스는 그 점을 포착한 것이다.[105]

아홉째, 하나님의 통치에 대한 성경의 가르침은 정치 위정자들을 통해 실현되는 세상의 통치의 보존(롬 13:1-6)과 예수 그리스도의 교회의 선교를 통한 구원 계획의 실현(마 28:16-20)을 구분한다.[106]

그러나 만일 하나님의 보존 사역과 하나님의 구원 법칙을 동일시한다면 하나님의 통치를 오해하는 것이다. 그렇게 되면 교회는 정치화되고 이데올로기에 봉사하기 위한 하나의 선택사항으로 전락해 버린다.[107]

바이어하우스가 여기에서 염두에 두고 있는 사안 중에는, 1980년에 호주의 멜번(Melbourne)에서 개최된 제10차 국제 선교사 컨퍼런스(International Missionary Conference)가 있다.[108] WCC의 후원하에서 개최된 이 컨퍼런스의 주된 논제는 구원역사를 사회적 구조로부터 해방행위로 바꾸어 인식하는 것이었다.[109]

---

104 Beyerhaus, *God's Kingdom and the Utopian Error*, 144.
105 Joseph E. David, "Beyond the Janus Face of Zionist Legalism: The Theo-Political Conditions of the Jewish Law Project," *Ratio Juris* 18, no. 2 (2005): 206-35에서는 시온주의적 율법주의가 가지는 문제점을 폭로한다.
106 Beyerhaus, *God's Kingdom and the Utopian Error*, 161.
107 Beyerhaus, *God's Kingdom and the Utopian Error*, 162.
108 Beyerhaus, *God's Kingdom and the Utopian Error*, 79.
109 Beyerhaus, *God's Kingdom and the Utopian Error*, 80.

행사의 주최자들은 "유토피"(utopy) 혹은 "비전"(vision)이라고 표현된 자신들의 기획을 설명하였다.¹¹⁰ 유토피(utopy)는 평등과 정의가 온전히 실현된 상태를 가리키는 그들만의 용어였다. 그들이 만든 멜번 문서(the Melbourne documents)에서 하나님 나라는 맑스주의적 이데올로기에서 제시하는 비전으로 대체되었다.¹¹¹ 그 안에서 교회는 자신들의 비전을 실현하기 위한 전초기지에 불과했다.¹¹²

바이어하우스는 멜번 문서를 비판하면서 다시금 은혜의 왕국과 영광의 왕국을 구분한다. 그리고 영광의 왕국은 오직 그리스도의 재림으로 성취되는 것임을 확실히 한다. 그것은 멜번 문서에서 말하는 유토피에 대한 그림과는 전혀 다른 것이라고 바이어하우스는 주장한다.

열 번째, 바이어하우스에 따르면, 하나님 나라에 대한 성경적 기대는 그리스도께서 재림하시기 전까지 모든 민족에서 하나님 나라 복음을 전파하라는 명령에서 가장 중요한 표현을 발견한다(마 24:14).

만일 유토피아 사상에서 말하는 것처럼 정치권력과 경제적 부를 재분배함으로써 새로운 세계 질서를 형성하는 것이 하나님 나라가 임하게 하는 일이라고 여겨진다면 한다면 세계 선교는 요원한 일이 되고 말 것이다.¹¹³

이 마지막 항목에서 우리는 비성경적 유토피아 사상을 비판하는 바이어하우스의 목적이 바로 세계 선교와 복음화에 있음을 알게 된다. 그가 제시하는 선교의 내용과 목표점은 하나님 나라 복음에 있었다.¹¹⁴ 그는 모든 민족에게 복음을 전파하라는 예수님의 지상명령을 선교의 동기로 삼는다. 그에게 선교란 정치적 해방이나 경제적 평등을 이루는 것이 아니라, 오직

110　Beyerhaus, *God's Kingdom and the Utopian Error*, 82.
111　Beyerhaus, *God's Kingdom and the Utopian Error*, 83-84.
112　Beyerhaus, *God's Kingdom and the Utopian Error*, 81.
113　Beyerhaus, *God's Kingdom and the Utopian Error*, 162.
114　Peter Beyerhaus, *Allen Völkern zum Zeugnis, Biblisch-theologische Besinnung zum Wesen der Mission* (Wuppertal: Brockhaus Theologischer Verlag, 1972), 47.

인간영혼을 구원하는 것이다. 예수님의 초림과 재림 사이에서 우리의 임무는 바로 선교이다.[115]

"파루시아의 지연"의 이유가 바로 여기에 있다. 바이어하우스는 자기 스스로는 수정된 형태의 전천년설에 동의하는 입장이지만, 천년설에 대한 논쟁이 자신의 선교신학에 영향을 미치지는 않는다고 주장한다.[116] 그는 교회와 하나님 나라를 구분한다. 교회는 하나님 나라와 동일시되지 않는다. 교회는 그리스도께서 하나님 나라의 가시적 도래를 위해 사용하시는 기관이다.[117] 따라서 교회는 땅 끝까지 복음을 전파하기 위한 선교적 기관으로 인식되어야 한다.[118]

그런데 세속적 유토피아 사상은 바로 이러한 교회의 사명을 정치·경제적 차원으로 치환하기에 교회의 본질적 사명을 오히려 망각하게 하는 위험한 사상이라고 바이어하우스는 강력하게 규탄한다.

---

115 Peter Beyerhaus, *Er sandte sein Wort: Theologie der christlichen Mission. Band 1, Die Bibel in der Mission* (Wuppertal: Verlag der Liebenzeller Mission, 1996), 141-50. 이 책은 우리말로 아래와 같이 두 권으로 번역되어 있다. 페터 바이어하우스, 『그가 보내신 말씀』, 이동주 역(서울: CLC, 2008)에서는 제1부 제1-4장이 번역되어 있다. 페터 바이어하우스, 『성경적 선교신학』, 손주철·김영동 공역(서울: 성광문화사, 2004)에서는 제3부 제8-12장이 번역되어 있다.
116 Beyerhaus, *God's Kingdom and the Utopian Error*, 34-35. 천년설은 전천년, 후천년, 무천년 어떤 입장을 취하든, 그리스도께서 다시 오시기 전까지 모든 민족들에게 복음을 전파해야 한다는 입장에 있어서는 동일하다. 바이어하우스의 선교신학에서는 그 부분을 강조하기 때문에, 천년설에 대한 논쟁이 자신의 선교신학에 영향을 미치지는 않는다고 본 것이다.
117 Beyerhaus, *God's Kingdom and the Utopian Error*, 29: "The Church is not identical with the Kingdom of God. But she is the transitory communal form of it in the present age, and through his Church Christ exercises a most important ministry towards the visible coming of the Kingdom."
118 Peter Beyerhaus, *Missions: Which Way? Humanization or Redemption*. Translated by Margret Clarkson (Grand Rapids, Mich.: Zondervan, 1971), 30-31.

4. 바이어하우스의 유토피아 사상 비판에 대한 평가

메시아주의적 맑스주의나 WCC의 신학 및 몇몇 현대 선교 문서에서 주장하는 유토피아 사상에 대한 바이어하우스의 비판은 아래와 같이 평가해 볼 수 있다.

첫째, 바이어하우스의 유토피아 사상 비판은 언제나 성경에 근거하고 있다. 유토피아 사상을 비판할 때에 바이어하우스는 구약과 신약에서부터 출발하여 자신의 비판을 정초시키는 방식을 고집스럽게 유지한다.

그는 "오직 성경"(*sola Scriptura*)이라는 종교개혁의 모토에 충실하다. 성경은 삼위일체 하나님의 말씀이며 기독교 신앙의 토대라고 그는 주장한다.[119] 그는 성령이 오류가 없기에 성경도 오류가 없다고 믿는다.[120] 그렇기에 그는 성경이 모든 신학의 근거이자 출발점이 되어야 한다고 생각하며, 이를 자신의 유토피아 사상 비판에도 적용시킨다.

둘째, 바이어하우스의 분석은 통전적인 하나님 나라 사상에 근거하고 있다. 그는 성경적인 하나님 나라 사상을 제시하기 위해서 삼위일체론, 창조론, 계시론, 성경론, 구원론, 기독론, 교회론, 성령론, 종말론을 함께 엮어서 생각한다.[121]

말하자면 하나님 나라에 대한 성경적인 가르침을 포괄적으로 제시하기 위해 신학의 다른 모든 주제들을 그것과 연결하여 사고한 것이다. 그리하여 그는 유토피아 사상이 지니는 편향성과 비일관성, 편협성을 비판할 수 있었다.

119　Beyerhaus, *Er sandte sein Wort*, 102.
120　Beyerhaus, *Er sandte sein Wort*, 298-300.
121　이러한 통전성은 바이어하우스 신학의 특징이다. 가령 Beyerhaus, *Er sandte sein Wort* 에서도 해석학, 조직신학, 교리사, 실천신학이 함께 엮여서 나타난다.

셋째, 바이어하우스의 사상은 종교개혁 신학의 핵심을 보존한다. 그는 특히 루터파 신학을 이어 가는 독일 경건주의나 구속사적 신학과 복음주의 선교학 및 종말론 등에 토대를 두고 신학 작업을 진행하였다.

구체적으로 바이어하우스는 슈페너(P. J. Spener, 1635-1705), 프랑케(A. H. Francke, 1663-1727), 진젠도르프(Nicholas Ludwig von Zinzendorf, 1700-1760)와 같은 경건주의자들과 벵겔(J. A. Bengel, 1687-1752)의 구속사적 신학(Heilsgeschichtliche Theologie)과 바르넥(Gustav Warneck, 1834-1910)의 선교학과 하르텐슈타인(Karl Hartenstein, 1894-1952)의 종말론의 영향을 받았다.[122]

그러나 바이어하우스는 이러한 전통을 단순히 수용하지 않고 창조적으로 비판하며 발전시킨다.[123] 이것은 바이어하우스의 하나님 나라 사상이 가질 수 있는 너비와 깊이를 보여 준다. 특히 유토피아 사상에 대한 비판에서는 바이어하우스의 구속사적 관점과 종말론이 크게 작용하는 것을 볼 수 있는데, 그런 과정에서 그는 유토피아 사상이 지니는 비성경적인 문제들을 정확하게 짚어 낸다.

넷째, 바이어하우스의 하나님 나라론(論)은 삼위일체적 특징을 지닌다. 그는 언제나 성부, 성자, 성령 하나님 중심적으로 사유한다.

그는 "성경적 하나님 나라의 중심에는 아들을 통하여 세상을 구원하시고 성령 안에서 세상을 새롭게 하시는 성부가 계신다"라고 주장하며, 하나님 나라의 목표는 바로 삼위 하나님께서 영광을 받으시는 데 있다고 단언한다.[124] 그리하여 그는 유토피아 사상에서 발견되는 율법주의적이며 인간중심적인 기획을 여지없이 무너뜨린다. 이처럼 바이어하우스의 신학은 루터파 신학의 은혜중심적 특징이 하나님 나라 사상에서 활짝 꽃피어 나

---

122 자세한 내용은 김은홍, "바이엘하우스의 신학적 배경과 방법론의 고찰", 266-74를 보라.
123 이에 대해서는 특히 Beyerhaus, *Er sandte sein Wort*, 제4장을 보라.
124 Beyerhaus, *God's Kingdom and the Utopian Error*, 161.

는 특징을 보여 준다.

다섯째, 바이어하우스의 하나님 나라 사상은 선교적이다. 그는 하나님 나라와 선교가 본질적으로 연결되어 있다고 본다.

그는 하나님 나라가 삼위일체의 사역으로 역사 속에 점점 계시되는데, 이것은 삼위 하나님의 선교 사역과 정확하게 경로를 같이한다고 본다. 선교는 하나님 나라의 계획을 구체적으로 실현하는 도구가 된다. 선교는 모든 민족의 구원을 위해 보내심을 받은 예수 그리스도를 증거하는 일인데, 바로 그 그리스도께서 하나님 나라를 이 땅에 가져오셨다.

선교의 목표는 하나님 나라이며, 하나님 나라는 선교에 동기를 부여한다. 따라서 바이어하우스는 유토피아 사상에서 정치·경제적 운동이 선교를 대체하는 현실을 매우 우려하며 비판한다. 그런 시도는 성경에 분명히 나타난 하나님 나라의 모습을 왜곡시키는 것이기 때문이다.

여섯째, 유토피아 사상에 대한 바이어하우스의 비판은 현실적(actual)이다. 여기에서 말하는 현실적이라는 말은 현실에 잘 맞으며 실제적이라는 뜻도 되지만, 동시에 언제나 현재진행형이라는 말도 된다.

여러 종류의 해방의 신학에 대한 주도면밀한 관찰과 카이로스 문서나 멜번 문서와 같은 여러 지역에서 나온 문서들에 대한 비평을 보면 그가 얼마나 깨어서 신학의 현장에 관심을 갖고 활동하는지 충분히 알 수 있다. 그는 쉼 없는 열정으로 성경적 하나님 나라 사상을 옹호하고, 그것에 어긋나는 온갖 종류의 사상들을 철저하게 해부하여 비판한다. 이것은 교회와 하나님 나라를 위해 봉사하는 신학자로서의 모범적인 면모를 보여 준 것이다.

일곱째, 바이어하우스의 글들은 균형감각을 갖추고 있다. 그는 자신과 견해를 달리하는 사람들의 견해도 정확하게 소개하고 정중하게 비판한다.

날카로운 비판 이전에 정확한 이해를 추구한다. 정확한 이해 이후에는 분명한 비판을 시도한다. 그의 글은 겸양을 갖추면서도 모호하지 않고, 통렬하지만 따뜻함이 배어 있다. 바이어하우스는 글을 통해서 인격의 고상함을 드러내는 신학자이다.

  우리는 이러한 신학자와 동시대를 사는 것에 감사할 수밖에 없다. 그로부터 배운 하나님 나라에 대한 성경적 가르침은 우리 모두에게 지식과 실천 양면에서 지속적인 유익을 줄 것이기 때문이다.

참고 문헌

길성남. 『에베소서 어떻게 읽을 것인가』. 서울: 한국성서유니온선교회, 2010.

김은홍. "바이어하우스의 선교목표인 복음화의 신학적 구조 분석." 「한국개혁신학」 65 (2020): 262-94.

＿＿＿. "바이어하우스의 하나님 나라 사상과 에큐메니칼 유토피아 오류." 「한국개혁신학」 67 (2020): 169-206.

＿＿＿. "바이엘하우스의 신학적 배경과 방법론의 고찰." 「한국개혁신학」 46 (2015): 79-104.

바이어하우스, 페터. 『성경적 선교신학』, 손주철·김영동 공역. 서울: 성광문화사, 2004.

바이어하우스, 페터. 『그가 보내신 말씀』, 이동주 역. 서울: CLC, 2008.

우병훈. "아우구스티누스의 공공신학에 대한 두 현대 이론 분석: 한나 아렌트와 진 엘슈테인의 대표적 연구서에 나타난 『신국론』 해석을 중심으로." 「갱신과 부흥」 25 (2020): 65-144.

＿＿＿. "트랜스휴머니즘 시대에 도전 받는 기독교 신학: 인간론, 구원론, 종말론을 중심으로." 「한국개혁신학」 68 (2020): 164-215.

Aland, Kurt et al. eds. *Novum Testamentum Graece*. 28th edition. Stuttgart: Deutsche Bibelgesellschaft, 2012.

Arnold, Clinton E. *Ephesians*. Zondervan Exegetical Commentary on the New Testament. Grand Rapids, MI: Zondervan, 2010.

Belo, Fernando. *Lecture Matérialiste de l'Évangile de Marc*. Paris: Éditions du Cerf, 1974.

Berkhof, Hendrikus. *Christ and Powers*. Scottdale: Herald Press, 1962.

Beyerhaus, Peter. *Allen Völkern zum Zeugnis, Biblisch-theologische Besinnung zum Wesen der Mission*. Wuppertal: Brockhaus Theologischer Verlag, 1972.

_____. *Aufbruch der Armen*. Bad Liebenzell: Verlag der Liebenzeller Mission, 1981.

_____. *Er sandte sein Wort: Theologie der christlichen Mission. Band 1, Die Bibel in der Mission*. Wuppertal: Verlag der Liebenzeller Mission, 1996.

_____. *God's Kingdom and the Utopian Error: Discerning the Biblical Kingdom of God from Its Political Counterfeits*. First Paperback Edition edition. Wheaton, IL: Crossway Books, 1992.

_____. *Mission in urchristlicher und endgeschichtlicher Zeit*. Gießen: Brunnen-Verlag, 1975.

_____. *Missions: Which Way? Humanization or Redemption*. Translated by Margret Clarkson. Grand Rapids, Mich.: Zondervan, 1971.

_____. *Theologie als Instrument der Befreiung: Die Rolle der "Neuen Volkstheologien" in der ökumenischen Diskussion*. Giessen: Brunnen-Verlag, 1986.

Bloch, Ernst. *Atheism in Christianity: The Religion of the Exodus and the Kingdom*. Translated by J. T. Swann. New York: Herder and Herder, 1972.

_____. *Atheismus im Christentum: zur Religion des Exodus und des Reichs*. 1. Aufl. Werkausgabe. Bd. 14. Frankfurt am Main: Suhrkamp, 1985.

_____. *Geist der Utopie*. 1. Aufl. Werkausgabe. Bd. 16. Frankfurt am Main: Suhrkamp, 1985.

_____. *The Spirit of Utopia*. Translated by Anthony A. Nassar. Stanford, CA: Stanford University Press, 2000.

Boldyrev, Ivan. *Ernst Bloch and His Contemporaries: Locating Utopian Messianism*. Bloomsbury Studies in Continental Philosophy. London: Bloomsbury Academic, 2014.

Bosch, D. *Witness to the World*. London: Marshall, Morgan & Scott, 1980.

Bousset, Wilhelm. *Jesu Predigt in ihrem Gegensatz zum Judentum*. Göttingen: Vandenhoeck & Ruprecht, 1892.

Bruce, F. F. *The Epistles to the Colossians, to Philemon, and to the Ephesians*. The New International Commentary on the New Testament. Grand Rapids, MI: Wm. B. Eerdmans Publishing Co., 1984.

Caird, G. B. *Paul's Letters from Prison*. Oxford: University Press, 1976.

Caird, G. B. *Principalities and Powers: A Study in Pauline Theology*. Oxford: Clarendon, 1956.

Casalis, George. *Les Idées Justes ne Tombent pas du Ciel*. Paris: Éditions du Cerf, 1977.

Christliches Bekenntnis in Südafrika. 2nd edition. Edited by Evangelisches Missionswerk. Hamburg: Das Kairos Dokument. Herausforderung an die Kirche, 1987.

Clevenot, Michel. "Lectures matérialistes de la Bible." *Dialogues d'histoire ancienne* 7, no. 1 (1981): 179–97.

Clévenot, Michel. *Approaches Matérialistes de La Bible*. Paris: Éditions du Cerf, 1976.

David, Joseph E. "Beyond the Janus Face of Zionist Legalism: The Theo-Political Conditions of the Jewish Law Project." *Ratio Juris* 18, no. 2 (2005): 206–35.

De Gruchy, J. W. "The Great Evangelical Reversal: South African Reflections." *Journal of Theology for Southern Africa*, 9 (1978): 45–57.

Dietschy, Beat, Doris Zeilinger, and Rainer Zimmermann, eds. *Bloch-Wörterbuch: Leitbegriffe der Philosophie Ernst Blochs*. 1. Aufl. Walter de Gruyter, 2012.

Fetscher, Iring, and Milan Machovec, eds. *Marxisten und die Sache Jesu*. Gesellschaft und Theologie: Abteilung Systematische Beiträge; Nr. 14. München: Kaiser, 1974.

Hauptmann, Gerhart. *Florian Geyer: Die Tragödie Des Bauernkrieges*. Stuttgart: Reclam, 2002.

Hoehner, Harold W. *Ephesians: An Exegetical Commentary*. Grand Rapids, MI: Baker Academic, 2002.

Lincoln, Andrew T. *Ephesians*. Vol. 42. Word Biblical Commentary. Dallas: Word, Incorporated, 1990.

Moltmann, Jürgen. *Das Experiment Hoffnung: Einführungen*. München: Kaiser, 1974.

Muller, Richard A. *Dictionary of Latin and Greek Theological Terms: Drawn Principally from Protestant Scholastic Theology*. 2nd ed. Grand Rapids, MI: Baker, 2017.

Neil, Bronwen, and Kosta Simic, eds. *Memories of Utopia: The Revision of Histories and Landscapes in Late Antiquity*. 1 edition. New York, NY: Routledge, 2019.

O'Brien, Peter Thomas. *The Letter to the Ephesians, The Pillar New Testament Commentary*. Grand Rapids, MI: Eerdmans, 1999.

Thompson, Peter, and Slavoj Zizek, eds. *The Privatization of Hope: Ernst Bloch and the Future of Utopia*. Vol. 8. SIC. Durham, NC: Duke University Press, 2013.

Thompson, Peter. "Ernst Bloch and the Quantum Mechanics of Hope." In *Atheism in Christianity: The Religion of the Exodus and the Kingdom*, translated by J. T. Swann, ix–xxx. New York: Herder and Herder, 1972.

Woo, B. Hoon. "Pilgrim's Progress in Society: Augustine's Political Thought in the City of God." *Political Theology* 16, no. 5 (2015): 421–41.

Yoder, John H. *The Politics of Jesus*. Grand Rapids: Eerdmans, 1972.

Zudeick, Peter. "Utopie." In *Bloch-Wörterbuch: Leitbegriffe der Philosophie Ernst Blochs*, edited by Beat Dietschy, Doris Zeilinger, and Rainer Zimmermann. Berlin: Walter de Gruyter, 2012.

제7장

유토피아니즘에 대한 비판적 고찰

곽 혜 원 박사

경기대학교 초빙교수, 21세기교회와신학포럼 대표

1. 유토피아니즘에 대한 논의를 시작하면서

인류 역사를 회고할 때, 오늘의 시대보다 더 큰 변화와 혼란의 격동기는 없을 것이다. 오늘날 우리는 내일을 분명히 예측할 수 없는 변화와 혼란 속에 살아가면서 이상 세계를 동경하고 희망한다. 우리가 일반적으로 동경하고 희망하는 이상 세계는 인간에 의한 인간의 억압이나 착취가 없는 세계, 곧 모든 인간이 한 형제자매로서 동등한 권리와 가치와 존엄성을 향유하며 평화롭게 살아가는 세계이다.

이러한 이상 세계에 대한 동경은 이 시대에만 국한된 것이 아니라, 모든 시대가 가지고 있었던 모든 인류의 공통된 꿈이자 이상이다. 우리는 이상 세계를 가리켜 '유토피아'(utopia)[1]라고 부르고, 이상 세계를 지향하는 사상

---

[1] 'utopia'는 희랍어 'οὐτόπος'(nowhere, no place)에서 유래하며, '비장소'(非場所) 혹은 '아무 데도 없음'을 의미한다.

을 '유토피아니즘'(utopianism)이라고 일컫는다.

인간이 유토피아를 동경하게 된 주요 동기는 기존의 사회상황과 구조에 대한 불만족에 기인한다. 즉, 유토피아니즘은 희망이 없어 보이는 현재의 불의한 사회상황과 구조에 대한 비판으로부터 생성되었다. 역사상 유토피아 사상가들은 자신들이 몸담고 있는 사회의 병을 뼈저리게 인식하고, 현존하는 사회구조의 불완전성으로 인해 고뇌하였다.

그러면서 그들은 사회의 병을 치료하고, 불의한 정치·경제·사회적 상황 속에서 고통당하는 대중들에게 새로운 희망을 주어야 할 책임감을 느꼈던 것이다. 그리하여 그들은 인간이 좀 더 행복하게 되고 좀 더 나은 인간이 되도록 만들기 위해, 좀 더 나은 사회구조와 체제를 형성하고자 노력하였다.

대다수 유토피아 사상가들이 주력했던 것은 사회적 차별의 폐지, 모든 인간의 동등한 권리와 평등, 정의로운 사회질서의 형성 등에 있었다. 특히, 그들은 모든 악의 근원이 인간을 유산계급(有産階級)과 무산계급(無産階級)으로 나누어 버리는 사유재산 제도와 소유물의 불평등한 분배에 있다고 확신함으로써, 상당수가 사유재산 제도의 폐지와 소유물의 공동사용을 주장하였다. 이는 그들이 불평등한 사유재산 제도가 철폐되고 부의 공정한 분배가 실현되면, 이에 따라 인간의 탐욕이 사라지고 여러 부도덕한 행위들도 사라지게 된다고 확신했기 때문이다.

이 땅에 이상적인 세계를 이루려는 유토피아니즘은 수많은 철학자와 사회학자, 정치가의 사상 속에 나타나지만, 이는 본래 기독교로부터 유래한다. 좀 더 구체적으로 말해, 유토피아니즘은 성서가 제시하는 '새 하늘과 새 땅' 혹은 '하나님 나라'(사 65:17-25; 계 21:1-4)에 대한 기독교 신앙을 세속적 형태로 표현한 것이다.

'하나님 나라'는 모든 인간이 인간으로서의 가치와 존엄성과 생명의 권리를 보장받으며 인간답게 살아갈 수 있는 세계이다. 또한, 인간을 위시한 자연의 모든 피조물의 생명이 보호받는 가운데 모두가 더불어 평화롭게 살아가는 세계이다. 이러한 '하나님 나라'를 유토피아 사상가들은 불의한 이 세상 가운데 실현하고자 했던 것이다.

그러나 기독교 교회들이 인간의 자유와 평등, 가치와 존엄성을 회복하려는 유토피아 사상가들의 휴머니즘적 운동을 거부하면서, 유토피아니즘은 점차로 반(反)기독교적·무신론적 형태로 발전하게 되었다.[2]

이를 입증하듯이, 역사적으로 볼 때 유토피아니즘이 기독교 신앙의 기반을 떠나면서부터 하나의 정치적 이데올로기로 변질되기 시작하였다. 정치적 이데올로기화된 유토피아니즘은 인간에게 이상 세계를 가져다주는 대신, 오히려 인간의 자유를 박탈하고 인간을 획일화시키는 전체주의적 폐쇄된 세계를 이 땅에 가져오게 되었다. 이에 대한 가장 대표적 본보기로 맑스주의(Marxism)에 기반하여 1917년 일어난 구소련의 공산주의 혁명을 들 수 있다.

사실 오늘날에는 공산주의 체제가 외견상 붕괴된 것처럼 보이기 때문에, 맑스주의를 살펴보는 것이 별 의미가 없다고 많은 사람이 생각하기도 한다. 그러나 공산주의에 대한 관심이 과거에 비해 명백히 퇴조했다고 하더라도, 오늘날 맑스주의는 특히 서구 사회에서 사회주의의 형태로 여전히 막강한 영향력을 행사하고 있다.

특별히 1990년대 신자유주의가 발흥한 이래로 많은 제도적 장치에도 불구하고 나날이 악화일로로 치닫는 사회 양극화(극심한 빈부 격차) 속에서 칼 맑스(K. Marx)가 이미 재논의되고 있었다. 설상가상으로 COVID-19 팬데믹 재난에 봉착하여 최악의 경제위기 속에서 아비규환의 디스토피아(dystopia)가 우려되는 이 시대에 맑스주의가 르네상스를 맞이하고 있다.

---

2   김균진, 『종말론』(서울: 민음사, 1998), 207.

이 글에서는 먼저 유토피아니즘의 고전적 대변자들인 토마스 모어, 프랜시스 베이컨, 토마스 캄파넬라의 유토피아니즘에 대해 살펴보고자 한다. 또한, 순수한 유토피아니즘의 형태를 벗어나 정치적 이데올로기로 변질된 맑스주의를 필두로 유토피아니즘이 지닌 전반적 문제점에 대해 비판한다. 그리고 나서 '하나님 나라'를 지향하는 기독교의 희망에 비추어 유토피아니즘의 희망을 조망하면서 양자가 어떤 근본적 차이점을 가지는지 논한다. 끝으로 '하나님 나라'에 대한 희망 속에서 이를 인간세계에 책임적으로 구현해야 할 그리스도인의 책무에 대해 강조하고자 한다.

2. 근대 고전적 유토피아니즘의 희망

토마스 모어, 프랜시스 베이컨, 토마스 캄파넬라는 근대에 살았던 고전적 유토피아니즘의 대변자들로서 각자 나름대로의 방법으로 성서의 요구들이 실현되어 있는 이상적인 국가의 형태를 구상하였다. 이들은 자신들이 구상한 이상적인 국가의 형태 속에서 세속적인 유토피아와 성서의 '하나님 나라'를 결합시키고자 시도하였다.

1) 토마스 모어의 유토피아니즘

토마스 모어(Th. More)는 프랜시스수도원의 수도사를 지망했던 신실한 가톨릭 신자로서 16세기 초 영국의 국왕 헨리 8세 당시 국무총리를 지낸 유력한 정치가였으나, 헨리 8세의 부당한 가정사[3]에 대항하다가 국무총리

---

[3] 헨리 8세는 앤 불린(A. Boleyn)이라는 궁녀와 결혼하기 위해, 자신의 첫 부인 아라곤의 캐더린(Catherine of Aragon)과 이혼하고자 했다. 그런데 이혼하려면 로마교황청의 승낙이 필요한데, 당시의 교황은 헨리 8세의 이혼을 허락하지 않았다. 그러자 헨리 8세는

직을 사임하고 단두대의 이슬로 사라진 비운의 인물이다.

1516년 널리 알려진 마키아벨리(N. Machiavelli)의 『군주론』(*Il Principe*)이 출판되던 해에 모어의 『유토피아』(라틴어 원제: 원제: *De optimo reipublicae statu, deque nova insula Utopia*)가 출판되었다.⁴ 이 책에서 모어는 하나님의 말씀과 상반된 당시 유럽의 정치·경제·사회적 상황을 비판하기 위해 기존의 국가들과는 전혀 다른 구조를 가진 '유토피아섬'(Insula Utopia)에 자리잡은 이상적 국가의 모습을 가상하였다. '유토피아'라는 단어 자체가 그리스어로 '어디에도 없는 곳'이라는 의미를 내포하고 있음을 고려할 때, '유토피아섬'은 완벽한 사회를 지향하면서도 궁극적으로는 '실현 불가능한 사회'라고 볼 수 있다.

유토피아섬의 특징은 화폐가 없고 사유재산이 허용되지 않음으로써, 거주민들은 소유물을 공동으로 사용하고 생활 유지에 필요한 모든 것을 무상으로 제공받는 공산주의(共産主義) 사회라는 점이다. 특히 모어의 유토피아는 초대 기독교의 공동체주의를 지향함으로써, 누구나 열심히 일하지만 사유재산을 축적하지 않고 소유물을 각자 필요에 따라 공평하게 분배한다.

유토피아섬에는 원칙상 종교의 자유가 있어서 모든 종교와 예배 의식을 관용하지만, 섬 주민의 대다수는 기독교 신앙에 깊은 영향을 받은 신자들이다. 10만 명의 거주민이 50가구 단위로 하나의 집단을 이루는 섬에는

영국의 교회를 로마가톨릭으로부터 분리시키고(이때 로마가톨릭으로부터 분리된 영국의 국교회, 곧 '성공회'가 태동), 자신이 영국국교회의 교황 위치를 차지하고자 했다. 이로 인해 당시 국무총리였던 토마스 모어와 헨리 8세는 서로 충돌했고, 모어는 헨리 8세가 영국 교회의 교황이 되는 선서를 거부하였다. 이를 결정적 계기로 모어는 1532년 국무총리직을 사임하고 금고형을 받았다가, 결국 1535년 처형당하게 되었다. 목베임을 당하기 전 그는 주변에 있는 사람들에게 하나님께서 기뻐하시는 왕이 되도록 왕을 위해 기도하고 왕에게 좋은 충고를 할 것을 부탁하였다. 끝으로 그는 왕의 좋은 신하로서, 그러나 우선적으로 '하나님의 신하'로서 죽는다고 엄숙히 선언하고 생을 마감한 것으로 전해진다.

4 Cf. Th. More, 『유토피아: 최상의 공화국 형태와 유토피아라는 새로운 섬에 관하여』, 박문재 옮김(서울: 현대지성, 2020).

삶의 모든 영역에 있어서 개개인의 평등이 엄격하게 실현(남녀가 평등하게 교육)된다. 또한, 남녀를 불문하고 유토피아섬의 모든 거주민은 전쟁에 대비한 방어의 의무와 함께 노동의 의무를 가진다. 그리고 신분에 따른 위계질서보다 공공의 도덕을 중시하되, 자연스러운 쾌락을 추구하기도 한다.

그러나 모어의 유토피아에서는 삶의 모든 영역에서 평등이 실현되는 반면, 인간의 개성이 말살되고 개인의 모든 차이가 집단의 단결을 저해하는 요소로 간주된다. 이에 개인이 소유한 탁월한 능력은 인정되지 않음으로써, 개개인의 소득의 차이, 문화적·정신적 차이도 폐기되어야 한다는 생각이 지배적이다.[5]

또한, 개인에 따라 특성 있는 옷차림이 허용되지 않음으로써, 모든 사람이 남녀의 구별, 기혼자와 미혼자의 차이만 나타낼 뿐 같은 형태의 옷을 입고 다녀야 한다.[6] 그 이유는 사람들이 개체화될 수 있는 가능성을 근절하고 모든 사람이 평등하다는 사실을 나타내기 위해서이다. 그뿐만 아니라 사치스러운 물건들(일례로 금이나 은과 같은 보석)을 탐닉하면 사람들의 빈축을 사기 때문에, 사치품들은 생산조차 되지 않는다.[7]

개성을 말살당한 유토피아섬에서 개인은 국가라고 하는 거대한 기계에 적응해야 하는 부속품과도 같은 존재로 살아가게 된다.

개인의 수면시간, 노동시간, 식사시간, 휴식시간이 국가에 의해 규정돼 있고, 이 규정에 따라 정확하게 지켜진다. 이를테면 모든 주민은 일률적으로 오전 네 시에 기상하여, 노동이 시작되기 전까지 정신교육을 받아야 하고, 그 다음에 세 시간 노동하고 두 시간 휴식하며, 다시 세 시간 노동해야 한다. 저녁 여덟 시에 모든 주민은 잠자리에 들어야 하고 여덟 시간 수면

---

5 G. Friedrich, "유토피아와 하나님 나라", 『유토피아니즘과 기독교』, 김균진 옮김(서울: 종로서적, 1984), 63.
6 Th. Moor, *Utopia*, 49.
7 G. Friedrich, "유토피아와 하나님 나라", 62.

을 취해야 한다. 특히 주목할 것은 남성이 하는 노동과 여성이 하는 노동이 국가에 의해 결정될 뿐만 아니라, 결혼에도 국가가 엄격하게 개입하는 점이다.

모든 사람에게 최대의 행복을 주고자 구상한 유토피아에서 국가가 개인에 대해서는 무자비한 존재로 나타나기도 한다. 휴가증 없이 자신의 주거지를 떠난 사람은 가차 없이 주거지로 되돌려 보내지며, 동일한 일을 다시 범한 사람은 강제노동의 처벌을 받게 된다.

각 개인은 자신의 주택을 자유롭게 선택할 수 없고, 모두 일률적으로 동일한 형태의 공동주택(자물쇠가 없는)에 거주해야 한다. 어떤 주택에 오래 살았다고 하더라도 그 주택을 자신의 소유라고 아무도 주장하지 못하도록 모든 주택은 십 년 간격으로 철거된다.[8]

간통을 하거나 섬에서 탈출하려고 기도한 자는 자유인의 권리를 잃고 '노예'가 되는데, 그렇게 되면 그는 일을 훨씬 더 많이 해야 하고 같은 시민이었던 옛 동료들에게 복종하여야 한다.

유토피아에서 국가가 개입된 가장 극단적 사례는 국가에 의해 유도되는 안락사(euthanasia)에 대한 생각에서 잘 드러난다.[9]

일례로 어떤 사람이 불치병을 앓을 경우, 유토피아의 사제와 공무원들은 환자가 자신에게 부과된 직업의 의무를 감당할 수 없고 다른 사람에게 짐이 될 뿐이기에 생을 마감해야 한다고 권고할 수 있다. 이 권고를 받은 환자는 단식을 통해 자발적으로 고통스러운 삶을 끝내 버리던가, 아니면 약물을 이용하여 자신을 삶의 고통으로부터 해방시킬 것을 승낙할 수 있다. 사제의 충고에 따라 죽음을 결단하는 행위는 명예스러운 일로 간주되어 법에 따라 경건하게 장례가 치러지지만, 자발적 죽음을 끝까지 거부하

---

8 Th. Moor, *Utopia*, 47.
9 G. Friedrich, "유토피아와 하나님 나라", 62.

고 죽은 사람의 시신은 매장되지 않고 들에 버려지게 된다.[10]

이처럼 모어의 유토피아에서는 개인이 공동체 속에서 얼마나 오래 살아야 하는가의 문제도 자기 자신의 결단에 의해서가 아닌, 국가에 의해서 결정될 만큼 공동체가 개인의 중대사를 좌우하게 된다.

2) 프랜시스 베이컨의 유토피아니즘

토마스 모어의 최상의 공화국 형태의 유토피아 사상이 발표되고 나서 110년 지나, 정치가이자 철학자인 프랜시스 베이컨(Fr. Bacon)은 과학기술에 대한 무한 신뢰를 바탕으로 한 유토피아를 구상하였다.

베이컨은 1627년 죽음을 앞두고 『새로운 아틀란티스』(New Atlantis)라는 단편을 남겼는데,[11] 여기서 모어와는 또 다른 종류의 유토피아에 대한 구상을 기술하였다. 베이컨의 유토피아 역시 기독교와 사제들이 중요한 역할을 감당하는 하나의 기독교적인 유토피아인데, 그가 유토피아로 묘사한 '새로운 아틀란티스'는 독특하게도 자연과학적으로 크게 발전한 혁신적 세계이기도 하다.

베이컨이 유토피아로 표상한 '벤살렘'(Bensalem)은 36년 간 외부와 단절되었던 섬이다. 이 섬에 들어올 수 있는 자격이 부여된 사람은 해적이나 살인자가 아니라는 것을 예수 그리스도 앞에서 서약한 그리스도인들뿐이어서, 이 섬의 거주민들은 모두 기독교를 믿는 신자들이다.[12] 또한, 벤살렘 섬은 섬의 관리인인 동시에 교회의 대표자인 기독교 사제에 의해 통치된다.[13]

---

[10] Th. Moor, *Utopia*, 81.
[11] Cf. F. Bacon/김종갑 옮김, 『새로운 아틀란티스』(서울: 에코리브르, 2002).
[12] F. Bacon, *New Atlantis*, 54.
[13] 위의 책, 59.

이 섬에는 '솔로몬전당'(Solomon's House)이라는 이름을 가진 웅장한 규모의 과학기술연구소가 있는데, 이 연구소의 목적은 자연계 안에서 일어나는 모든 현상의 원인과 함께 자연계 안에 숨겨진 힘을 탐구하여 인간활동의 영역을 확장하고 인간의 목적에 맞게 사물을 변화시키는 데 있다. 당시 베이컨은 이미 비행기의 동력선과 잠수함에 대해 구상했던 것으로 보인다.[14]

그는 자신이 수차례 언급했던 '아는 것이 힘이다.'라는 전제 아래 학문이 학문 그 자체의 목적이 될 수 없고 인간의 실제적 유익을 위해 봉사해야 한다고 강조하였다.

『새로운 아틀란티스』에서 특히 주목할 만한 것은, 고도로 발달한 과학기술이 인간의 삶에 얼마나 유용하게 사용될 수 있는가가 묘사된 점이다. 베이컨은 인간의 공동생활을 개선하는 것은 일차적으로 사회적 문제가 아니라, 기술의 문제라고 확신하였다. 그는 특히 자연의 힘을 연구하고 이용함으로써, 인간이 생산방법의 합리화를 꾀하고 노동의 과정을 변화시킬 수 있다고 역설하였다.[15]

이러한 과정을 통해 경제가 발전하게 되면, 인간은 좀 더 나은 인간이 되고 사회는 좀 더 진일보한 사회가 될 수 있다고 베이컨은 생각하기에 이른다.[16] 즉, 자연을 지배하고 과학기술의 발전을 통해 이룩한 경제의 발전은 인간 개개인과 그가 속한 사회에도 긍정적 영향을 미침으로써, 이상 세계를 구현하는 데 이바지한다는 것이다.

---

14 이에 대해 베이컨은 "우리는 새의 비행을 모방할 수 있다. 하늘을 날기 위해 우리는 새들이 가진 기관과 유사한 장치와 보조수단을 가지고 있다. 우리는 바다 밑으로 다닐 수 있고 바다의 폭풍을 이겨 낼 수 있는 배와 보트를 갖고 있다"라고 기술하였다. 위의 책, 98.
15 G. Friedrich, "유토피아와 하나님 나라", 52.
16 M. J. Wolff, *Englische Utopisten der Renaissance*, Germanische-Romanische Monatsschrift 16(1928), 149f.

3) 토마스 캄파넬라의 유토피아니즘

이탈리아 남부지방 출신이자 도미니카수도원의 수도사였던 토마스 캄파넬라(Th. Campanella)는 당시 이탈리아 남부 지방의 한 도시 '네아플'을 지배하려는 스페인에 대항하기 위해 수도사들과 합심하여 모반을 꾸미는 등 정치적으로 과격하게 활동하다가 그의 생애의 27년을 50개 이상의 감옥에서 보낸 비운의 인물이다.

1623년 캄파넬라는 감옥생활 중에 집필한 『태양의 나라』(Civitas solis)를 발표했는데, 여기에 그의 유토피아 사상이 잘 드러난다.[17]

캄파넬라가 추구한 유토피아인 '태양의 나라'는 제정일치(祭政一致)의 기독교적 공산주의 국가, 다방면으로 교육받은 성직자이자 공무원들에 의해 통치되는 사회이다. 가장 높은 위치에는 모든 영적·정신적 권력과 세속적 권력을 동시에 장악한 최고의 제사장인 '메타피지쿠스'(Metaphysikus)가 있다. 그 아래에는 세 사람의 집정관들[18]이 있어 메타피지쿠스가 정사를 처리하는 일을 돕는데, 이들은 국가 안에 있는 모든 문제와 장애물을 처리해야 할 구원의 수단으로 간주된다.

이러한 '태양의 나라'에서 모든 시민은 그들의 관리에게 죄를 고해해야 할 의무를 갖는다. 그런데 교회의 일반적인 고해성사 제도가 철저히 비밀리에 이루어지는 데 반해, '태양의 나라'에서는 고해성사의 비밀이 보장되지 않음으로써, 고해를 들은 관리들은 고해한 사람의 이름을 익명으로 하는 가운데 그 내용을 더 높은 직위의 관리에게 보고해야 한다. 이를 통해 고위 성직자이자 공무원들은 백성들 가운데 어떤 부정적인 일들이 일어나

---

17 Cf. Th. Campanella, 『태양의 나라』, 임명방 옮김(서울: 이가서, 2012).
18 전쟁과 관련된 모든 임무를 관장하는 제1 집정관은 '힘'이라고 불리고, 학문과 예술을 관장하는 제2 집정관은 '지혜'로, 거주민들의 올바른 번식을 관장하는 제3 집정관은 '사랑'으로 일컬어진다.

고 있는가를 파악한다.

이러한 방법으로 '태양의 나라'의 최고 관리자는 백성들 사이에 어떤 일들이 가장 빈번하게 일어나는가를 인식하고 이에 대한 적절한 대책을 세운다. 모든 백성의 고해성사가 이루어진 후, 메타피지쿠스는 성전의 제단에서 하나님께 자신의 죄와 백성들의 모든 죄를 고백한다. 그리고 그는 백성들을 훈계하고 그들의 모든 죄를 용서하고 나서 하나님께 제물을 바친다.[19]

'태양의 나라'에서 개인은 공동체의 유익과 합목적성에 부합해야 하는 존재로 인식된다. 일례로 개인은 직업을 선택함에 있어서 자신이 원하는 일을 선택할 수 없고, 집단을 위한 합목적성의 원칙에 의거하여 자신의 직업을 결정해야 한다. 또한, 개개인의 인간관계도 공동체의 이해관계에 지배를 받음으로써, 나와 너의 인격적이고 생동적인 관계가 거의 불가능하다.

여기서 특히 주목할 만한 것은, 국가가 개인의 결혼에 대한 엄격한 규칙을 설정하여 결혼과 자녀생산에 관계된 모든 업무를 관장한다는 점이다. 즉, 인간의 출생에서부터 모든 성장과정이 국가적 차원에서 사전에 치밀하게 계획되고 과학적으로 조정되어야 한다는 생각이 지배적이다.

캄파넬라가 구상한 유토피아에서 결혼은 개인의 자발적 의사에 따라 이루어지는 것이 아니라, 엄격한 규칙, 곧 철저히 우생학적 관점에서 이루어져야 하므로 국가가 대대적으로 개인의 결혼을 주관한다.[20] 여성의 분만도

19　T. Campanella, *Civitas solis*, 153.
20　'태양의 나라'의 모든 남성과 여성들은 고대 스파르타식 교육방법에 따라 운동장에서 완전히 발가벗고 운동연습을 하는데, 종족번식 문제를 담당하는 부서의 감독 공무원들은 이를 통해 어떤 남성과 여성이 신체적·정신적 구조에 있어서 서로를 잘 보완할 수 있는가를 식별한다. 예를 들어, 몸집이 크고 아름다운 여성은 몸집이 크고 힘있는 남성과 결합시키고, 뚱뚱한 여성은 마른 남성과 결합시킨다. 또한, 지적인 남성은 발랄하고 생기 있는 여성과 결합시키고, 민첩하고 화를 잘 내는 남성은 뚱뚱하고 행동이 느린 여성은 결합시킨다. 이를 통해 국가는 '태양의 나라'의 모든 남성과 여성이 서로

종족 유지와 좀 더 건강하고 선량한 후손을 얻기 위해 중요한 일이기 때문에, 개인의 결단에 맡겨질 수 없고 국가에 의해 통제된다.[21]

이처럼 국가가 개인의 결혼과 자녀 출산에 정책적으로 관여하는 행위 이면에는 인간의 선량한 성품이란 인간의 후천적 노력을 통해 이루어지는 것이라기보다, 선천적 본성으로 주어지는 것이므로 애초부터 악한 인간을 소멸하고 선천적으로 선한 인간이 태어나도록 조처해야 한다는 생각이 전제되어 있다.

앞서 논한 근대 고전적 유토피아니즘에 대한 구상의 이면에는 이성의 지배를 받는 인간은 이성적이어서 다른 사람과 함께 살아갈 수 있는 가장 좋은 방법을 발견할 수 있으며, 세계의 모든 악한 일을 제거할 수 있다는 확신이 자리하고 있었다. 즉, 유토피아의 시민들은 이성적이기 때문에, 이성에 따라 행동하고, 국가가 그들에게 요구하는 모든 것을 행하며, 다른 사람에게 결코 해가 되는 일을 하지 않을 거라는 신념에 근거하였다.

그러나 유토피아니즘은 점차로 초심을 잃고 반기독교적·무신론적 형태로 발전하게 되었다. 결국 이성을 중시하는 고전적 유토피아니즘은 이성보다 강력한 행동을 중시하는 정치적 유토피아니즘으로 발전하게 되었다.

가 서로를 잘 보완하도록 유도한다. 위의 책, 131f.
21 '태양의 나라'의 거주민들이 국가의 결정에 따라 결혼하게 되면, 아이를 출산하는 시기도 역시 국가가 결정한다. 국가의 정책과 계획을 통해 출생한 어린아이들은 2년 동안 어머니의 젖을 먹고 자라다가, 2년이 경과하면 국가가 아이들의 양육과 교육을 책임지게 된다. 위의 책, 133.

3. 정치적 유토피아니즘 – 맑스주의의 희망

근대 고전적 유토피아니즘이 형성된 지 약 300년 후 산업혁명이 숨 가쁘게 진행되는 가운데 정치적 유토피아니즘, 곧 맑스주의(Marxism)가 탄생하였다. 맑스주의는 인간을 비인간화시키는 모든 형태의 소외현상을 극복함으로써, 평등하고 자유로운 세계를 지향하는 정치적 유토피아니즘의 대표적 형태이다.

맑스주의의 주창자인 칼 맑스(K. Marx)는 유대인 랍비의 손자로 태어나 17세 때까지만 해도 유대교와 함께 기독교 전통을 존중했던 것으로 전해진다. 그러나 그는 법학을 공부하다가 철학으로 전공과목을 바꾼 후 23세에 철학박사 학위를 받았는데, 이 박사논문의 서설에서 "나는 모든 신을 증오한다"라고 기술함으로 무신론자로 자처하기 시작하였다. 맑스가 무신론자로 선회한 주요 원인은, 그의 가족이 유대인으로서 받았던 온갖 수모와 소외, 부당한 대우와 억울함에 기인한다.

그러다가 맑스는 1844년 "헤겔의 법철학 비판을 위하여"(Zur Kritik der Hegelischen Rechtsphilosophie) 라는 논문을 통해 종교가 "인민(민중)의 아편"이라고 혹독히 비판하게 되었다.

> 종교란 억압받고 있는 인민의 한이요, 심장 없는 세계의 심장이요, 영혼 없는 환경의 영혼이다. 그것은 인민의 아편이다.[22]

한 걸음 더 나아가 그는 종교를 인간이 만들어 낸 사회생활의 병적 증상으로 규정하기에 이른다. 결국 맑스는 당시 산업혁명의 소용돌이 속에서

---

22 K. Marx, *Zur Kritik der Hegelischen Rechtsphilosophie*, Marx-Engels Studien ausgabe, Bd. I, 17.

기본적 인권을 유린당한 채 인간 이하의 비참한 생활을 하던 노동자들의 참상을 목도하면서 1848년 『공산당 선언』(Manifest der Kommunistischen Partei)을 발표하고 공산주의를 주창하게 되었다.

1) 자본주의 사회에서의 소외현상

맑스는 자본주의 사회에서 지배계급과 피지배계급, 유산계급과 무산계급 사이의 격차와 대립이 극대화된다고 예언하였다. 양 계급 간의 사회적 모순과 대립은 맑스가 말하는 '소외'의 개념에 잘 나타난다.

(1) 노동자 자신이 생산한 생산품으로부터의 소외

산업화된 사회에서 노동자는 그의 노동력을 상품으로 제공하고 이에 대한 임금을 받는데, 노동자가 생산한 생산품은 유통과정을 거쳐 하나의 상품으로 시장에 출시된다. 그런데 노동자는 자본가와 맺은 계약에 따라 단지 임금만을 받을 뿐이지만, 자본가는 유통과정에서 많은 이문을 남기고 생산품을 판매함으로써 막대한 이득을 취하게 된다.

이에 노동자가 노동하면 할수록, 자본가의 재산규모는 더욱 커지고, 노동자의 경제적 능력은 더욱 빈약해지게 된다. 이리하여 노동자가 생산한 생산품은 노동자에게 '낯선 존재'로서, '소외된 상품'으로서, 곧 그가 받은 임금으로는 도저히 구입할 수 없는 상품이 되어 나타나게 된다. 이 상품은 노동자의 노동에 의해 생산되었음에도 불구하고, 노동자가 소유할 수 없을 뿐만 아니라, 그가 받은 임금에 비해 훨씬 더 큰 물질적 가치를 가진 상품이 되어 노동자를 억압하는 힘으로 군림하게 되는 것이다.

(2) 노동자 자신의 노동으로부터의 소외

자신의 생산품으로부터 소외된 노동자는 이제 자기 자신의 노동으로부터 소외당하게 된다. 본래 노동이란 인간이 자신의 자아를 형성하고 발전시키며 완성시키기 위한 수단이다. 그러나 노동자는 자발적으로 자아를 실현하기 위해 노동하지 않고, 가족을 부양하고 생계를 유지하기 위해 노동해야 한다. 그뿐만 아니라 자본가의 요구, 곧 이윤추구에 대한 욕구를 만족시키기 위해 강제적으로 노동해야 한다.

즉, 노동은 노동자 자신의 자아실현과 욕구의 만족이 아니라, 궁극적으로 다른 사람의 욕구를 만족시키기 위한 강제적 억압인 것이다. 그러므로 자본주의 사회에 있어서 노동은 '노동자의 퇴락'으로 나타나는데, 이는 노동자가 노동하면 할수록, 노동자 자신은 더욱 비참하게 되며 자신의 노동조차 자신의 것이 아니기 때문이다.

(3) 노동자의 자기 자신으로부터의 소외

자신의 노동으로부터 소외당한 노동자는 자기 자신으로부터 소외당하기에 이른다. 노동자는 노동을 통해 자신의 자유로운 정신적·육체적 에너지를 발전시키는 것이 아니라, 오히려 자신의 정신과 육체를 괴롭게 되므로, 그는 노동할 때에는 자기 자신으로부터 소외된 상태에 있게 된다.

노동이 더 이상 자기 자신의 실현을 위해서가 아닌 다른 사람의 욕구를 만족시키기 위한 강제적 억압이라는 것은 노동자의 내적인 문제와도 연관이 있다. 노동자는 노동을 통해 자신의 자유로운 정신적·육체적 에너지를 발전시키기보다 오히려 자신의 정신을 파괴하고 자신의 육체를 괴롭힘으로써, 그는 노동할 때에는 아무런 기쁨도 경험하지 못하게 된다. 그러므로 노동자는 노동을 하는 동안에는 자기 자신으로부터 소외된 상태에 있지만, 노동을 하지 않을 동안에는 오히려 진정한 자기 자신으로 돌아온 것처럼 느끼게 된다.

(4) 인간으로부터 인간의 소외

　인간은 인간을 포함한 모든 대상을 소유의 대상으로 관찰하고, 인간 자신도 다른 사람에 의해 그의 소유 정도에 따라 관찰되고 평가됨으로써, 인간으로부터 인간의 소외가 야기된다. 소외의 현실은 노동자 개인에게 국한된 것이 아니라, 이웃과 이웃의 관계에 이르기까지 발전하게 된다.

　다시 말해, 소외된 노동을 통해 형성된 경제적 관계, 곧 자본과 노동, 자본과 상품, 노동과 상품 등의 관계는 단지 경제적 차원에서 끝나는 것이 아니라, 인간 상호 간의 관계를 결정하게 된다. 그리하여 인간은 모든 대상을 소유의 대상으로 관찰하고, 인간 자신도 다른 사람들에 의해 그의 소유 정도에 따라 관찰되고 평가된다.

　그러므로 인간은 서로 인격으로 순수하게 만나는 것이 아니라, 계산에 의해 인간관계의 테두리를 정함으로써, 이 테두리에 속한 사람들과 관계할 뿐이며 그 외의 사람들을 소외시키게 된다.

2) 혁명을 통한 유토피아의 실현

　맑스는 이러한 소외의 현실 속에서 유산계급과 무산계급 사이의 대립과 반목이 더욱 심화되고, 무산계급의 확대가 전 세계적 범위로 발전하게 된다고 생각하였다. 즉, 소수의 유산계급자들이 사회의 지배계급으로 군림하여 자본을 독점하고 부유한 생활을 누리는 반면, 대다수의 무산계급자들은 사회로부터 소외되고 천대받으며 빈곤을 벗어나지 못하는 현실의 악순환이 지속된다는 것이다.

　그러다가 자본주의 단계가 그 절정에 도달하게 되면, 자본주의 자체 내에서 위기가 일어나게 될 거라고 맑스는 예언하였다. 즉, 자본이 점점 더 유산계급자 소수에 의해 독점됨으로써, 그 결과 더 많은 무산계급자가 발생하여 굶주림에 허덕이는 생존의 위기에 봉착하기에 이른다.

이러한 위기상황 속에서 최소한의 생존유지만을 위한 저임금을 받는 노동자들은 생존의 위협을 더 이상 견디지 못하고 그들의 권리를 찾고자 세계 도처에서 단결하게 된다. 이렇게 단결한 노동자들은 세계 도처에서 노동자들을 규합하고 조직화하여 '공산당'으로 발전하게 된다는 것이다.

이제 무산계급 출신의 사람들로 구성된 공산당이 '공산주의 혁명'을 주도함으로써, 기계들을 파괴하고 공장들을 불태우며 모든 생산수단과 기구들을 전복시킨다. 그리하여 사회의 상부구조[23]는 파괴되고, 공산당을 중심으로 한 무산계급이 공산주의가 완전히 실현될 때까지 사회를 지배하게 될 거라고 맑스는 예언하였다.

3) 맑스주의가 추구하는 유토피아: 공산주의 사회

맑스가 역사의 목표이자 이상적인 사회로 상정한 유토피아, 곧 공산주의(共産主義) 사회는 다음과 같은 모습을 지닌다.

(1) 공산주의 사회는 사유재산이 철폐된 사회, 곧 모든 생산기구와 소유물이 모든 사람에게 공동으로 귀속되어 있는 사회이다. 즉, 모든 생산활동이 사회의 계획에 따라 조정되며, 모든 사람은 그의 필요에 따라 생활용품을 공급받는 세계이다.

(2) 공산주의 사회는 인간을 특정하고 제한된 활동의 범위에 구속시키는 분업제도(分業制度)가 철폐되고 노동의 억압으로부터 해방된 사회이다. 즉,

---

23 맑스에 의하면, 세계는 상부구조와 하부구조로 구성되어 있다. 상부구조는 문화·예술·법률·철학·종교·도덕 등 인간의 정신세계를 결정하는 형이상학적이고 이데올로기적 구조인 데 반해, 하부구조는 인간의 생산활동과 관계를 맺는 사회의 본질적 구조, 곧 경제구조를 말한다.

노동이 생계를 유지하기 위한 강제적이고 억압적인 수단이 아니라, 인간이 자신의 자아를 실현하고 발전시키며 완성시키기 위한 자유스러운 매개체가 되는 세계, 노동의 모든 강제적 억압으로부터 자유로워진 세계이다. 그리하여 모든 사람이 각자 자신이 원하는 일을 할 수 있는 세계이다.[24]

(3) 공산주의 사회는 사회계층 간의 대립과 갈등이 더 이상 존재하지 않는 사회, 곧 '계급 없는 사회'이다. 사회계층 간의 대립과 갈등이 존재하지 않는 계급 없는 사회는 인간의 소외가 극복되고 자유가 실현된 세계이다. 한마디로 말해, 이 사회는 '자유의 나라'로서 이 곳에서 모든 사람은 평등하며, 어느 누구도 누군가를 지배하거나 다른 사람에게 의존하지 않는 세계이다. 또한, 유산계급의 특권과 지배, 무산계급에 대한 착취와 경제적 빈곤이 더 이상 존재하지 않는 세계이다.

(4) 공산주의 사회는 인간의 인간성이 회복되어 모든 모순과 갈등, 대립이 해소된 사회이다. 즉, 인간과 인간, 인간과 자연, 실존과 본질, 대상화와 자기활동, 자유와 필연 등 모든 형태의 모순과 갈등, 대립이 해결된 세계이다. 이로써 인간을 통한 그리고 인간을 위한 '인간 본질의 현실적 획득'이 이루어지며, 모든 인간이 인간적인 인간으로서 본래의 자신에게로 돌아가는 세계이다.

---

[24] 강제적 노동의 억압으로부터 해방된 사회에 대해 맑스는 다음과 표현한다. "각자는 하나의 고정된 활동영역을 갖지 않고, 오히려 자신이 좋아하는 분야에서 자아를 실현할 수 있다. 사회가 전반적인 생산을 조정하기 때문에, 나는 내가 하고 싶은 대로 오늘은 이것을 하고, 내일은 저것을 하며, 아침에는 사냥을 하고, 오후에는 낚시를 하며, 저녁에는 가축을 돌보고, 저녁식사 후에는 담론을 할 수 있다. 그러나 사냥꾼이나 고기잡이나 목축업자나 비평가가 될 필요는 없다." K. Marx/E. Engels, Feuerbach, *Gegensatz von materialistischer und idealistischer Anschauung*, Fischer Taschenbuch, Bd. 6059, 97.

(5) 공산주의 사회는 국가와 국가들 상호 간의 모순이 사라진 세계이다. 즉, 공산주의 사회에 있어서 개인의 자연적인 관심사와 사회의 자연적인 관심사가 일치함으로써, 유산계급을 옹호하기 위해 무산계급을 억압하는 수단이었던 국가가 소멸되는 세계이다. 그리하여 국가 대신에 자유로운 개인들의 자발적인 조합 안에서 모든 사람이 참된 공동체를 이루는 세계이다.

(6) 공산주의 사회는 하나님과 종교가 더 이상 존재하지 않는 사회이다. '자유의 나라'인 공산주의 사회에서는 경제적 관계에서 파생되는 긴장과 불안이 해소됨으로 인해 참된 인간성이 실현되기 때문에, 종교에 대한 의식 자체가 소멸되며 종교에 대한 필요성이 없어지게 된다. 그러면 소외의 현실 속에서 환각제 역할을 했던 "민중의 아편"[25]으로서의 하나님은 소외 현실의 소멸과 함께 자동적으로 사라지게 된다.

4) 맑스주의에 대한 문제제기

사실 맑스만큼 세계의 사회·경제적 구조를 예리하게 분석한 사상가도 없을 것이다. 그의 학문적 독창성과 예언적 통찰력, 자본주의 사회에 대한 해석과 사회학적인 여러 분석은 인류 역사상 그 유례를 다시 찾을 수 없을 정도로 특출하다고 말할 수 있다. 맑스의 사상은 세계사를 형성함에 있어

---

[25] 맑스에 의하면, 종교는 인간으로 하여금 비인간적 소외의 현실을 보지 못하게 하고, 기만적이고 환상적인 행복을 약속하는 "민중의 아편"이다. 즉, 종교는 인간의 관심사를 피안의 세계에 두게 함으로써, 소외의 현실을 묵인하거나, 더 발전하도록 도와주는 소외의 방조자일 따름이다. 특히, 기독교는 역사상 지배계급과 피지배계급을 양분화하여 현존하는 불의한 사회체제를 유지시키는 데 기여하는 가운데 인간으로 하여금 불의한 현실을 개혁하기보다, 현실을 도피하여 내세에서 위안을 얻도록 유도하였다. 이에 맑스에게 있어서 종교는 피지배계급에 대한 지배계급의 항구적 착취를 위한 제도적 도구이다.

서 중요한 요인이 돼 왔고 모든 비판에도 불구하고 존속하므로, 우리는 맑스의 탁월성을 인정하지 않을 수 없다.

2003년 독일의 주요 공영방송사인 ZDF가 각 분야에서 가장 존경받을 만한 자국민 100인의 인물들을 선정했는데, 그들 가운데 맑스가 2위로 선정된 것을 볼 때, 아직까지도 독일인들이 맑스에 깊이 각인되어 있음을 알 수 있다.[26]

그러나 우리는 맑스가 주창한 공산주의 이론에 대해 다음과 같이 문제 제기할 수 있다.

(1) 맑스는 자본주의 사회의 비인간적인 상황인 소외현상이 극복되고 인간이 자유롭고 가치 있는 존재로서 생존하는 사회가 실현되기 위해서는, 혁명을 통해 반드시 공산주의 사회가 이루어져야 한다고 주장하였다. 그러나 혁명 없이는 무산계급자들의 소외가 개선될 수 없다고 본 맑스의 관점은 너무 극단적이라고 말할 수 있다.

왜냐하면, 자본주의 사회가 여러 가지 문제점을 가지고 있음은 사실이지만, 맑스의 예언과 달리 자본주의 사회에서는 자신의 문제점을 해결하고 사회를 민주화시키려는 다방면의 대책들이 자체적으로 등장함으로써, 무산계급자들의 소외현상이 점차로 개선돼 가고 있기 때문이다.

예를 들어, 노동조합의 결성을 통한 노동자들의 권익보호, 기업체의 자본과 경영에 있어서 노동자들의 참여, 노동자들의 후생과 복지를 위한 다양한 대책, 자본가와 경영자의 분리 등의 시책이 실시됨으로써, 노동자와 자본가의 갈등을 최소화하려는 움직임이 자본주의 사회 자체 내에서 일어나고 있다.

---

26 참고로 1위에 선정된 인물은 독일의 정치가 콘라드 아데나워(K. Adenauer)이며, 3위는 종교개혁자 마르틴 루터(M. Luther)이다.

또한, 교육의 균등한 기회로 말미암아 이른바 지배계급과 피지배계급의 관계가 유동적이라는 것이 오늘날 많은 자본주의 국가의 현실이다. 그러므로 맑스가 예언한 것과 같은 극한적인 소외의 현상이 자본주의 사회에서 비록 느린 속도이기는 하지만, 점차로 개선돼 가고 있다. 물론 자본주의 사회 속에 나타나는 노동자들의 소외현상이 아직도 심각한 것은 사실이지만, 공산주의 사회에서 나타나는 소외현상이 자본주의 사회의 그것에 비해 훨씬 더 비인간적인 현실이라는 비판이 제기되고 있다.

(2) 맑스가 이상적인 세계로 생각한 공산주의 사회는 인간을 특정한 활동영역에 얽어매는 분업, 강제적 노동의 억압이 철폐된 사회이다. 그러나 분업화된 인간의 직업이 인간의 삶을 단순화시키고 무의미하게 만드는 것은 사실이지만, 그렇다 하여 맑스가 말한 것처럼 일정한 직업 없이 "아침에는 이것을, 저녁에는 저것을 내가 하고 싶은 대로" 할 수 있는 사회가 도대체 실현 가능한 일인지 문제제기하지 않을 수 없다.

더욱이 모든 직업이 나날이 전문화되어 가는 현대 세계에 있어서, 인간이 특정한 활동영역에 종사하는 분업이 철폐된 사회는 비현실적이고 실현 가능성이 없는 하나의 공상에 불과하다고 말할 수 있다. 일정한 직업 없이 자기 마음대로 이것저것을 하며 하루를 보내는 일은 과거의 어느 공산주의 국가에서도 실현된 적이 없었고 또한 현재에도 없다(현재에도 없으며 앞으로도 없을 것이다).

오히려 개인의 적성과 관심사를 철저히 무시하고 국가의 합목적성에 의거하여 개인의 직업을 결정하고 강제노동을 시키는 현상이 공산주의 국가에서 나타나고 있음을 볼 때, 우리는 이를 통해 맑스의 이상이 실현 불가능한 환상이었음을 알 수 있다.

(3) 공산주의 사회가 도래하면 사회계급이 철폐된다는 맑스의 진단은, 허구라는 사실이 현실로 입증되었다. 왜냐하면, 공산주의자들은 늘 노동자와 농민계급을 우선시하고 이들의 복리를 위해 투쟁하는 것처럼 선전하지만, 실상 노동자와 농민계급은 뒷전으로 밀려나고, '새로운 지배계급', 곧 무제한의 권력과 폭력을 휘두르는 공산당원이 공산주의 사회를 지배하기 때문이다. 그러므로 '계급철폐'라는 구호는 자본주의를 타도하고 공산주의자들 자신들의 정권을 장악하기 위한 하나의 구실에 불과하다는 비판이 설득력을 얻고 있다.

　(4) 이상 세계인 공산주의 사회에서 모든 모순과 갈등이 해결되고 인간의 진정한 인간성이 회복된다는 맑스의 예언은, 사실상 빗나갔다고 볼 수 있다. 공산주의 사회에 있어서도 인간은 여전히 자기중심적 욕망에 얽매어 있는 이기적인 인간, 곧 죄인이기 때문이다. 이러한 자기중심적인 욕망이 해결되지 않는 한, 인간의 세계 속에 죄와 악이 끝나지 않을 것이며, 이웃과의 갈등과 투쟁이 계속될 것이다. 이 갈등과 투쟁은 자본주의 사회에서는 물론 공산주의 사회에서도 무수히 일어나고 있다.
　역사상 공산주의 사회 내에서 일어났던 권력투쟁과 부패는 맑스가 진단한 것과는 전적으로 반대되는 현상이다. 공산주의 국가의 생산활동과 생산량이 저조한 근본적인 이유도 인간의 이기적인 욕망에 있다고 말할 수 있다. 즉 노동의 결과로 얻어지는 수확이 자신의 것이 되지 않고 공동의 것이 된다고 할 때, 개인의 생산의욕은 저하될 수밖에 없는 것이다.

　(5) 공산주의 사회에서 국가가 소멸될 거라는 맑스의 예언은, 현실성 없는 하나의 이상론에 불과하다. 통제 권력으로서의 국가의 형태는 오늘날 자본주의 국가에서보다도 공산주의 국가에서 더욱 강화되고 있기 때문이다. 즉, 공산주의 사회의 국가는 그 어떠한 법률에 의해서도 구속을 받지

않는 무제한의 권력과 폭력을 휘두르고 있는 것이 현실이다.

　더욱이 국가의 절대적 권력, 국가와 특정한 당, 곧 공산당을 거의 동일시함으로써 일어나는 특정한 계층의 절대화, 노동자계급을 희생시키면서까지 형성된 공산당원이라는 '새로운 지배계급', 국가 자본주의, 이러한 현상은 자본주의 국가에서보다도 공산주의 국가에서 더 심각한 문제로 부각되기 때문이다.

　(6) 인간이 하나님을 부인하고 종교를 철폐함으로 인간적인 인간의 세계를 형성할 수 있으며, 또한 하나님과 종교 없는 세계가 역사의 목표라는 맑스의 견해는 무책임한 주장이다. 왜냐하면, 인간이 초월적인 존재를 부인하고 종교를 폐지할 때, 인간의 세계는 개신되는 것이 아니라, 오히려 더욱 더 비인간적인 세계가 될 수 있기 때문이다.

　하나님의 존재가 부인되고 종교가 폐지될 때, 인간의 자기중심적이고 이기적인 욕망을 억제시키고 이를 선하게 변화시킬 수 있는 길이란 더 이상 존재하지 않게 될 것이다. 또한, 비록 모든 것이 부족함이 없는 완전한 사회가 실현된다고 할지라도 인간의 죽음은 결코 사라지지 않는데, 이 죽음으로 인해 초래되는 삶의 무의미와 절망감은 모든 인간의 현실적인 문제이자 종교적인 문제이다. 이러한 죽음의 문제의 해결은 오직 종교에 의해서만 가능하다고 말할 수 있다. 좀 더 구체적으로 말해, 죽음을 넘어서는 존재, 곧 신, 절대자에 의해서만 해결 가능할 것이다.

　그러므로 맑스가 하나님의 존재를 부인하면서 제시한 역사의 목표는 죽음의 문제를 해결할 수 없으며, 이러한 문제가 해결되지 않는 한 역사의 목표가 도래했다고 말할 수 없다.

　맑스는 역사의 발전과 함께 종교가 자동적으로 소멸될 거라고 예견했는데, 맑스 사후 여러 공산주의 국가는 종교가 자동적으로 소멸되도록 방치하지 않고, 의도적으로 폐지시키고자 종교에 대한 온갖 억압정책을 시행하였다. 특히, 구소련에서 시행됐던 반종교적인 법률과 선전의 강화, 무신론에 관한 과목의 필수과목화, 교회의 폐쇄, 신학교육기관의 폐쇄 등은 역사상 전례가 없는 인권의 침해였다고 말할 수 있다. 이는 맑스가 구상했던 인간의 인간화, 인간의 자유와는 전적으로 모순되는 현실이다.

기독교의 입장에서 볼 때, 인간이 모든 것을 지배하는 세계, 하나님 없는 인간의 세계는 결국 인간의 지옥으로 변하기 마련이다. 그 까닭은 하나님 없는 인간은 결국 자기중심적 욕망을 벗어날 수 없는 죄인이기 때문이다. 무엇보다도 하나님 없는 인간의 세계는 죽음을 넘어서는 희망이 없으므로, 인간의 죽음과 함께 모든 것이 끝나 버리며, 그러면 이 세계는 허무와 무의미와 절망의 세계가 될 것이기 때문이다. 그러므로 인간이 참으로 인간다운 인간, 자유로운 인간이 되고자 한다면, 인간의 종교적 자유도 허용되어야 할 것이다.

4. 유토피아니즘의 전반적 문제점과 위험성

1) 인간의 본성에 대한 지나친 낙관주의

유토피아에 대한 토의에 있어서 항상 논란이 되는 것은, 인간의 본성에 관한 문제이다. 유토피아 사상가들은 인간이 본질상 선하나, 외부의 상황으로 인해 악하게 된다고 생각한다. 혹은 인간은 중립적 존재이므로, 외부의 사회구조가 올바르면 인간도 그에 따라 올바르게 행동할 것이며, 사회구조가 잘못되면 인간도 그에 따라 잘못된 행동을 할 거라고 생각한다.

이는 유토피아 사상가들이 사회구조란 인간의 가장 내면적인 데에 이르기까지 영향을 끼치며, 인간은 그의 사고와 행위에 있어서 사회구조와 질서를 위시한 주변세계에 의해 결정된다고 확신하기 때문이다. 이에 유토피아 사상가들은 인간이 본질적으로 선하다는 것을 지나치게 확신하는 가운데 모든 악의 책임을 전적으로 주변상황에 전가시키는 경향이다.

그들은 특히 공동체 생활을 파괴하는 근원적 악인 이기심이 모든 시민이 동등한 권리를 누리며 평등하게 살아가는 사회·경제적 상황에서는 사라지게 될 거라고 확신한다. 사유재산이 공유되고 사회계층 간의 격차가 해소되며 모든 인간이 자신에게 적합한 정치·경제·사회적 지위를 얻게 되면, 인간의 심성이 변화되고 그에 따라 윤리적 행동도 달라지게 된다는 것이다. 그러나 유토피아 사상가들은 인간의 본질적 선에 대해 지나치게 낙관적인 데 반해, 인간의 공격적이고 악한 본성에 대해서는 아무것도 알고자 하지 않는다.[27]

물론 외적인 주변세계가 인간의 심성을 형성한다는 것은 의심할 여지가 없는 사실이어서, 물질의 소유 여부가 인간의 행동을 결정할 수도 있다. 여기서 우리가 질문하고자 하는 것은 인간의 내면과 외부상황, 이 둘 중에서 어느 것이 일차적이고 결정적으로 중요한 것인가의 문제이다.

유토피아 사상가들은 인간이 본질적으로 선하다는 것을 확신하는 가운데 모든 악의 책임을 전적으로 인간이 그 안에 몸담고 있는 주변상황에 전가시키지만, 좀 더 깊이 생각해 볼 때, 죄악의 근본적 원인은 단지 외적 상황에만 있지 않다. 사실 외적 상황이 죄악의 동기가 될 수는 있으나, 악의 근원적 뿌리는 주변세계의 조건에 있는 것이 아니라, 우선적으로 인간 자신 안에 있다고 말할 수 있다.

이는 인간이 단지 외적인 영향만으로 인해 악하게 될 수 없으며, 단지 외적인 상황만으로 인간을 변화시킬 수 없다는 사실이 경험을 통해 입증되기 때문이다. 그러므로 인간의 행동을 근본적으로 결정하는 것은 외부상황이라기보다, 인간 자신이 그의 주변상황을 만들어 간다고 볼 수 있다.

---

[27] 곽혜원, 『현대세계의 위기와 하나님의 나라』(서울: 한들, 2008), 238.

이러한 사실에 근거하여 우리는 인간이 단지 외부의 영향만으로 악하게 된다고 말할 수 없는데, 그 실례를 유토피아 사상가 자신 안에서 발견할 수 있다. 1917년 11월 구소련의 공산주의 혁명을 주도했던 레닌(W. I. Lenin)은 함께 혁명을 일으켰던 사람들이 본래 참된 인간이 아니었음을 분명히 목도하면서, 인간이 이 땅 위에 하늘을 세울 수 없다고 냉정히 평가하였다. 이에 그는 자신의 한 저서에서 다음과 같이 실토하였다.

> 노동자들은 새로운 세계를 건설한다. 그러나 그들 자신을 새로운 인간으로 변화시키지 않았다. 그들은 지나간 세계의 더러움으로부터 벗어나지 못하고, 오히려 그 속에 무릎까지 빠져 있다. 이 더러움으로부터 벗어난다는 것은 오늘도 하나의 꿈이다. 인간의 실천을 통해 사회주의 왕국을 하늘로 옮겨 놓으리라고 생각하는 것은 하나의 유토피아일 것이다.[28]

구소련의 유명한 반체제 작가이며 노벨 문학상 수상자인 솔제니친(A. I. Solzhenitsyn)도 외적 상황이 인간을 변화시킬 수 없다는 사실을 경험을 통해 뼈저리게 인식하면서 『암 병동』이라는 자신의 소설에서 이렇게 토로하였다.

> 우리는 성급하게 우리를 적응시켰으며 생산방법을 변화시키는 것으로 족하다고 생각했다(그러면 인간이 변화되리라고 생각했다. 그러나 그렇지 않았다). 인간은 조금도 변화되지 않았다.[29]

---

[28] W. I. Lenin, *Referat auf dem 2. Gesamtrussischen Gewerkschaftskongress*, Werke 28, 1972, 436.
[29] A. I. Solzhenitsyn, *Krebstation 2*, 1969, 137.

과거의 맑스주의자들은 자본가들의 소유를 몰수하고 무산계급에 대한 유산계급의 착취를 제거하면, 모든 면에서 좀 더 나은 인간이 형성되리라 믿었고, 전적으로 새로워진 사회가 도래하리라 기대하였다. 그러나 그들이 기다렸던 이상 세계는 맑스-레닌의 공산주의 혁명이 70여 년 지난 후 깊은 회의와 절망 속에 결국 붕괴되고 말았다. 오늘날 합리적 사고를 하는 그 누구도 맑스주의의 이상이 현실에 구현될 수 있으리라 믿지 않고 있다.

2) 인간의 자유와 존엄성의 폐기

인간에게 최대의 행복을 주고자 하는 유토피아니즘은 인간의 비인간화와 집단화를 통해 그 목적을 실현하고자 한다. 그런데 완전한 인간 존재란 자유와 존엄성, 참된 인격성을 향유해야 하는데, 개인보다 집단을 보다 중요시하는 유토피아니즘은 인간 존재를 상대화시킴으로써, 종국적으로 인간의 자유와 존엄성, 인격성을 폐기하는 우를 범한다.

이러한 유토피아니즘에서 인간은 한편으론 유토피아를 적극적으로 만들어 내는 주체이지만, 다른 한편 유토피아에서 지배를 받는 대상에 불과하다. 즉, 유토피아에서 인간은 자기 자신이 만든 계획과 규칙으로 인해 인간으로서의 고유한 가치와 존엄성과 인간성을 상실한다. 인간은 많은 일에 있어서 스스로 선택하거나 결단하지 못하며, 오히려 자신에게 하달되는 집단의 권위적 결단에 복종해야 하는 미미한 존재로 전락하고 만다.

모든 것이 이미 집단에 의해 정확하게 계획되고 확정돼 있으므로, 인간은 완전한 의미에서의 인격이 아닌 집단이라는 거대한 기계의 톱니바퀴와도 같은 존재라고 말할 수 있다. 이처럼 인격체로서의 가치를 상실하고 언제나 전체 속에 자신을 결속시켜야 하는 인간에게 인격적 자유가 허용될 수 없다.

유토피아에서는 집단의 권위에 의해 개인의 자유와 존엄성, 인격성이 제한당함으로 인해 인간과 인간 사이의 관계도 달라지게 된다. 유토피아니즘은 인간과 인간의 인격적이고 생동적인 관계를 허용하지 않고, 사회와 인간, 집단과 인간의 관계만을 허용하는데, 이 관계가 인간과 인간 사이의 관계를 결정하게 된다. 그러므로 유토피아에서 인간은 더 이상 이웃과 순수하고 인격적인 관계를 맺지 못하게 된다. 즉 나와 너의 대칭관계, 이웃에 대한 개인의 사랑과 책임이 사라지고, 개인과 집단의 관계만이 지배하게 된다.[30]

집단에 의해 인간의 자유와 존엄성이 말살된 모습은 조지 오웰(G. Orwell)의 『1984』에 극명하게 나타난다. 이 소설에는 "대양주 국가"라고 하는 컴퓨터에 의해 조작되고 이데올로기에 의해 형성된 국가형태가 나온다. 여기서 인간은 인격체로 존재하지 못하고, 완전히 기계화된 국가에서 국가가 시키는 대로 복종하는, 단지 국가기계의 부속품에 불과한 존재로 묘사된다.

① '대양주 국가'에서는 당이 모든 지배권을 행사하는데, 당에 대한 충성 이외에 어떠한 충성도 허용되지 않는다.
② 당에 의해 지배되는 중앙 관료 정치는 공포의 경찰을 앞세워 개개인의 사생활을 감시하고 내탐한다.
③ '대양주 국가'에서의 일과표는 엄격하게 규격화돼 있는데, 이를 어기는 사람은 정확하게 시간을 지키도록 경고를 받는다.
④ '대양주 국가'에서는 어떠한 사생활도 허용되지 않아, 일하거나 잠자는 시간 외에 혼자 있으려는 성향은 위험스러운 것으로 간주된다. 무제한의 여행은 원칙상 금지되며, 폭동을 위한 규합과 당의 정책에 불

---

[30] N. Berdjajew, *Das Reich des Geistes und das Reich des Cäsar*, 1952, 133-137.

응하지 못하도록 하기 위해, 편지는 배달 전에 개봉되어 내용을 검사 받아야 한다.
⑤ '대양주 국가'에서는 학문, 예술, 문학 등이 불필요한 것으로 간주된다.
⑥ '대양주 국가'에서는 인간 사이의 정상적인 인격적 관계가 불가능하여, 부모와 자식, 남자와 여자 사이의 모든 인간적 결합도 단절된다. 이곳에서는 실질적 사랑의 삶이란 존재하지 않으며, 당원들 사이의 혼인은 당위원회에 의해 허락받아야 하는데, 결혼의 유일한 목적은 당을 위해 봉사하기 위해 사용될 자식을 낳는 데 있다. 이와 같이 극단적 형태의 유토피아 사회는 이상적 세계를 만든다는 명목으로 인간의 자유와 존엄성, 인격성을 침해하고 비인간적 사회를 형성한다.

3) 폭력의 정당화

폭력의 위험성은 고전적 유토피아니즘보다는 정치적 유토피아니즘인 맑스주의에 주로 해당된다. 인간 이하의 비참한 생활을 하는 노동자들의 참상을 목도하면서 이들을 자본가들의 억압과 착취로부터 해방시키고자 했던 맑스의 본래적인 의도는, 세월이 경과하면서 점차로 비인간적 정치 이데올로기로 변질된다. 급기야 맑스의 유토피아니즘은 공산주의 사회라는 소위 역사의 최고 목표를 이루기 위해 수단과 방법을 가리지 않으며 폭력도 정당화하는 이론으로 전락하고 만다.

역사상 공산주의자들은 소위 '인민의 해방'이라는 명분 아래 일반인들의 양심으로는 도저히 생각조차 할 수 없는 온갖 형태의 테러와 살인, 파괴행위를 감행하였다. 그리고 나서도 그들은 털끝만큼도 양심의 가책이나 죄의식을 느끼지 않는데, 이는 '공산주의자의 신조' 제10항이 다음과 같이 명시하기 때문이다.

어떠한 행위도(예컨대 살인이나 양친의 밀고라도) 공산주의의 목적에 도움이 되면 정당화된다.

레닌도 다음과 같이 말한 바 있다.

공산주의자는 법률위반, 거짓말, 속임수, 사실은폐 따위를 예사로 해치우지 않으면 안 된다.

이에 구소련의 공산주의자 스탈린(J. Stalin)은 공산주의 혁명을 주도할 당시 자기 동족 2천만 명을 무자비하게 학살하였다. 스탈린 이외에도 중국의 모택동(毛澤東)은 중국의 공산화를 위해 동족 수백만 명의 생명을 희생시켰으며, 캄보디아의 대량 학살자 폴 포트(P. Pot)도 자기 동족 2백만 명 이상을 살해하였다. 물론 자본주의 사회에서도 인간의 억압과 착취가 있어 왔지만, 공산주의 사회에서의 인권유린은 상상을 초월한다고 말할 수 있다.

그러므로 많은 학자가 인간이 주체가 되어 인간의 힘과 노력으로 지상에 유토피아를 건설하려는 무신론적 희망은 가장 위험스러운 정치적 이상이 될 수 있다고 경고한다.

왜냐하면, 무신론적으로 유토피아를 추구하는 사람들은 수단과 방법을 가리지 않고 그들의 계획을 실천하려는 극단주의에 빠지거나, 자신들의 힘으로는 도저히 계획한 바를 완성할 수 없음으로 말미암아 체념과 회의주의, 자포자기 속에서 결국 인간성이 철저히 말살당한 지옥을 만들 수 있기 때문이다. 이러한 사실은 공산주의 작가들이 유토피아를 구상한 소설들이 여실히 입증하고 있다.[31]

---

[31] 구소련의 공산주의자 삼야틴(I. Samjatin)은 그의 소설 『우리』(We)에서 인간의 삶을

그러나 무엇보다도 공산주의 사회의 비인간적이고 냉혹한 현실이 이를 잘 증명한다. 이에 반해 하나님을 역사의 주체로 믿는 가운데 '하나님 나라'를 지향하는 기독교의 희망은 인간의 책임적 행동을 강조하지만, 궁극적으로 하나님의 도우심으로 새로운 세계를 열 수 있다고 믿으며 마지막 결과를 하나님에게 전적으로 맡기기 때문에, 끝까지 희망을 간직할 수 있다. 그리고 기독교의 희망은 인간을 그 어떠한 것으로도 대체할 수 없는 하나님의 사랑의 대상이자 귀중한 피조물로 간주함으로써, 참된 인간화를 지향한다.

5. '하나님 나라'에 대한 희망에서 비추어 본 유토피아니즘의 희망

성서가 표상하는 '하나님 나라'는 사람들이 모든 물질을 함께 나누고 모든 소유물을 공유하며 함께 더불어 살아가는 세계이다.

자율성을 철저히 박탈당한 노예와 같은 삶으로 묘사하였다. 여기서 인간의 하루는 완전히 고정돼 있어, 수백만의 사람들이 같은 시간에 기상하여 같은 시간에 같은 음식을 먹고 같은 시간에 일을 시작해서 같은 시간에 일을 끝낸다. 그러고 나서 그들은 음악 공장의 확성기로부터 울려 나오는 행진곡에 맞추어 '모범적으로 4열로 줄을 지어' 산보해야 하고 정해진 시간에 교육을 받아야 하며 정해진 시간에 취침해야 한다. 정해진 시간과 장소 이외의 다른 시간과 장소에서 발견되는 사람은 체포된다. 집들은 투시될 수 있도록 건축되었기 때문에, 감시자들은 항상 모든 사람이 정해진 규정을 잘 준수하며 사는지 여부를 감독할 수 있다. 이처럼 거주민에게 개인적 시간이 허용되지 않는 이유는, 개인적 자유가 주어지면 인간은 범죄한다고 생각되기 때문이다.
헉슬리(A. Huxley)의 소설 『멋진 신세계』(Brave new world)에서도 인간은 자유를 박탈당하고 이미 완성된 행동의식에 적응된 존재로 묘사된다. 여기선 가족이란 단위가 없는데, 이는 가족이 사회의 진보를 저해하는 요소로 간주되기 때문이다. 이에 사랑과 고통, 진리와 아름다움과 같은 감정은 용납될 수 없다. 그뿐만 아니라 인간은 더 이상 사랑으로 잉태되어 분만되는 것이 아니라, 사회의 필요에 따라 기계적으로 대량 생산되고 사회에 투입되기 위해 제작된다. 더욱이 더 나은 인간을 개량하기 위해 기형아들과 이들을 출산한 어머니들은 잔인하게 살해당한다.

> 믿는 사람이 모두 함께 지내면서 모든 것을 공동으로 소유하고 재산과 소유물을 팔아서 모든 사람에게 필요한 대로 나누어 가졌다(행 2:44-45, 표준새번역).

> 많은 신도가 다 한 마음과 한 뜻이 되어서 누구 하나도 자기 소유를 자기 것이라고 하지 않고 모든 것을 공동으로 사용하였다(행 4:32, 표준새번역).

유토피아 또한 사유재산의 공유를 시행함으로써, 모든 소유물이 모든 사람에게 공동으로 귀속되는 사회이다. 그러나 유토피아니즘이 사유재산을 강압적 법과 사회구조, 폭력행위 등을 통해 강제적으로 금지하는 것과 달리, '하나님 나라'에서는 결코 강제적 억압에 의해서가 아닌, 상호 간의 사랑과 긍휼에 의해 동기부여된 자발적 의지에 따라 소유물을 서로 나눈다.

모두가 자원하는 심령으로 하나가 된 '하나님 나라'에서는 인종 vs. 인종, 민족 vs. 민족, 지배계급 vs. 피지배계급, 부자 vs. 가난한 자, 남성 vs. 여성 등의 대립과 차별이 진정으로 극복된다. 즉, '하나님 나라'는 인간의 가치와 존엄성, 인격성이 그 자체로서 인정되는 세계, 참된 자유와 평등이 실현된 곳이다.

> 유대 사람이나 그리스 사람이나, 종이나 자유인이나, 남자나 여자나 다 차별이 없습니다. 그것은 여러분이 그리스도 예수 안에서 다 하나이기 때문입니다(갈 3:28, 표준새번역).

유토피아니즘도 사회계층, 소유 여부, 성별 등을 초월하여 개개인의 평등을 추구하는 세계, 억압과 착취로부터 자유로운 사회를 지향한다. 그러나 유토피아니즘은 개개인을 집단에 강압적으로 귀속시키는 획일적 통제, 인격성의 말살을 통해 평등을 실현하고자 하며, 더욱이 명목상으로는 억압으로부터 자유로운 계급 없는 사회를 추구하지만, 실제로는 소수의 특정 계급(공산당)이 새로운 지배자로 군림하여 다수의 피지배계급을 착취한다. 이에 반해 '하나님 나라'는 개개인이 지닌 인격적 존재의 특수성을 결코 배제하지 않고, 오히려 인간 존재의 다양성과 상이성(고전 12:12-26)[32]을 존중하는 가운데 인간의 평등을 실현한다.

모든 인간 존재를 존중하는 '하나님 나라'에 대한 희망은 예수 그리스도 안에서 전적으로 변화된 새로운 피조물, 곧 새로운 인간에 대한 기대를 가진다.

> 누구든지 그리스도 안에 있으면, 그는 새로운 피조물입니다. 옛것은 지나갔습니다. 보십시오, 새것이 되었습니다(고후 5:17, 표준새번역).

유토피아니즘 역시 기존의 사회구조의 변혁을 통해 새로운 사회구조를 계획할 뿐만 아니라, 새로운 사회형태의 요구에 상응하는 새로운 인간상을 기획한다. 그러나 유토피아에서 새로운 인간이 국가의 엄격한 통제와 관리 아래 강제적이고 획일적으로 사육되는 데 반해, '하나님 나라'에서 새로운 인간은 결코 강압적이고 획일적인 틀에 따라 사육되지 않고, 자원하는 회개와 예수 그리스도 안에서 성령의 새롭게 하심을 통한 인격적인 변화를 통해 이루어진다.

이제 '하나님 나라'와 유토피아니즘의 근본적 차이점은 더욱 현격하게 벌어진다. 유토피아니즘에서는 인간이 역사의 주체인 반면, '하나님 나라'에서는 하나님이 역사의 궁극적 주체이다. 전자에서는 인간이 자신의 힘

---

[32] "몸은 하나이지만 많은 지체가 있고 몸의 지체는 많지만 그들이 모두 한 몸이듯이, 그리스도도 그러하십니다(12절). … 하나님께서는 몸을 골고루 짜 맞추셔서 모자라는 지체에게 더 풍성한 명예를 주셨습니다. 그래서 몸에 분열이 생기지 않게 하시고, 지체들이 서로 같이 걱정하게 하셨습니다. 한 지체가 고통을 당하면, 모든 지체가 함께 고통을 당합니다. 한 지체가 영광을 받으면, 모든 지체가 함께 기뻐합니다"(24-26절).

으로 모든 것을 계획·실천함으로써 역사의 목적, 곧 유토피아를 완성하고자 한다. 이에 반해 후자에서는 물론 인간이 책임적으로 계획하고 행동하지만, 궁극적으로 하나님의 도우심으로 새로운 세계를 열어 갈 수 있다고 믿는다. 그러므로 '하나님 나라'를 지향하는 사람들은 '하나님 나라'가 궁극적으로 초월적인 하나님의 능력, 곧 역사의 주체이신 하나님 자신으로 말미암아 완성되며, 인간 존재와 이 세계가 완전성에 도달하게 될 거라고 확신한다.

역사의 주체가 누구인지에 대한 사고는 역사를 대하는 마음가짐을 결정하기도 한다. 역사상 대부분의 유토피아 사상가들은 유토피아를 실현하기 위해 자신들의 계획을 무리한 방법으로 실현하려는 극단주의에 빠지거나, 자신들의 힘으로는 계획한 바를 도저히 완성할 수 없음으로 말미암아 체념과 회의주의, 절망과 허무주의에 빠지기도 했다.[33]

그러나 '하나님 나라'를 추구하는 사람들은 마지막 결과를 역사의 주체이신 하나님께 전적으로 맡기고 하나님의 도우심을 의뢰하기 때문에 끝까지 '하나님 나라'에 대한 희망을 간직할 수 있다.[34]

유토피아니즘은 인간의 본성을 지나치게 선한 것으로 낙관하거나, 중립적인 존재로 인식한다. 이에 반해 성서는 인간의 선함에 대해 긍정하면서도 본질적으로 인간을 죄인으로 규정한다(롬 3:10). 전자는 외적 주변세계가 악하기 때문에 인간이 악해진다고 생각하는 데 반해, 후자는 인간이 악하기 때문에 주변세계가 악해질 위험이 있다고 생각한다(막 7:15-16).

전자는 정치·경제·사회구조가 변화될 때만이 인간이 변화될 수 있다고 생각하는 반면, 후자는 개개인이 변화될 때에야 비로소 인간의 상황과 세계 전체가 개선될 수 있다고 생각한다. 그러므로 유토피아니즘은 정치·경

---

[33] 김균진, "희망의 하나님 - 희망의 종교", 『몰트만과 그의 신학 - 희망과 희망 사이』, 「한국조직신학논총」 제12집, 한국조직신학회 엮음, 60f.
[34] Cf. 김명용, 『현대의 도전과 오늘의 조직신학』(서울: 장로회신학대출판부, 1997), 223f.

제·사회구조의 변혁을 위한 프로그램을 강력히 주장한다. 물론 성서에는 사회구조와 지배계층의 변혁을 촉구하는 메시지들이 많이 있지만, 성서는 원칙상 정치·경제·사회구조의 변혁 이전에 인간의 회개와 변화가 일차적으로 선행되어야 함을 선포한다(마 4:17). 이것은 상황이 새롭게 변화됨에 있어서 언제나 장애가 되는 것은 인간 자신이기 때문이다.

인간에게 최대한의 행복을 주려는 유토피아니즘은 결과적으로 인간의 비인간화와 집단화를 통해 이 행복을 실현하고자 한다. 왜냐하면, 유토피아니즘은 인간 존재를 목적을 위한 수단 내지 도구로 생각함으로써, 인간의 인격성을 말살하고 그의 가치와 존엄성과 자유를 폐기시키기 때문이다.

이에 반해 '하나님 나라'에서 인간은 그 어떠한 것으로도 대체될 수 없는 하나님의 귀중한 사랑의 대상이자 하나님의 피조물로 간주된다. 그러므로 '하나님 나라'에서 인간은 결코 비인간화되거나 집단화되지 않고, 오히려 인간의 진정한 인간화가 이루어지게 된다. 즉, 모든 인간은 죄와 죽음의 율법으로부터 자유케 하신 예수 그리스도의 구원의 행위를 통해 자유에로 부르심을 받았다(요 8:36; 롬 8:2; 고후 3:17; 갈 5:13).

유토피아니즘은 자연의 생태계를 배제한, 단지 인간만을 위한 이상 세계를 구현하고자 한다. 이것은 구소련과 동유럽, 중국, 북한 등 공산주의 국가에서의 환경오염 및 환경파괴가 자본주의 사회의 실태보다 훨씬 더 심각하다는 사례가 이를 잘 입증한다.

이에 반해 '하나님 나라'에 대한 희망은 인간만이 아니라, 자연의 모든 피조물을 포괄하는 총체적 희망 속에서 전 인류와 자연의 모든 피조물이 하나님의 사랑과 자비와 정의와 평화 속에서 함께 더불어 행복하게 살아가는 세계를 지향한다. 즉, 모든 피조물의 생명이 하나님 앞에서 보호받고 장려되는 세계, 인간이 자연 안에 있고 자연이 인간 안에 있으며, 인간과 자연의 모든 만물이 하나님 안에서 '형제자매 관계', '친구 관계'에 있는 세계를 지향한다. 그러므로 '하나님 나라'는 인간과 인간의 평화, 인간과 자연의 평화, 하나님과 세계의 평화가 완성된 세계이다(cf. 사 11:6-9[35]).

6. '하나님 나라'에 대한 희망과 인간세계에 대한 책임

앞서 논한 바와 같이, 유토피아니즘이 성서가 제시하는 '하나님 나라'로부터 유래함으로써, 양자 사이에는 미세한 공통점도 있지만 차이점이 월등히 더 많이 존재한다.

그러나 유토피아니즘과 '하나님 나라'를 지향하는 기독교의 희망 사이에 현격한 차이점이 존재한다는 것은, 유토피아니즘이 희망하는 것을 기독교가 모두 반대해야 함을 의미하지 않는다. 오히려 기독교는 유토피아니즘을 통해 이 세계의 불의하고 잘못된 현실을 개혁해야 할 필요성과 지향점을 부여받을 수 있다. 물론 기독교는 유토피아니즘이 인간의 자유와 존엄성을 박탈하고 모든 수단과 방법을 동원하여 폭력도 정당화하며 하나님의 자리에 인간을 대체시키면서까지 유토피아를 이 땅 위에 세우고자 한다면, 이를 단호히 거부해야 할 것이다.

또한, '하나님 나라'는 어떤 특정한 사회형식과 동일시될 수 없고, 어떤 기존하는 사회질서에도 상응하지 않으며, 역사적인 발전과정을 통해서 실현되지 않는 것은 사실이다. 특정한 사회형태와 사회질서가 '하나님 나라'의 오심과 동일시될 때, 무서운 폐쇄 사회, 독재 사회로 변모할 수 있음은 역사가 증명하기 때문이다. 그리고 '하나님 나라'는 초월적인 하나님의 능

---

[35] "그 때에 이리가 어린양과 함께 살며 표범이 어린 염소와 함께 누우며 송아지와 어린 사자와 살진 짐승이 함께 있어 어린 아이에게 끌리며 암소와 곰이 함께 먹으며 그것들의 새끼가 함께 엎드리며 사자가 소처럼 풀을 먹을 것이며 젖 먹는 아이가 독사의 구멍에서 장난하며 젖 뗀 어린 아이가 독사의 굴에 손을 넣을 것이라. 내 거룩한 산 모든 곳에서 해 됨도 없고 상함도 없을 것이니 이는 물이 바다를 덮음 같이 야훼를 아는 지식이 세상에 충만할 것임이니라."

력, 곧 역사의 주체되신 하나님 자신으로 말미암아 완성되는 것도 사실이다. 비록 우리 인간이 우리 자신과 이 세계 안에 주어진 모든 가능성과 능력을 유감없이 발휘한다고 할지라도, 우리의 존재와 이 세계는 언제나 불완전한 것으로 존속할 것이며 '하나님 나라'와 결코 동일시될 수 없을 것이다.[36]

그렇다 하여 세계를 도피하는 은둔자적·방관자적 자세로 아무것도 시도하지 않으며, 하나님께서 모든 것을 해결해 주실 거라는 생각에서 정치적·사회적 침묵주의에 빠지는 것은 책임적 그리스도인들의 올바른 자세가 아니다.[37] '하나님 나라'가 하나님 자신의 초월적 능력으로 말미암아 온다는 것은, 우리 인간이 아무것도 행할 필요가 없다는 것을 의미하지 않기 때문이다.

이에 우리는 '하나님 나라'를 하나님의 은사로서 기다려야 하는지, 아니면 보다 나은 세계를 이루기 위해 세계 안에서 일어나는 사건에 적극적으로 개입하고 상황을 변화시켜야 하는지를 양자택일적으로 생각해선 안 될 것이다. '하나님 나라'에 대한 종말론적 희망과 이를 실현하기 위한 인간의 실제적 노력은 양자택일의 문제가 아니다. 하나님의 주권에 대한 기다림과 희망, 세계의 모든 영역에 있어서 보다 나은 상황을 만들기 위한 인간의 실천적 노력은 서로 모순되지 않는다.[38]

이는 예수께서 가르쳐 주신 주기도 가운데 "(하나님의) 나라가 임하옵시며"라는 기도와 "오늘 우리에게 일용할 양식을 주옵시며"라는 기도가 결코 모순되지 않은 것과 유사하다.

우리는 하나님께서 언제나 인간과 함께, 인간을 통해 그분의 구원의 역사를 이끌어 가시는 것을 확실히 믿는다. 하나님 나라는 분명 하나님 자신

---

36 김균진, 『기독교 조직신학 V』(서울: 연세대출판부, 1999), 605.
37 G. Friedrich, "유토피아와 하나님 나라", 96.
38 위의 책, 97.

의 행위를 통해 임하지만, 인간의 동역자(同役者)를 필요로 한다는 사실은 성서에 분명히 나타난다.[39] 우리는 성서에서 하나님이 언제나 인간과 함께, 인간을 통해 그의 구원의 역사를 이끌어 가시는 것을 확실히 믿는다. 하나님의 약속을 받은 사람들은 단지 기다리기만 한 것이 아니라, 하나님이 약속하신 바를 얻기 위해 행동했던 것이다. 그들은 수동적인 태도가 아니라, 긴장으로 가득하여 깨어 있었고 서둘러 맞으러 나아갔던 것이다.[40]

이에 하나님은 하나님의 뜻을 이루시기 위해 인간을 부르시고 변화시키면서 그의 역사에 개입시키신다. 그러므로 '하나님 나라'에 대한 희망과 기다림은 좀 더 나은 사회체제를 건설하려는 그리스도인의 실천적 노력과 긴밀한 연관성 속에 있다고 말할 수 있다. 즉 '하나님 나라'의 오심은 '하나님 나라'를 추구하는 사람들의 참여와 구체적 실천을 필요로 하며 이를 통해 구체화된다.[41]

'하나님 나라'를 건설하고자 하는 그리스도인의 실천적 노력과 관련하여 우리는 한평생 '하나님 나라'를 모든 말씀과 사역의 중심으로 삼으셨던 예수 그리스도께서 명하신 '이웃 사랑의 계명'(마 22:39)을 오늘의 상황 속에서 좀 더 폭넓게 재해석해야 할 필요성이 있다.[42]

이웃을 사랑하라는 계명은 우리 주변의 구체적인 상황 속에서 단순히 인격적으로만 이웃을 사랑하라는 것을 의미하지 않는다. 모든 시민이 사회를 함께 형성해야 하고, 함께 책임을 짊어진 민주주의 국가에서 이웃 사랑의 계명은 정치·경제·사회적, 생태학적 차원을 갖는다. 즉, 민주주의 국가 속에서 살아가는 그리스도인은 정치와 경제, 사회의 모든 영역 그리고

---

39 곽혜원, "예수 그리스도의 '하나님 나라'에 대한 종말론적 이해: 위르겐 몰트만의 메시아적 종말론에 입각한 하나님 나라 이해를 중심으로", 「신학과 교회」 제12호(2019, 겨울), 66.
40 김균진, 『종말론』, 375.
41 김균진, 『기독교 조직신학 V』, 605.
42 곽혜원, 『삼위일체론 전통과 실천적 삶』(서울: 대한기독교서회, 2009), 8f.

생태계의 영역에서 좀 더 인간적이고 정의로운 상황을 형성하도록 끊임없이 노력해야 할 의무를 갖는 것이다.

그러므로 이웃에 대한 사랑의 계명을 단지 가까운 이웃에게 개인적으로 도움을 베푸는 좁은 방식으로 제한하는 것은 오늘의 시대상황 속에서 예수의 계명의 본래적 의미와 정신을 잘못 이해하는 것이다. 왜냐하면, 그리스도인은 가난과 소외와 불의와 억압이 사라지고 사랑과 평화와 정의와 자유가 지배하는 사회, 곧 '하나님 나라'를 이 땅에 건설하는 일에 참여하도록 하나님께로부터 부르심을 받았기 때문이다.[43]

우리가 좀 더 나은 세계를 이루기 위해 실천적 노력을 기울이는 와중에도 '하나님 나라'가 임하기를 간절히 구하는 기도를 결코 잊어선 안 될 것이다. 기도는 우리 인간이 도무지 아무것도 변화시킬 수 없다는 체념과 절망, 자포자기에 빠지지 않게 하며, 모든 불의한 수단과 방법을 동원하여 하늘을 이 땅 위에 세우고자 하는 유혹으로부터 우리를 지켜 준다.

하나님을 역사의 주재자로 믿는 그리스도인은 기도를 통해, 하나님의 도우심으로 새로운 세계를 이루어 갈 수 있다고 믿으며, 또한 마지막 결과를 하나님께 전적으로 맡기기 때문에 끝까지 희망을 간직할 수 있다. 하나님께 모든 것을 맡기는 사람은 다른 모든 사람처럼 이 세계의 다가오는 위험 앞에서 걱정하고 불안을 느끼지만, 결코 염세주의에 빠지지 않는다.[44]

그는 자신의 행함이 아무 열매를 거두지 못할지라도 실망하거나 좌절하지 않고, 오히려 '하나님 나라'의 궁극적 오심을 하나님께 맡기고 기다리면서 인내심을 가지고 예수 그리스도의 명령을 실천한다. 그는 자신에게 새 생명을 허락하신 그리스도에 대한 신실한 믿음 속에서 먼저 자기 자신을 변화시키고 자신이 실천할 수 있는 바를 묵묵히 실천에 옮긴다.

---

43 G. Friedrich, "유토피아와 하나님 나라", 98.
44 J. Moltmann, 『오늘 우리에게 그리스도는 누구신가?』, 이신건 옮김(서울: 대한기독교서회, 1997), 161-181.

왜냐하면, 그는 하나님께서 자신의 창조물을 결코 멸망하도록 내버려두지 않을 것이며, 종국적으로 모든 것을 그리스도 안에서 새롭게 회복시키실 것을 확실히 믿기 때문이다. 그러므로 파멸해 가는 이 세계의 위기상황 속에서도 하나님의 사랑과 자비와 의와 평화가 충만한 새로운 세계를 바라보는 사람은 위험 가운데서도 희망을 부여잡으며, 위험에 대항하여 희망 속에서 살아갈 수 있게 될 것이다.[45] 그리고 겸손한 마음으로 '하나님 나라'의 오심을 하나님의 손에 전적으로 맡기고 모든 영광을 하나님께 돌리며 살아가게 될 것이다.

---

45 J. Moltmann, 『생명의 샘』, 이신건 옮김 (서울: 대한기독교서회, 2000), 57-63.

유토피아적 기독교 혼합주의 종말론

이 동 주 박사

전 아세아연합신학대학교 선교신학 교수, 현 바이어하우스학회 회장

1. 서론

무신론과 맑스주의 사상은 오늘날 세계 인구의 5억을 포용하고 있는 WCC 기독교 연합 운동이나,[1] WCC 안으로 침투한 혁명신학과 가톨릭 지역으로 확산된 해방신학들의 바탕 모두에 깔려 있다.

공산주의자들의 목표가 전 세계로 차곡차곡 확산될 수 있었던 가장 큰 동기는 1960년대부터 독일의 프랑크푸르트 학파가 시작한 신맑스주의교육이었다.

신맑스주 태동의 배경은 본래 맑스가 생각했던 바와 같은 극빈자 계급이 연합한 세계 프롤레타리아가 혁명을 일으켜 새 사회를 만들 수 있다는 확신의 와해였다. 이는 환경이 개선된 노동자들이 혁명을 시도하지 않았

---

[1] http://blog.daum.net/dfgiyo/6087585 "140개국 349교단이 참여와 세계 5억여 인구가 WCC회원 지난 10월30일 부터 11월8일까지 부산 벡스코에서 총회 개최"
http://cafe.daum.net/aspire7/9zAE/2000?q=WCC%20%EC%9D%B8%EA%B5%AC

기 때문에 새 사회를 쟁취할 유혈 혁명이 동력을 얻지 못했다.

이 실패의 원인을 연구한 맑스주의 후예인 신맑스주의자들은 그들의 스승 맑스의 뜻을 받들어, 단번에 혁명이 일어나기를 기대하는 것이 아니라, 장기간 철저한 교육을 통해 혁명을 성취하려는 계획을 세웠고, 꾸준히 인내하고 대를 이어 가며 어린이들과 젊은 층에게 맑스주의 신교육을 주입했던 것이다.

그 효과는 확실하게 나타났다. 본래 기독교 터전이었던 유럽과 가톨릭 터전이었던 남미에서 각각 맑스주의 방법론을 수용한 신학자들이 해방신학과 혁명신학을 주창하고 맑스주의적 혼합 신학을 만들었다. 그들의 신학은 전통적 기독교의 교리적 신학이 아니라, "Doing theology"라는 해방 운동 내지 혁명 행동을 하기 위한 '행동신학'이었다.

그들은 성경적인 하나님의 나라 대신 경제적 사회적 정치적인 해방을 '하나님의 나라'로 규정하고, 신학을 사회악 또는 구조악으로부터 해방된 물질적 해방과 자본주의 착취자들로부터의 해방으로 대체하였다. 우리나라에서도 중남미의 해방신학과 같은 민중의 해방을 추구하는 '민중신학'이 제창되었다.

유토피아라는 개념은 기독교에 아주 생소하다.

살아 계신 하나님은 우리와 함께 계시고 우리를 하나님의 나라로 초청하셨을 뿐만 아니라, 현재적으로 하나님의 나라가 우리 안에 거하고, 창조주의 영(성령)이 우리에게 오셔서 함께하시는 현장에 왜 우리가 하나님의 나라를 버리고 유토피아를 이 땅에 만들겠는가?

하나님의 나라가 위로부터 아래에 있는 우리에게 임하는 것과 대조적으로, 유토피아는 인간이 이 땅에 건설하려고 하는 이상 사회임을 알 수 있다. 즉, 왕이신 하나님이 있어야 왕국도 있고, 하나님이신 왕이 없으면 왕국도 없기 마련이다. 우리는 하나님이 통치하시는 곳을 '하나님의 나라'라고 하고, 왕국이라고도 한다. '유토피아'는 왕이신 하나님이 없기 때문에 결코 왕국이 아니고, 오직 절대자 하나님을 배제하고, 인간이 창설하고자 하는 거짓되고 헛된 이상 사회가 있을 뿐이다.

유토피아는 20세기 중반 맑스주의 사상이 서구 교회 안으로 잠입한 이래 1960년대 후반부터 개신교, 가톨릭, 정교회의 연합기관인 세계 최대 기독교 세력인 '세계교회연합회'(WCC)로 밀고 들어왔다. 그로부터 WCC를 통하여 대다수의 신학이 급진적으로 세속적이고 물질적이며 맑스주의적으로 변색되어 본래적인 복음적 신앙이 점차 성경과 복음과는 관계없는 행동주의적 혁명신학과 해방신학 등으로 변모하여 전 세계로 확산되고 있다.

필자가 이 글을 쓰는 목적은 교회로 침투한 맑스주의적 신학과 교육의 파고에 우리 젊은 세대와 미래 세대가 휩쓸려 생명을 얻는 복음의 구조를 받지 못하고 익사할 수 밖에 없는 현실에 매몰된 수많은 영혼에 대하여 크게 근심하면서, 참생명의 하나님이 위로부터 부어 주시는 사랑과 구원의 복음을 담은 참신학을 이 땅에 남겨 놓고 싶은 것이다.

필자는 본고에서 아래와 같이 1. 칼 만하임의 기독교 유토피아 이해, 2. 남미의 해방신학과 유토피아적 종말관, 3. WCC의 혁명신학과 유토피아, 4. WCC의 유토피아적 종말관, 5. 성경적 종말 전 역사와 마지막 종말: 예수 그리스도의 재림에 관해 다루고, 유토피아주의자들과 맑스주의자들도 구원을 받을 수 있는 하나님의 나라와, 죄악을 회개하지 않은 모든 불신자와 명목상 신자에게 하나님의 심판을 기억나게 하고, 근신하여 돌이킬 것을 강권하며, 왜곡된 혼합주의 종말론자들에게 경고하고자 한다.

2. 칼 만하임의 기독교 유토피아 이해

칼 만하임 (1893-1947)[2]은 헝가리 부다페스트에서 태어나 독일 국적을 가지고 하이델베르크대학교, 프랑크푸르트대학교에서 교수하다가 런던대학교 경제학대학에서 사회학을 강의했고, 런던대학교교육연구소에서 교육철학과 교육사회학 교수를 지낸 사회학자로서, 독일 중부 도시명으로 기념되고 있는 20세기 전반의 유수한 학자로 알려져 있다.

그는 『이데올로기와 유토피아』라는 저서를 통해 유토피아라는 개념이 어떻게 변화되어 왔는지와 이데올로기가 어떻게 유토피아가 되는지에 대해 심도 있게 연구하였다.

만하임은 이데올로기와 유토피아의 차이를 예를 들어 설명하면서, 일부 집단이 천국을 실현하려는 목표를 둔 것을 이데올로기라고 하고, 이 이데올로기를 실현시키려고 행동했을 때 유토피아가 된다고 정의한다. 즉, 사회를 변혁하고자 혁명을 일으킬 경우를 유토피아라고 설명한 것이다. 만하임은 "절대로 실현될 수 없을 것 같은 표상을 전부 유토피아"라고 한다. 그는 또 유토피아는 실현시켜 본 예가 없고, 존재하지도 않는 것, 실재하지 않는 것이라고 확언한다.[3]

일찍이 1920년대에 만하임은 아나키즘[4]의 원조를 기독교라고 보았다. 만하임은 성경적 "하나님의 나라"를 믿지 않음으로 인하여 기독교의 종말

---

2 https://100.daum.net/encyclopedia/view/b07m1468a
3 만하임(K. Manheim, 1893-1947) 『이데올로기와 유토피아』, *Ideologie und Utopie* (1929), 황성근 역, 삼성출판사, 1976, 423-438.
4 아나키즘(Anarchism, 무정부주의)이란 공산주의(맑스주의)와 동시대에 발생한 유토피아주의인데, 공산주의와의 차이는 공산주의가 유토피아를 건설하는 과정에서 임시로 프롤레타리아가 정복한 국가체제가 불가피하게 필요하다는 주장에 반대하여, 아나키즘은 혁명 과정이나 새 사회를 달성하는 과정에 어떤 국가나 정부도 필요하지 않다는 철저한 무정부주의를 주장하고, 국가를 포함한 모든 외부 지배와 세력을 거부하는 점이다. 또 무정부주의 사회를 이루는 방법도, 공산주의가 헤겔의 변증법과 같은 점진적인

론적 구원 섭리인 하늘로부터 임하는 '하나님의 나라'에 관해 알지 못하였으므로, 하나님의 나라도 일종의 유토피아라고 보았다. 만하임이 아는 기독교 구원관은 이 땅 위에 종말적으로 세워지는 "천년왕국"이다.

만하임이 하나님의 나라를 하나의 유토피아라고 보게 된 동기는 하나님의 나라를 준비한다고 농민봉기를 일으켜 무력으로 정권을 타도하려던 그와 동시대의 인물 토마스 뮌처 (1489-1525, Thomas Müntzer)와 그가 이끄는 재세례파 기독교인들의 천년왕국 구현 사상의 여파이다.[5] 토마스 뮌처는 가난하고 압제 받는 봉건 시대 농민들과 혁명으로 구시대를 타파하고 임박한 하나님의 나라를 예비하려고 했다. 만하임은 이 혁명을 프롤레타리아 혁명의 목표인 유토피아와 동일시하였다.[6]

토마스 뮌처는 1523년 독일 알슈테트에서 공동체 목사로 시무할 때 폭력에 의한 천년왕국의 건설을 설교하였다.[7] 그는 한때 면죄부에 대한 부정적인 견해로 마르틴 루터에 공감하여 그를 추종했으나, 루터의 추천을 받고 츠비카우교회의 사제로 일하게 되면서 돌변하였다. 뮌처가 이전에 담당했던 교회는 하층민 노동자들이 주류를 이루었던 반면, 이와는 대조적으로 새로 부임한 교회는 상류층과 중산층으로 이루어져 있었다. 이때 비로소 뮌처는 하층민의 비참한 삶과 고통을 실감하게 되었고, 이것을 계기로 급진적 사회개혁 사상을 가지게 된 것이다.

그는 하나님의 권위는 성서의 계시로 드러나는 것이 아니라 내면의 빛으로 드러난다고 역설하면서, 성서의 권위보다 성경의 내면적 빛을 더 우

달성을 추진하는 반면에, 아나키즘은 단 한 번의 총체적 유혈 혁명으로 유토피아를 건설해야 한다는 급진적 방법을 택하는 점이다. 그러나 아나키즘은 무정부적 무조직적 약점으로 인해 마침내는 흩어지게 되었다. 그러나 그들은 사라진 것이 아니라, 공산주의 혁명이 일어나는 모든 곳에 항상 급진적인 편으로 합세하고 있다.

5 만하임(K. Manheim), 『이데올로기와 유토피아』, *Ideologie und Utopie*, 449.
6 Ibid., 442.
7 https://ko.wikipedia.org/wiki/%ED%86%A0%EB%A7%88%EC%8A%A4_%EB%AE%8C%EC%B2%98

위에 두었다. 그는 루터가 맹목적으로 성경 문자에 의존하여 내적인 말씀을 억누르고, 오직 그리스도의 고난과 십자가만 강조한다고 비판하였다. 교회는 성령이 중심이 되어야 하므로 루터의 성경 중심적 개혁 운동은 잘못이라는 것이다.

그는 민중과 함께 고난을 받으시는 그리스도에 대해 설교함으로써 하층민의 지지를 받았다. 그는 "검을 들고 종교개혁을 이끌어라"라고 민중에게 외쳤다.[8] 뮌처는 이러한 주장을 하며 그 근거로서 모든 사람이 동등하게 지음 받았다는 것과 모두가 하나님 앞에서 제사장이라는 성경의 가르침을 들었다. 결국, 뮌처로 인해 독일 전역에서 봉기의 조짐이 보였고, 1525년 프랑켄하우젠에서 그는 만인 평등을 주장하며 농민들과 영주들 간의 전쟁을 벌였다. 그러나 그는 영주들의 군사력을 이기지 못하고 그 해에 동료 53명과 함께 처형당했다.[9]

맑스주의자들은 그를 농민반란의 지도자로 평가하며, 더 나아가 사회주의 혁명의 전통이 뮌처에서부터 시작되었다고 주장한다. 당시 종교개혁가들은 뮌처가 하나님의 말씀보다 신비주의와 영적 특성을 특별히 중시하였으므로 그를 이단이라고 보았다.[10]

만하임은 그의 책 『이데올로기와 유토피아』에서 "유토피아 중 어느 것도 실현시켜 본 예가 없다"라고 한다.[11] 칼 만하임은 유토피아주의자들은 시종일관 비판하고, 투쟁하고, 충돌하며, 상대방의 제 구조들과 신앙을 파괴하려고 치열하게 싸우고,[12] 만일 투쟁할 거리가 없으면 찾아내고 만들어

---

8 https://blog.naver.com/carlo8435/221938120021
9 https://blog.naver.com/carlo8435/221938120021
10 https://ko.wikipedia.org/wiki/%ED%86%A0%EB%A7%88%EC%8A%A4_%EB%AE%8C%EC%B2%98
11 만하임, K. 『이데올로기와 유토피아』, *Ideologie und Utopie*, (1929), 황성근 역, 삼성출판사, 1976. 438.
12 Ibid., 460.

계속 투쟁을 한다고 비판하였다. 유토피아적 사상은 과거의 문화와 사상과 억압받는 사회를 다 파괴해야 한다는 이념을 가지고 정치적으로 갈등하고, 이 정신에 사로잡히면 무의식적으로 부정직인 요소들만 보게 되어 사회의 현 상태를 정확하게 인식할 수 없게 되므로, 이런 사상은 위험하다고 하였다.[13]

만하임은 이러한 혁명정신이 기독교 신앙의 변질에서 비롯되었다고 평가하고, 혁명적인 폭발 후에는 격분과 이성을 상실한 광란이 남겨진다고 하였다.[14] 그는 이데올로기가 인간들을 혁명으로 내모는 것이 아니라, 혁명이란 황홀과 열광의 에너지가 폭발을 일으키는 것이라고 주장한다. 마치 독일 농민전쟁이 이념에 의해서 일어난 것이 아니라 훨씬 더 어두운 심층심리에서 일어난 것과 마찬가지라고 한다.[15] 만하임은 이러한 중세 기독교 일부 신비주의자들의 천년왕국 신앙을 기독교 유토피아 신앙으로 본 것이다

만하임은 하나님 나라가 임한다는 모든 기독교인의 신앙고백과 배치되는 주장을 하는 것이다. 즉, 천년왕국을 하나님 없이 사는 인간들 스스로가 만들어 내고자 하는 일종의 유토피아로 이해한 것이다.

만하임의 개념으로 기독교의 '천년왕국'이란 천지 창조로부터 지금까지 항상 만물의 통치자이시며 인류를 구원하시고 보존하시고 각각의 행위대로 심판하시는 하나님에 관하여 포괄적으로 파악하지 못하고, 다만 중세 봉건주의 시대에 고통받는 농민들을 압제자들로부터 해방하고, 종교와 사회 모두를 개혁하여 신정정치를 실현하고자 무력으로 농민반란을 이끈 토

13　Ibid., 285f.
14　Ibid., 443.
15　만하임, K. 『이데올로기와 유토피아』, Ideologie und Utopie, (1929), 황성근 역, 삼성출판사, 1976. 440f.

마스 뮌처의 행동에서 얻은 "천년왕국" 개념이다.[16]

  그러나 사실로 복음을 믿고 구원을 받은 우리 기독교인들은 항상 성령님과 동행하면서 (행 2;38) 이미 하나님 나라를 현재적으로 경험하며 살기 때문에, 인간이 세우는 유토피아에 희망을 둔 적이 없다. 그리고 기독교인들은 하나님께서 약속하신 대로 하나님의 나라에 들어갈 소망을 품고 있다.

  이는 인간이 지은 모든 죄악과 불법 행위들에 대하여 하나님께서 하나님의 방법으로 처벌하시고, 친히 하나님의 나라에 들어갈 수 있는 길을 마련해 주셨기 때문이다. 그 길은 죄와 허물을 용납하시지 않는 하나님께서 자신의 아들 독생자 예수 그리스도를 이 땅에 보내 주셔서 모든 우리의 죄악 (롬 1:18-32, 계 21:8)을 대신하여 그를 가장 무서운 사형죄로 집행하심으로 십자가에서 대속의 죽음을 당하게 하신 것이다.

  이 세상 예로 말하자면, 흉악범인 자기 아들이 사형을 받게 되었을 때 그 아버지가 온 재산을 다 정리하여 재판관에게 보석금을 지불하고 자기 아들의 사형죄를 면하게 해 주는 것에 비유할 수 있겠다. 하나님의 대속이나 인간의 보석이나 그 공통점은 죄의 값이 사형과 죽음이라는 것과 죄악은 속죄 아니면 어떤 것으로도 스스로 갚을 수 없다는 것이다. 하나님이 예수 그리스도 외에는 인간의 죄악을 도말 할 수 있는 어떤 구원자도 우리에게 주신 일이 없기 때문이다. 예수 그리스도만이 길이요 진리요 생명이심으로(요14:6, 행4:12), 우리는 하늘나라에 들어가기 위하여 우리 손으로 이 땅에 유토피아를 건설할 이유가 없다.

  유토피아를 포함한 모든 일반적 역사는 수평적으로 진행되지만, 하나님의 나라는 예수 그리스도의 첫 강림(탄생)과 두 번째 강림(재림), 그리고 오순절 날 성령의 강림 모두가 위로부터 아래로 진행되는 수직적인 역사다. 이는 하나님의 나라가 인간의 손으로 만들어지는 것이 아니라, 하나님이

---

16 Ibid.

인간의 역사 속으로 들어오심으로 인해 하나님과 인간의 단절됐던 관계가 다시 회복되어, 마귀와 인간에 의해 결박된 모든 억압과 고통에서 영원히 해방되고, 마침내 하나님의 나라로 들어가 주와 함께 영원히 살 수 있게 하심을 위한 것이다(계 21:1-7).

성경은 오직 하나님께서 친히 창조하신 백성들을 위하여 예비하신 하나님 나라를 알리고 있다. 예수께서 하신 첫 설교가 "하나님의 나라"가 가까이 임했다는 말씀이었다.

> 회개하라 천국이 가까웠느니라(마 4:17).

하나님의 나라는 인간이 만들 수 있는 것이 아니라 하나님이 창조하셔서 인간에게 주시는 것(임하는 것)이다.

하나님의 나라에 관해 다시 설명하자면, 하나님 나라는 첫째로 이 땅에 살고 있는 성도들에게 임하는 현재적인 하나님의 나라가 있고, 둘째로 예수께서 이 세상 끝날 살아 있는 자와 죽은 자를 심판하러 오실 때 완전히 이루어지는 종말적 하나님의 나라가 있다. 이 종말적인 하나님의 나라가 이루어지려면, 하나님의 나라를 부정하고 창조주 하나님의 존재까지 부인하며 대신 그 자리에 올라 인간 스스로 창조자의 행사를 도모하는 모든 유토피아주의자들의 죄악에 대한 심문과 그에 합당한 형벌의 집행이 선행되어야 한다(계 20:10-15).

하나님을 반역한 자들과 하나님께 순종하지 않은 자들에게 형벌을 집행하는 분은 인간의 죄악을 짊어지시고 십자가에서 처형당하셨다가 다시 살아나시고(부활하신) 재림하시는 우리 구주 예수 그리스도이시다. 하나님의 심판을 대신한 이 심판권이 예수 그리스도에게 양도된 이유는 그분이 우리 인간들을 대신하여 흉악한 죄의 값(형벌을)을 십자가에서 대신 받으신 까닭에, 이러한 하나님의 은혜와 사랑을 믿고 받아들인 사람들을 모두 구원하시기 때문이다(요 5:22-27).

하나님의 아들 예수 그리스도의 강림은 하나님 나라의 강림과 똑같은 것이다. 하나님은 왕이시고 통치자이시다. 그러므로 그분이 계신 곳이 왕국이고, 그분이 내려오심으로 하나님의 나라가 임한 것이다. 통치자가 있는 곳이 바로 그의 왕국이기 때문이다.

그러나 왕이신 예수께서 이 땅에 오심으로 모든 인류가 자동적으로 하나님의 나라에 들게 되는 것은 아니다. 모든 사람이 다 하나님의 창조물이지만, 왕을 떠난 사람은 왕국도 떠난 사람이 되므로, 하나님이 이 땅에 왕으로 오실지라도 그는 하나님의 나라 밖에 있게 되고, 따라서 하나님의 구원과는 아주 거리가 먼 것이다.

하나님은 모든 피조물에게 은혜를 베푸시고 필요한 것들을 선물로 주신다. 하나님은 약속하시고 그것을 성취하시는 방식으로 인간에게 구원을 베푸신다. 구약 시대 선지자 아모스에게 약속하신 말씀이 그렇다.

> 주 여호와께서는 자기의 비밀을 그 종 선지자들에게 보이지 아니하시고는 결코 행하심이 없으시리라(암 3:7).

이 땅에서 죄인들을 위해 구원의 길을 열어주신 예수께서는 하나님의 나라에 올리우시기 전에 제자들에게 하나님의 나라에 대한 약속을 하셨다.

> 너희는 마음에 근심하지 말라 하나님을 믿으니 또 나를 믿으라 내 아버지 집에 거할 곳이 많도다 그렇지 않으면 너희에게 일렀으리라 내가 너희를 위하여 거처를 예비하러 가노니 가서 너희를 위하여 거처를 예비하면 내가 다시 와서 너희를 내게로 영접하여 나 있는 곳에 너희도 있게 하리라(요 14:1-3).

이와 같이 하나님의 나라는 약속을 기다리는 자들에게 수직적으로 임하는 것이다.

위의 종말론들을 대조한 바와 같이, 유토피아와 하나님의 나라 간에는 일치하는 것이 하나도 없다. 유토피아의 건설자는 인간이고, 하나님 나라의 건설자는 하나님이시다. 유토피아는 죄가 아니라 고통을 피하려는 사람들이 만드는 곳이고, 하나님의 나라는 고통이 아니라 죄 사함을 받은 사람들이 들어가는 곳이다.

성경과 천년왕국 개념에 관한 이해는 모든 그리스도인들 사이에 동일하지 않지만, 모든 천년왕국을 기다리는 성경적 신앙인들의 공통적인 천년왕국 이해는, 세계가 진보해서 또는 인간이 만들어 내서가 아니라, 현재나 종말에나 동일하게 그리스도의 통치를 받고, 종말에는 이 땅이 아니라 하나님께서 창조하신 영원한 새 하늘과 새 땅에서 새로운 피조물이 된 모든 성도가 영원히 하나님을 찬양하며 섬기는 곳이다(계 21:1-5).

3. 남미의 해방신학과 유토피아적 종말관

공산주의와 무신론 사상은 서유럽, 남미, 북미, 아시아에 두루 확산되고, 기독교 세계로도 침투해 들어와 전통적 신학을 와해시키고 그 안에 맑스주의 사상을 채워 놓았다. 이러한 현상은 가난으로 신음하던 중남미의 해방신학과 WCC의 혁명신학, WCC의 유토피아 종말관에 두드러지게 나타났다.

종속이론이 출현한 남미의 배경은 그들 인구가 1825년에 2천만이었으나 1980년에는 3억 6천 8백만이나 된 것이다. 이러한 인구 급증의 원인은 수많은 이민자의 유입 때문이었고, 또 그들에 의해 수입된 노예만도 7백만이나 되었다. 1492년 이래 남미는 스페인과 포르투갈의 식민지가 되었고, 80퍼센트의 기름진 영토는 스페인의 소유가 되었고, 5-10퍼센트의 기름진 영토만이 원주민의 것이었다.

19세기 남미에서는 노예폐지 운동과 민주주의와 현대화가 시작되었다. 해방신학자 M. 보니노(Miguez Bonino)는 당시 남미인들이 개신교가 가톨릭-스페인의 상업 독점을 깨뜨리기를 기대했다고 기록하고 있다. 그러나 스페인으로부터의 독립은 또 다른 종속일 뿐이었다. 그들의 농산물은 헐값으로 수출되고, 대신 값비싼 가공품을 수입해야만 했다.

1930년 이래 이들은 극심한 경제적 위기에 놓이게 되어, 1978년의 외채는 1억 3천 2백만 불이었고, 1983년의 외채는 2억 9천만 불에 이르렀다. 브라질 인구 1억 2천 8만 명 중의 반수는 극빈자로서 기아에 허덕이게 된 것이다.[17] 교황 요한 바울 2세가 1979년 도미니카 국에서 연설하며 "부한 자는 빈익빈의 값으로 더욱 부유해진다"라고 주장한 바와 같이, 그들은 남미와 자본주의 국가들 사이에 부익부 빈익빈의 관계가 발생된 것을 발견하고 '종속이론'을 발전시킨 것이다.[18]

스페인 지배하에서 가톨릭 대륙인 남미에 흘러들어간 맑스주의 사상은 1955년 가난한 자들을 위해 새로운 '기초공동체'(Comunidades Ecclesiales de Base)들을 조직하였다. 이 공동체는 급속히 확산되어 브라질에서만도 8만 개나 되며, 남미는 물론 이태리와 홀랜드까지 확장되었다. "기초"(Base)라는 말은 "민중"(Folk) 즉 가난하고 착취당한 하층계급(proletaria)을 의미한다.[19]

해방신학에서 목표로 하는 해방의 이유는 착취라는 죄목에 있는데, 맑스주의자들이 유혈 혁명으로 이루어내려는 해방은 자본주의적 착취문화

17　Ökumene Lexikon, Frankfurt 1983, 741-744. Greinacher, N., Konflikt um die Theologie der Befreihung, Zürich 1985, 11-18.
18　Bonino, J. M., Theologie in Konfliket der Befreihung, Göttingen 1977. 17-26.
19　Frieling, R., Befreihungstheologien, Göttingen 1984, 158.

철폐와 착취자들(자본주의자들)을 구축한 후 비로소 이루어지는 것이라고 역설하였다. 이 '기초공동체'는 일시적인 프롤레타리아 독재자가 일어나 혁명을 완성한 후 이루어지는 새 사회인 유토피아적 무계급주의(무정부주의)를 완성하려는 의도로 설립된 것이다.[20]

"지배자가 없는 사회"는 아나키즘만이 아니라 '공산당 선언문'[21]에도 이미 선포되어 있다. 공의롭고 평등한 새 사회를 건설하려면 구시대적 정치, 문화, 사회, 경제 및 윤리까지 완전히 타파해야만 된다는 공통적 이념을 가지고 있다. 이들의 목표는 모든 권위를 부정한다. 그러나 프롤레타리아 독재의 권위만은 맑스가 확실하게 주장하고 있다.[22]

이 무정부주의 유토피아는 '공산당 선언문'(1848년)에 천명된 바와 같이, 착취와 계급으로 이루어져 있는 국가와 정부를 다 파괴한 후에야 비로소 "아래로부터"(프롤레타리아들로부터) 민중이 자발적으로 수립하는 공동체들의 연합(연방주의) 사회. 이 기초공동체는 "인간적인 삶의 조건을 창조하기 위하여 예수 그리스도의 이름으로 투쟁하는 공동체"이며, 함께 성경을 연구하고, 함께 불의에 저항하여, 착취를 종결짓기 위해 함께 투쟁하는 공동체이다.[23]

이 속에서 사회정치적인 '의식화'와 '투쟁의 영성' 훈련을 통하여 착취를 종결시키기 위함이다.[24] 이 투쟁하는 공동체를 훈련하는 두 가지 목적은 무력으로 자본주의와 착취자들을 타도하기 위한 혁명을 준비하는 것과 맑스주의적 유토피아를 건설하는 것이다.

---

20 1516년에 써진 토마스 모어의 공상소설인 유토피아는, 1960년대에 발생한 공산주의와 동시대에 발생한 아나키즘(Anarchismus)의 원조가 되었다.
21 https://blog.naver.com/ceb4747/221483748885
22 공산주의와 무정부주의의 차이는 프롤레타리아 독재자가 있는가 없는가이다.
23 참고: Melbourne 대회 제1분과, 14, 17항, 제3분과 12항, 제4분과 15, 16항.
24 Bayerhaus, P., *Ausbruch der Armen*, Bad Liebenzel 1981, 152.

브라질의 교육자이며 WCC의 교육국 자문위원인 P. 프레이리(Paulo Freire)는 '의식화'라는 민중교육론을 처음으로 사용하였다. 해방신학의 대부라는 페루의 신학자 G. 구티에레스(Gustavo Gutierrez, 1927-)[25]는 이 프레이리의 의식화론에 대하여, 문제를 알지 못하는 억압당한 단순한 사람들을 의식화(Bewußtseinsbildung)교육을 통해 비판적인 의식을 가지게 하고, 그들의 종속 상황을 파악하여, 스스로 자유화하고 사회를 변혁시키는 의무를 가지게 한다[26]고 설명한 바와 같다.

즉, 민중이 현실을 비판적으로 분석하고 파악하여 현실변혁에 능동적으로 참여할 수 있는 주체적 인간으로 만드는 데 그 목적을 두는 것이다. 그러므로 의식화는 '자유를 위한 교육'이라고 한다. 자녀들은 부모에 의해서 교육될 것이 아니라, 기초 공동체에 의하여 교육되어야 한다고 주장한다.[27]

자녀의 가정교육을 사회교육으로 바꾸려는 시도는 '공산당 선언문'에도 확고하게 의도하는 것이다. 공안당 선언문의 작자인 맑스와 엥겔스는 아동들을 가정에서 떼어내어 사회에서 교육해야 하는 이유가 "지배계급의 영향으로부터 교육을 구출"하려는 의도라고 한다.[28]

---

[25] 구티에레스: 페루 출신 사제, 해방신학 창설자, 미국 노틀담대학교 교수(1960-65), 리마가톨릭대학교 교수 역임.
[26] Gutierrez, G., *Theologie der Befreihung*, München 1986, 90.
[27] Prien, H. J., *Lateinamerika Bd 2*, Göttingen 1981. 166.
[28] http://blog.daum.net/skxogkswhl/17962353 '공산당 선언문' Hoffmann, M., "die Auflösung der Geschlechter Ordnung und die Gender-Ideologie", *diakrisis Schüpfungsordnung und Gender-Ideologie*, 29.Jg. Juni 2008. 86-91. 오늘날 많은 경우 신맑스주의적 프로그램대로 실행하는 서구의 자녀교육 프로그램으로 성 평등이라는 명분하에 어린 자녀들의 어머니들이 남성과 똑같은 일을 하고 똑같은 세금을 내기 위해서 일터에 나가야만 하는 성 평등주의가 만연해 어머니가 가정에서 자녀교육을 할 수 없고 낙태가 빈번해지는 사회현상이 일어난다. 오늘날 서구에서는 위와 같은 사유로 가정교육이 어려워진 상황을 이용하여 맑스주의는 자녀들을 탁아소에 맡길 것을 부추겨 그들의 목표대로 '성-해방교육'을 실시하여 맑스주의적 '새-인간'을 생산해 내는 것이다.

남미 기초공동체의 의식화교육을 통하여 해방신학자들이 바로 이곳에서 출현하였고, 이 공동체는 바로 그들에 의해 "교회의 모델"로 간주 되고, 맑스주의와 가장 가까운 남미의 '사회주의를 위한 기독교인'들 역시 이 그룹 소속이었다.[29]

처음으로 정치적 경제적 "해방"이라는 개념을 성경적인 "구원"이라는 말과 동일시한 구티에레스는 그들의 자원을 수출하고 가공품을 수입한 무역의 결과로 개발도상국인 라틴아메리카가 국제 자본주의에 종속되어 선진국과의 빈부 격차가 더욱 심화된 것을 지적했다.

그의 '종속이론'은 이 두 인간 그룹이 두 가지의 인간 형태가 되어 국제적인 계급을 형성하게 된 것이라 하였다. 그들은 종속 상황을 분석하고 이 분석을 통해 "국제적인 계급투쟁"을 이룩하지 않으면 안 된다는 것을 자각하고, 이제 집단적(Kollektiv) 사회변혁을 위한 정치적 행동을 하자는 것이다.[30] 1960년대에 따로따로 형성된 가톨릭과 개신교의 해방신학들 간의 공통점은 바로 이 '종속이론'이었다.[31]

해방신학과 맑스주의는 함께 손잡고 반자본주의와 아울러 반복음주의 운동을 펼치게 되었다. 구티에레스는 억눌린 피압박자들을 사회, 경제, 정치적인 억압으로부터 해방하기 위해 해방신학자들이 맑스주의로부터 물질적 사회 해석 방법을 도입했다고 말한다.

그는 먼저 사회구조를 변혁해서 질적으로 새로운 사회(neue Gesellschaft)를 건설해야 비로소 한 새로운 인간(neuer Mensch)이 생성된다는 유토피아를 희망하게 되었다. 이러한 사회를 건설하기 위한 문화 혁명을 일으켜야

---

29 Frieling, R., 156-160.
30 Gutierrez. G., 74-82.
31 Comblin, J., Theologie der Befreiung in Latenamerika, in : *Lateinamerika, Bd, 2.* hg. v. H. J. Prien, 16-21.

한다고 하였다.³²

바로 이 점이 먼저 새로운 사회를 건설하면 자동적으로 새로운 인간이 출현될 것으로 믿었던 맑스주의와 같은 사상이다. 그는 국제적인 계급투쟁을 통하여 이루어야 할 새로운 사회를 유토피아(Utopia)라고 하는데, 이 유토피아는 역사적인 "새로운 질서"이며, 문화 혁명과 같은 "역사 내적 운동"이고, 또 이것은 하나의 인간의 작품이라고 말하였다.³³

이러한 사상을 가진 구티에레스는 대화를 통해 기독교인과 맑스주의자들이 함께 공동의 적(자본주의)을 향해 투쟁해야 할 것을 주장하였다. 그는 라틴아메리카의 종속 상황의 원인이 되는 자본주의 사회구조를 변혁하기 위해 절대 투쟁해야 하며, 이 해방 운동의 진행 과정에서 혹 "공산주의자"라는 비난을 받게 되어도, 기력을 잃을 것이 아니라, 오히려 이러한 사회주의의 길에 대하여 긍정적이어야 한다고 주장하였다.³⁴

이러한 물질적이며 맑스주의적인 유토피아 사상은 그의 역사관에서도 발견된다. 구티에레스의 신학은 "하나님이 역사 안에서 활동하고 계시다는 것"을 전제하고 있다. 그도 역시 인간의 역사를 하나님과의 만남의 장소이며 또한 하나님의 성전이라고 주장한다. 교회만이 아니라 온 인류가 하나님의 성전이라는 것이다.³⁵ 그 이유는 하나님이 인간이 되셨기 때문이라고 한다.

---

32   Gutierrez. G., 228-232. Utopie ist Vorzeichen einer veränderten Ordnung dh. einer neuen Gesellschaft. Denn Utopie liegt auf der Ebene der Kulturrevolution und versucht als solche, eune neuen Menschentyp zu formen. ... neuen Menschentyp in einer veränderten Gesellschaft ... der eigentlichen Ort der Kulturrevolution dh. der kontinuerlichen Schaffung eines neuen Menschen in einer veränderten und solidarischen Gesellschaft.
33   Ibid., 193-233.. Heil ist eine innergeschichtliche Wirklichkeit.(p.140).
34   Ibid., 94-107.
35   Ibid., Die Menschheit als Tempel Gottes. (p.174). Seitdem Gott Mensch geworden ist, sind die Menschheit, jeder Mensch in ihr und die gesamte Geschichte lebendiger Tempel Gottes. Das "Profane" als das, was sich außerhalb des Tempels befindet, existier nicht mehr. (p.177f.).

그러므로 그의 견해에 의하면 하나님의 역사 내적 현재(Gegenwart Gottes in der Geschichte)는 보편적이고(universal) 총체적이다(ganzheitlich). 하나님이 어디든지 계시기 때문에 (wohnt überall) 기독교인만이 하나님의 성전이 아니라, 모든 인간이 다 하나님의 성전이라는 것이다. 그러므로 그는 하나님에 대한 회심을 "이웃을 향한 회심"(Bekehrung)으로 대체하며, 우리가 이웃과 관계할 때 거기서 하나님을 만난다고 한다.[36]

위에서 살펴본 바와 같이 남미의 해방신학자들은 친맑스주의 단체로서, 불의한 사회의 원인을 제거하기 위해 전략적으로 연합하고 투쟁하여 라틴아메리카의 사회구조를 철저하게 변혁하여 맑스주의적 유토피아를 건설하려고 하는 것이다.

이들도 라틴아메리카의 현실을 과학적(학문적)으로 분석할 수 있는 유일한 길이 맑스주의적 방법론이라고 생각하고, 해방은 오직 시민 국가의 파괴를 통해서만 가능하다고 본 고로 노동자계급의 집권을 위해 투쟁한다. 그뿐 아니라 교회의 모든 정치적인 중립은 불의의 현상을 조장한다고 비난하고, 자본주의 "거짓 신"인 사유재산, 자본, 식민적 민주주의, 시민적 자유, 소비 사회, 착취자를 숭배하는 "행복한 사람"과 투쟁할 것을 선언하였다.[37]

이 유토피아를 인간 스스로가 이 땅 위에 건설하기 위해, 함께 투쟁하고 변화시켜 나가야 하는 역사 내적 종말론을 주장함으로써, 기독교와 맑스주의가 서로 거리 없이 손잡게 하는 우를 범하였다.

---

36 Ibid., 179. Die Bekehrung zum Nächsten. Wenn die Menschheit und ion ihr jederMensch lebendiger Tempel gottes ist, dass begegnen wir Gott, wenn wir mit den Menschen in Kontakt treten...

37 Frieling, R., 152-147.

4. WCC의 혁명신학과 유토피아

해방신학과 맑스주의는 함께 손잡고 반자본주의와 아울러 반복음주의 운동을 펼치게 되었다. 1970년대 페루의 가톨릭 사제이며 해방신학의 상징적 인물인 G. 구티에레스(Gustavo Gutierrez)는 피압제자들을 사회, 경제, 정치적 억압으로부터 해방하기 위하여 맑스주의로부터 물질적 사회 해석 방법을 도입해야 한다고 주장하였다.

구티에레스는 먼저 사회구조를 변혁하여 질적으로 새로운 사회(neue Gesellschaft)를 조성해야 하고 이러한 사회를 건설하기 위한 문화 혁명을 일으켜야 한다고 하며, 공산주의 유토피아를 하나님 나라의 자리에 대체시켰다. 그는 국제적 계급투쟁을 통하여 이루어야 할 새로운 사회를 유토피아(Utopia)라고 하는데, 이 유토피아는 역사적인 "새로운 질서"이며, 문화 혁명과 같은 "역사 속의 운동성"이고, 또한 이것은 하나의 인간 작품이라고 역설하였다.[38]

해방은 오직 시민 국가의 파괴를 통해서만 가능하다고 보고 노동자계급의 집권을 위해 투쟁해야 한다는 것이다. 그뿐 아니라 교회의 모든 정치적 중립은 불의 현상을 조장한다고 비난하고, 교회가 투쟁해야 할 대상은 "거짓 신"인 자본주의의 사유재산, 자본, 식민적 민주주의, 시민적 자유, 소비 사회, 착취자를 숭배하는 "행복한 사람들"이라고 선언하였다.[39]

이렇게 철저하게 맑스주의와 손잡은 남미의 해방신학은 다른 상황화 신학들과, 산업선교, WCC의 혁명신학, 정치신학, 흑인신학, 민중신학, 여성신학, 제3세계신학, 바퀴의 신학(필리핀의 민중신학) 등의 소유격-정치-경제학으로 세상의 유행 신학이 되었다. 그리고 이 해방신학은 1966년

---

[38] Gutierrez. G., *Theologie der Befreihung*, München, 1986, 193-233..
[39] Frieling, R. *Befreihungstheologien,* Göttingen, 1984, 152-147.

WCC의 '교회와 사회 협의회'에 곧바로 영향을 미쳤다. WCC 내에 이러한 협의회가 창설되게 된 것이다.

우루과이(Uruguay)의 수도 몬테비데오(Montevideo)에 있던 개신교 해방신학자들 모임인 '라틴아메리카 교회와 사회'(Iglesia y Sociedad en America Latina = ISAL)의 영향을 받게 된 것이다. 이 협의회는 맑스주의와 가장 가까운 단체로서, 라틴아메리카의 혁명적 동향 속에서 기독교적 의미를 발견하려 하여, 무력 문제와 게릴라전과 맑스주의 문제를 다루고, 「기독교와 사회」(Christianismo y Sociedad)라는 잡지도 발간하고 있다. '라틴아메리카 교회와 사회'는 점차 중남미 여러 곳에 확산되었다.

WCC 내에도 이와 같은 '교회와 사회 협의회'가 세워지게 되었고, ISAL의 일원이었던 리차드 쇼올(Richard Shaull)이 이때 "혁명신학"을 주창한 것이다. 쇼올은 20년간 남미에 살았으나, 1962년 이래 미국으로 건너가 프린스턴대학교 교수로 있으면서 좌익과 연결되어 있었다.[40]

WCC의 '교회와 사회 협의회' 문서는 기독교인에게 혁명 계획을 위한 동역의 자유를 촉구하고, 기독교인들은 힘의 구조(Machtstruktur)에 대한 철저한 부정을 단언하기 위해 부르심을 받았다고 주장하였다. 그들의 목적은 세상을 새롭게 창조하는 데 있고, 교회는 언제 어디서나 그 역사에 참여하여 행동해야 한다고 기록하고 있다.

이들은 무력 사용에 대하여 말하며, 방어 방법으로 비폭력적인 방법이 합당하지만, 문제는 수백만을 억압하고 희생시키고 불의한 사회구조를 형성하는 비가시적인 무력에 있다고 하며, 무혈의 무력으로 온 백성을 영원히 절망시키는 것보다 차라리 유혈 혁명이 더 작은 악(ein geringeres Übel)일 수 있지 않겠느냐는 질문을 던졌다. 결국 비무력적 입장이 기독교인의 유일한 방법이라고는 말할 수 없다는 것이다.

---

40   Feil, F/ Weth, R.(Hg.), *Diskussion zur "Theologie der Revolution"*, München, 292-96.

기독교인이 절대 비폭력을 고집할 수만은 없는 상황에 이를 수 있게 되는 특수상황에서는 최후의 수단으로서 무력을 사용할 수 있다는 것과 유혈 혁명의 가능성도 제시하고 있다.

그들은 1952년(제5차 에큐메니칼 세계선교협의회, IMC) 이래 교회를 "세상과 분리하지 않고, 교회를 세상의 일부, 세상의 완성, 세상을 섬기는 자" 등으로 정의하며,[41] 1960년대에 이르러 WCC는 이같이 맑스주의와 손잡고, 세속적 방법으로 성경적 구원 개념인 '하나님의 나라'와 하나님이라는 개념도 없는 '새 사회'라는 맑스주의적 유토피아 개념을 혼합하여 이 땅위에 인간 스스로가 "하나님의 왕국"을 건설하려는 것이다.

1980년 호주 멜번(Melbourn) 대회에서 개최된 제3차 '세계 선교와 복음화위원회'(CWME)는 "나라가 임하옵시고"라는 제목으로 총체적 복음화론을 다루었다. 그 제1분과는 "선교"를 억압하려는 것이 아니라 해방하려고 노력하는 것이며, 착취가 아니라 정의를 위해 노력하는 것이고, 가난이 아니라 충만이며, 노예가 아니라 자유며, 질병이 아니라 건강이고, 죽음이 아니라 생명이라고 하는 오직 세속적인 범주로 정의하고, "복음화"의 중심요소를 정의사회를 위한 질서와 인권을 위한 투쟁에 참여하는 것이라고 하였다.

그것은 1973년 WCC 방콕 세계선교위원회 제2 분과에서 구원에 대하여 설명한 몰트만(J. Moltmann)의 사상을 그대로 수용한 것이다. 그는 구원을 착취에 항거한 경제적 정의를 위한 투쟁에 있고, 억압에 항거한 인권을 위한 투쟁에 있으며, 인간 사회의 소외에 항거한 단결을 위한 투쟁에 있고, 절망에 항거한 희망에 있다고 주장하였다.[42]

41　Ibid.
42　Lehmann-Habeck, M., *Dein Reich Komme,* Frankfurt 1980, 132 (제1분과 16항). "Das Heil in vier Dimensionen;
　　1. Das Heil wirkt im Kampf um wirtschaftliche Gerechtigkeit gegen die Ausbeutung des

이처럼 멜번 대회는 그동안 교회가 불의에 저항하여 빈자와 피압제자의 투쟁에 참여하는 일을 소홀히 하였음을 반성하며(제1분과 18항), 억압에 저항하는 빈자의 투쟁에 후원할 것을 다짐하고(제1분과 20항) 온 세계 불평등의 구조를 변혁하는 일에 참여해야 한다고 하였다(제2분과 20항). 그러므로 에큐메니칼(Ecumenical) 신학의 "선교" 및 "복음화"란 의미는 더 나은 공동체를 설립할 구조적 변혁을 위한 투쟁에 교회가 참여하는 것이며, 구체적으로는 종족적 인종적 소수와 여성과 장애인, 난민 등을 돕는 투쟁에 참여함을 의미한다(제2분과 19항, 31항).[43]

WCC적 선교방법은 교회가 이러한 투쟁에 참여해야 할 것이냐 또는 아니냐가 문제가 아니라, 교회의 사회정치적 투쟁은 당연하고, 참여 수단이 무력적으로냐 비무력적으로냐가 문제라고 밝혔다. 멜번 대회 제4 분과에서는 무력 사용에 대해 언급했는데, 기독교인들은 무력 사용에 관한 판단 때문에 나누어지며, 이것은 피차 양보할 수 없는 해결되지 않는 "에큐메니칼의 논쟁"이라고 하였다.

오늘날 기독교인들은 비 무력의 실천은 포기할 수 없는 기독교적 순종의 일부로서 강화해야 한다고 하면서, 한편 기독교인들의 공동체가 무력 충돌에 엉킨 상황 속에서는, 교회가 감당할 수 없는 압제자의 폭력으로부터 해방하기 위하여, 비기독교인들과 단결하고 무력 충돌에 엉킨 그들과의 단결을 구체적으로 표명한다(11항)고 밝히고 있다.

    Menschen durch den Menschen.
  2. Das Heil wirkt im Kampf um die Menschenwürde gegen politische Unterdrückung durch Mitmenschen.
  3. Das Heil wirkt im Kampf um Solidarität gegen die Entfremdung der Menschen.
  4. Das Heil wirkt im Kampf um die Hoffnung gegen die Verzweiflung im Leben des Einzelnen." (Beyerhaus, P., *Bangkok '73. Anfang oder Ende der Weltmission?*, Neuhausen, 1973, 208. 제2분과 보고서. Potter, Ph. *Das Heil der Welt heute*, Stuttgart, 1973, 198).

43 괄호 안의 숫자와 분과는 Lehmann-Habeck, M., *Dein Reich Komme*, Frankfurt, 1980. 멜번 대회 보고서 내용이다.

그들은 무력에 대하여, 무력이 하나님을 위한 것인가 아니면 하나님께 저항하는 것인가, 그리고 무력을 자기 교회나 자기 기관을 위해 사용하는가, 아니면 자기희생적 사용인가로 질문한다(13항). 즉, 무력을 사용하는 것이 옳은가 그른가 하는 질문이 아니고, 어떤 무력을 사용하는 것이 옳은가 하는 질문이다.

그것은 일찍이 흑인 신학자 제임스 콘(James Cone)이 흑인 혁명을 위한 무력 사용 문제를, 무력을 사용할 수 있는가의 질문이 아니라, 백인의 무력에 대한 것인가 아니면 흑인의 무력에 대한 것인가가 바른 질문이며, 우리가 어떠한 무력 사용을 지지할 것인가가 문제라고 역설한[44] 그것과 병행되는 질문이다.

과테말라의 J. 에스퀴벨(Julia Esquivel) 여인은 이 멜번 대회에서 "내가 죽임을 당해도 살바도르 민중 가운데 다시 부활할 것"이라고 외친 로메로(Romero) 주교의 말을 인용하며, 부활의 놀라운 경험은 니카라과 민중의 승리와 함께 시작됐다고 하고, "길거리에서 땀을 흘리는 하나님", "자유를 원하는 민중을 통해 소리치는 하나님"(니카라과의 찬송)과 함께 교회가 민중편에 서서 혁명투쟁에 참여할 것을 호소하였다. 한편 에스퀴벨은 복음주의적 전통은 개인적이고, 내세적(미래적)이며, 기회주의적(정치적으로)이라고 비난했다[45]

멜번에서 '하나님의 나라' 또는 구원을 맑스주의와 혁명신학적 유토피아로 이해하는 측면 외에, 달리 성경적이고 복음주의적인 고백이 제3분과의 첫째 그룹에서 나타난다. 이곳에 복음주의자들 소수가 참석하였는데, 그로 인해 이 보고서에서 전체적 분위기와 상응하지 않는 복음주의적 진술을 발견하게 된다.

---

44 108. Cone, J. H., *Schwarze Theologie im Blick auf Revolution, Gewaldanwendung und Versöhnung*, E. T. Jg, 34.1974, 104.
45 Beyerhaus, P., *Anfbruch der Armen*, Bad Liebenzell 1981, 91~94.

교회는 이 땅에서 나그네이며, 예수 그리스도께 대한 충성과 신앙을 통해 하나님 나라의 시민이 된다고 하였다 (10항). 선교란 하나님의 나라가 가까움을 전파하고, 회개를 촉구하며, 신앙에 초청하는 것이 좋은 소식을 선포하는 것이라고 하였다 (4항). 이들은 회심을 "하나님과 새로운 관계이며 또한 타인과 새로운 관계"라고 하고, 또한 "개인적이고 사회적이고, 수직적이고 수평적이며, 신앙과 행위(약 2;18-20)라고 함으로써, 총체적 변화를 설명할 때 진보적 입장과 달리 우선적으로 하나님과의 관계를 강조하였다.

그러나 위의 공산주의적 혁명신학과는 달리 복음은 본래 가난과 비참과 억압의 원인은 인간의 타락에서 기원하였으며, 또한 그 결과로 나타난 것이므로, 먼저 온 세상에 복음을 전파하고, 예수 그리스도의 대속을 근거로 한 인간의 회심과 하나님의 용서 사건을 통하여 새로운 피조물이 됨으로써(고후 5:7) 먼저 하나님과 화목한 관계가 형성되어야, 비로소 이웃과도 새로운 관계를 형성할 수 있는 것이다.

이에 반하여 혁명신학을 추종한 이들이 하나님과의 우선적 관계 개선 없이, 스스로 무력 혁명을 통해 현재 시민사회와 그 구조를 파괴하여 구조악을 없앨 수 있다는 낙관적 입장을 취한 행동의 결과는 구소련의 유토피아와 파멸의 재앙을 자초하였던 것이다. 타락하고 피 흘린 손으로 세워서 성공한 유토피아는 없다.

혁명신학과 같은 인본주의 신학은 하나님을 떠나고 하나님의 말씀을 버린 죄악을 범하고 있다. 이러한 범법자들이 하나님께 돌아오길 원한다면, 무신론적 공산주의 행동에다 하나님을 배신한 죄까지 더하여 더 커다란 회개가 있어야 할 것이다.

5. WCC의 유토피아적 종말관

공산주의자들은 모든 계급을 타파하여 계급이 없고 국가도 없는 무산계급 사회를 구축하려는 목적으로 모든 무산층 계급을 국경 없이 하나로 일치하여 단결해 나가고 있다. 그들의 목적은 차별과 착취와 불공평이 없는 새로운 사회구조를 조성하는 일이고, 구시대적인 모든 "착취자들"과 그러한 구조로 굳어진 지배자들과 가정과 국가와 경제적 사회적 구조를 모두 유혈 혁명을 통해 파멸시키고, 국가가 없는 신세계를 만들고자 하는 것이다. 그러므로 이러한 유토피아는 "나라"라고 하지 않고 "사회"라고 한다.

오늘날 공산주의 국가들은 와해되었거나 열악한 상태로 남아 있을지라도, 공산주의 사상은 계속 확산되어 가고 있다.

맑스주의는 기독교 분파인 개신교, 가톨릭, 정교회가 다 연합한 세계교회협의회(WCC)를 장악하여 그 속에 공산주의 사상을 확산시켜 나가고 있다. 제10차 부산 총회는 140개국 349교단의 참여와 세계 5억여 인구가 WCC 회원이라고 하는 막대한 규모의 회원 수를 과시하고 있다.[46] 그러나 WCC 회원 규정은 개인이 아니라 교단 가입제라서 WCC 내부에 상당수의 복음주의자도 포함되어 있다.

WCC와 맑스주의 이념과의 관계는 점진적으로 발전하였다. 1948년 창립 총회에서는 회원들이 공산주의와 민주주의 어느 쪽도 지지하지 않았다. 이 총회는 한편으로 경제적 정의를 강조하고 혁명을 완수하면 자동적으로 자유가 도래한다고 했던 거짓 약속에 대하여 공산주의를 비판하고, 다른 한편으로 자유를 강조하며 자유로운 기업의 부산물로서 정의가 이루어진다고 했던 민주주의의 약속도 거짓이라 비판했다.

---

[46] http://blog.daum.net/dfgiyo/6087585 WCC 신학자들의 사상은 이미 60년 전부터 스며들어 온 맑스주의 사상에 지배를 받고 있다.

WCC는 이 두 이념을 근간으로 오히려 집단적 탐욕과 잔인성이 굳어짐으로 인한 사회악이 출현하게 되어, 개인의 도덕성과 책임성이 저하된 결과가 초래되었다고 하였다. 또한, 공산주의는 인간 평등과 세계 동포주의를 지지하는 것으로 인식되고, 기아와 불안을 피할 수 있어 보이는 매력을 무기로, 식민지 주민을 위한 지원을 선언하여 제3 세계에 큰 호응을 불러 일으켰다.

반면에 기독교인들은 자본주의의 혜택을 누리며 노동자들의 간청에 무관심하고, 교회의 호소력은 발휘되지 않았다고 하였다. 그러므로 교회는 사회를 위한 내적 갱신이 필요하고, 세상에서 실의에 빠진 사람들과 하나가 되어야 한다고 강조하였다. 그리고 복음은 "인간의 총체적 삶을 위한 복음"의 의미로 해석해야 한다는 주장이다.[47]

1948년 창립총회 보고서는 이처럼 1960년 이후 이슈가 될 "총체적 선교"(wholistic mission)의 기초를 놓았고, 교회의 사회윤리에 대한 심각한 반성을 보였다. 그때는 러시아정교회가 WCC에 가입되지 않았을 때인지라 이념에 대한 특별한 호감이나 적개심은 표명되지 않았다.

1961년 제3차 WCC 뉴델리 총회 때부터 WCC는 자본주의 일방에 대하여만 비판하며, 맑스주의적 이념과 일치하는 "새 사회"와 "새 인간"을 창조하려는 유토피아 신학을 확고히 수립하였다.[48]

1949년도부터 52년까지 제네바 총무였던 네델란드 선교신학자 요한네스 호켄다익(J. C. Hoekendijk)이 만인구원관과, 현세적 구원, 비신앙인의 구원신앙을 포괄하여 맑스주의적 경향을 뚜렷이 제시하였다.[49]

---

47 레훼버, E. W., 『암스텔담에서 나이로비까지』, 전호진 역, 한국기독교교육연구원 1981, 100-107.
48 1952년 제 5차 에큐메니칼 세계선교협의회(IMC)에서 Missio Dei라는 새로운 선교관이 세워졌다.
49 호켄다익 J. C., 『흩어지는 교회』, 이계준 역, 대한기독교서회 1988, 92.

하나님의 선교(Missio Dei) 신학의 상징적인 인물 호켄다익은 구속사와 세속사의 이중 역사관을 버리고, 일원론적 역사관을 주장하였다.

구스타프 바르네크(Gustav Warneck)는 비기독교인에게로 가서 교회를 조직하고 세우는 행위를 선교라고 했는데, 호켄다익은 이러한 선교관을 비판하며, 기독교 지역과 비기독교 지역, 신자와 불신자의 지역으로 따로 나누고 신앙인이 그 경계선을 넘어서 비신앙인들에게 가는 것으로 생각하는 선교관을 비판하였다. 하나님은 전체 피조물과 교제하기를 원하시며, 하나님의 최종 목표는 교회가 아니라고 주장하고, 교회는 다만 세상의 '한 조각'이며, 세상에 부과된 '하나의 첨가물(postscript)'일 뿐이라고 하였다.

호켄다익이 주장한 오직 하나의 세상 역사는 하나님께서 이 세상에서 이루시는 샬롬(Shalom)의 역사이며, 이 세속적인 샬롬의 나라가 바로 하나님의 나라라는 것이다. 그는 하나님의 보좌가 있는 '하나님 나라'에 관하여는 전혀 흥미가 없었다. 그 대신 하나님의 나라를 이 땅 위에 세워야 할 유토피아로 대체한 것이다. 그는 이 샬롬이 '마음의 평화'를 말하는 것이 아니라고 주장한다. 그는 또 샬롬은 인간의 내적 본질과 관계된 것이 아니라, 사회적이자 인간관계의 사건이라고 한다.

원래 유토피아 주의자들에게는 하나님의 나라라는 개념이 없는데 호켄다익은 기독교적 하나님의 나라 개념에다 유토피아적 샬롬의 사회를 혼합하였다. 그는 기독교의 '평안'(Shalom)을 공산주의 이념으로 해석한 혼합주의자이다.

호켄다익은 이 '샬롬'이란 "교회의 모습(Statur)과 신분(Status)"을 다 도말하고, 세상 사람과 똑같이 되는 것이라고 하며, 그 성경적 근거로서 빌립보서 2:5 이하에 있는 말씀으로 "종의 형태를 입은 메시아의 삶"을 제시한다.[50] 재물에 부유한 교회는 세상과 동료 의식을 가지고 하나님의 선교

---

50 Hoekendijk, J. C., Bemerkungen zur Bedeutung von Mission, in; *Mission als Struktur-*

에 참여하기 위해 자신의 전 소유를 바칠 준비가 되어 있어야 한다는 것이다.[51] 호켄다익의 사상은 교회 밖에서는 모든 부르주아를 타도하고, 교회 안에서는 모든 교회의 모습과 신분을 폐지하는 공산주의 사상에 흠뻑 젖어 있었다.

죄 없으신 예수 그리스도는 이사야의 예언과 같이 이 땅에 오셔서(사 53장) 우리를 대신하여 무서운 사형수로 정죄 받으시고 우리의 흉악한 죗값을 치르셨으며, 우리를 죄로부터와 하나님의 심판으로부터 해방해 주신 최대의 의인임에도 불구하고, 호켄다익은 예수 그리스도의 섬김과 희생을 백안시하고 성경 구절을 공산주의적 혁명이론으로 해석하여, 예수 그리스도의 섬김처럼 "교회의 모습(*Statur*)과 신분(*Status*)"을 다 사멸시켜야 한다고 주장하였다. 그는 "사도들과 선지자들의 터" 위에 세운 전통적 교회의 신앙과 신조들을 다 파괴하는 혼합주의 신학자이다.

이와는 대조적으로 예수께서는 요한복음 14:27을 통하여 하나님이 주시는 진정한 마음의 평안 '에이레네'(εἰρήνη)에 관해 말씀하셨다.[52]

> 평안을 너희에게 끼치노니 곧 나의 평안(εἰρήνη)을 너희에게 주노라 내가 너희에게 주는 것은 세상이 주는 것과 같지 아니하리라 너희는 마음에 근심하지도 말고 두려워 하지도 말라(요 14:27).

이 구절은 예수께서 십자가를 지시기 바로 전날 두려워하는 제자들에게 친히 하신 말씀이다. 이는 예수께서 부활 승천하신 후에 바로 보내 주시기

---

prinzip, Genf 1965, 35. 『세계를 위한 교회』, 35f. "ihre ekklesiastische Statur und ihren ekklesiastischen Status absterben lassen", 『세계를 위한 교회』, 세계교회협의회 편, 박근원 역, 대한 기독교 출판사 1991, 27.

51 Ibid., 63.
52 참고: 고영민 편저, 『성서원어대사전』, 기독교문사. 1973, 389.

로 하나님이 거듭 약속하셨던 그 성령을 받으면 이러한 평안을 얻게 된다는 말씀이다. 하나님 자신의 영인 성령은 예수 그리스도의 대속적 죽음을 통해 속죄를 받은 영혼들을 구별하여 보내 주시는 하나님의 선물 성령이며, 이 '평안'(에이레네, εἰρήνη)은 성령이 임하심으로 나타나는 열매이다.

> 그러나 내가 너희에게 실상을 말하노니 내가 떠나가는 것이 너희에게 유익이라 내가 떠나가지 아니하면 보혜사(성령)가 너희에게로 오지 아니할 것이요 내가 가면 그를 너희에게로 보내리니(요 16:7).

> 오직 성령의 열매는 사랑과 희락과 화평과 오래 참음과 자비와 양선과 충성과 온유와 절제니 이같은 것을 금지할 법이 없느니라(갈 5:22).

맑스주의와 혼합주의 신학자들은 유대인들이 이 세상에서 추구하던 정치, 사회, 경제와 생활 환경적인 평화, 샬롬(שָׁלוֹם)이라는 단어를 택하여 맑스주의자들과 함께 이 땅 위에 유토피아적 평화, 샬롬(שָׁלוֹם) 세계를 건설하려는 것이다.

그러나 참되고 영원한 평화는 현재적으로 성령을 받은 사람이 누리는 것이고, 정치, 사회, 경제의 모든 측면의 평화는 예수께서 살아 있는 자와 죽은 자를 심판하러 재림하실 때 임하는 새 하늘과 새 땅에서 누리게 되는 완전한 평화이다.

히브리어 '샬롬'(שָׁלוֹם)의 뜻은 '전부의', '온전한', '안전한', '평온한'의 뜻이 있다. 이 평화, 샬롬(שָׁלוֹם)은 현세를 사는 무신론자, 살인자, 부모를 공경하지 않는 자, 간음하는 자, 남색하는 자, 착취하는 자, 도둑질하는 자, 속이는 자, 빼앗는 자가 가득한 이 세상에서는 이루어질 수 없는 평화다.

율법폐지론자들이 주장하는 무정부주의와 모든 부르주아 계급과 재래 문화와 윤리 도덕을 다 파괴하려는 무법적 아나키즘과 맑스주의가 어찌 진정한 평화를 맛볼 수 있겠는가?

무신론적 맑스주의 사상적 범위가 점점 확대됨으로써, 세상에 유토피아가 세워지는 것이 아니다.[53]

그러나 오히려 성경 말씀에 예언된 바와 같이, 이 땅에는 한편으로 천국 복음이 모든 민족에게 전파되고, 그로 인해 성도들이 환란과 핍박을 당하고, 다른 한편으로는 불법자들과 우상 숭배자들의 땅에 재앙과 재해와 하나님의 심판이 다가오는 것이다(롬 1:17-32; 마 24:14, 29-36; 계 20:11-15). 그리고 결국에는 회개하지 않는 불신자들이 하나님의 심판대 앞에 서게 된다.

맑스와 엥겔스의 '공산당 선언문'이 공산주의를 유령이라고 선언한 반면, 하나님의 영은 마귀나 유령처럼 돌연히 나타나서 사람을 놀라게 하고 무섭게 하는 영이 아니라, 항상 선지자에게 미리 예언하시고 그것을 이루시는 하나님이다.

> 주 여호와께서는 자기의 비밀을 그 종 선지자들에게 보이지 아니하시고는 결코 행하심이 없으시리라(암 3:7).

하나님은 죄 사함 받은 영혼들에게 성령을 보내 주시겠다는 약속을 이미 시행하시기 전에 선지자 요엘에게 말씀해 주셨다.

> 그 후에 내가 내 영을 만민에게 부어 주리니 너희 자녀들이 장래 일을 말할 것이며 너희 늙은이들은 꿈을 꾸며 너희 젊은이들은 이상을 볼 것이며 그때에 내가 또 내 영을 남종과 여종에게 부어줄 것이며 … (욜 2:28-29).

---

[53] 지금까지 이상 사회(Utopia)는 이루어진 적이 없다.

> 오순절 날이 이르매 그들이 다 같이 한곳에 모였더니 홀연히 하늘로부터 급하고 강한 바람 같은 소리가 있어 그들이 앉은 온 집에 가득하며 마치 불이 혀처럼 갈라지는 것들이 그들에게 보여 각 사람 위에 하나씩 임하여 있더니 그들이 다 성령의 충만함을 받고 성령이; 말하게 하심을 따라 다른 언어들로 말하기를 시작하니라(행 2:1-4).

성경은 함께 모여 예배하던 제자들에게 약속하신 성령이 사실적으로 임한 현상을 설명하고 있다. 성령은 불법을 행하던 사람들이 돌이켜 회개하고 죄 사함을 받아야 비로소 받게 되는 것이다. '공산당 선언문'의 머리말과 같이 유령은 회개하지도 않고 양심이 마비된 사람에게도 불쑥 나타나지만, 성령은 회개하고 깨끗하게 된 사람들에게만 임한다.

> 베드로가 이르되 너희가 회개하여 각각 예수 그리스도의 이름으로 세례를 받고 죄 사함을 받으라 그리하면 성령의 선물을 받으리니 이 약속은 너희와 너희 자녀와 모든 먼데 사람 곧 주 우리 하나님이 얼마든지 부르시는 자들에게 하신 것이라 하고(행 2:38-39).

맑스주의 무신론자들은 물질세계에 관해서만 알지만, 성경은 한없이 크고 영광스러운 하나님과 광대한 영적 세계가 있음을 알게 해 준다. 성경을 읽으면 인간이 얼마나 무지한가를 깨닫게 되는 것이다. 하나님께서 하신 "내 백성이 지식이 없으므로 망하는도다"(암 4;6)라는 말씀은 우리가 망하기 전에 속히 돌아오라고 재촉하시는 말씀이다.

"교회의 담벽 밖에 계시는 그리스도"에 대한 논문을 쓴 현대 독일 선교신학자 발터 홀렌베거(W. J. Hollenweger)는 세상은 하나님의 창조물이기 때문에 거룩하다고 한다. 비록 세상에 그리스도가 알려지지 않았거나 또 그들이 거부할지라도, 바로 그곳에 그리스도가 역사하시며, 그리스도에 대

한 고백이 없지만 그들도 그리스도 구속 사역의 덕을 입고 있다고 한다.[54]

홀렌베거는 불신자들의 회개나 죄악 문제를 다루지 않고, 예수 그리스도를 믿음으로만 받게 되는 구원을 가르치지 않고, 다만 자동구원을 말한다. 예수를 믿지 않는 모든 사람은 감옥에서 풀려났고 하나님의 언약에 이끌림을 받은 '새 인간'이 되었고 '새 인류'의 일원이 되었다는 것이다. 그러므로 교회와 모든 인간과 사회는 이미 다 새 인류(neue Menschheit)에 속한 것이므로, 거기 알맞게 행동해야 한다는 것이다. 그는 기독교인을 역사 안에서 새 인간의 첨단이라고 주장한다.

그렇다면 홀렌베거는 구속의 뜻을 무엇으로 이해하고 있는가?

그가 의미하는 새 사회와 새 인간은 어떤 모습일까?

그는 성서적 구원을 역사 내적이며 현세적으로 이해하고 세계 선교와 복음화의 무의미성을 주장하는 큰 오류를 범했다.

이러한 세속주의 신학은 하나님과의 관계 회복도 없고, 예수 그리스도를 믿고 영접하는 회개와 용서도 없으며, 성령으로 거듭나는 일도 없이, 하나님의 나라가 물질적인 이 땅에서 다 이루어지기를 희망하는 맑스주의 유토피아적 사상과 흡사한 형태이다.

호켄다익이나 홀렌베거의 신학에 따르면 이 세상과 하나님의 나라는 동일시된다. 그 이유는 "하나님의 나라"(ἡ βασιλεία τού θεού)가 '하나님의 통치'로도 번역될 수 있기 때문이다. 현대 독일의 선교신학자 마굴(H. J. Margull)이 언급한 바와 같이 "이 세상은 하나님의 세상 (Welt Gottes)이며 하나님이 통치하시는 나라"[55]라고 이해하는 데서 오는 혼란이다. 이들은 모두 하나님의 통치를 구원으로만 생각하는 것이다. 그러나 하나님은 구원도 하시고 심판도 하시며 통치하시는 분이다.

---

54 Hollenweger, W. J., *Christus intra et extra muros ecclesiae*, Genf 1965, 54-57.
55 Margull, H. J., Gemeinde für andere, in ; *Mission als Strukturprinzip*, Genf 1965, 5.

1973년 방콕에서 열렸던 '세계 선교와 복음화위원회'(CWME)[56]에서 WCC의 총무 필립 포터(Philip Potter)는 선교사 3,000명을 투옥하고 처벌한 모택동을 중국인을 위한 "하나님의 메시아"(Messias Gottes für die Chinesen)로 일컬었고, 중국 공산주의자들의 혁명으로 "새로운 중국"을 이룩하게 되었다는 것이며, 이렇게 WCC 내부에서 중국의 대대적인 유혈 혁명을 통해 "새로운 사회"와 "새로운 인간"이 표명됐다고 높이 평가했다.[57]

포터는 '공산당 선언문' 내용대로 유혈 혁명에 의해 중국에 공산주의 유토피아가 설립되어 경사스러운 일이 일어났음을 치하한 것이다.

1968년 WCC 제4차 총회와 1975년 제5차 총회의 중앙위원회 위원장이었던 인도 공산주의자 토마스(M. M. Thomas)는 교회가 민족들의 자유투쟁(Freiheitskampf)에 참여할 사명이 있다고 주장하였다.[58] 그는 1948년 총회 때로부터 교회가 민족들의 해방투쟁에 참여할 사명이 있다고 주장했다.

그는 1961년 제3차 뉴델리(Neu-Delhi) 총회에서 교회가 이 시대의 혁명들로부터 보호하려는 것은 교회의 사명이 아니라고 하며, 교회는 세속 이념들로부터 소외될 것이 아니라 세속 이념들을 증거의 도구로 사용해야 할 것이라고 주장했다. 그는 공산주의 이데올로기를 "신적 언약의 도구"라고 주장하였다.[59]

이 총회에서 토마스는 인류 연합을 위한 "투쟁의 영성"(Spiritualität des Kampfes)에 관해 설명하며, 예수 그리스도는 사회적이건 도덕적이건 문화적이건 종교적이건 간에 사람을 종속시키는 모든 연합을 파괴하고 더 성

---

[56] CWME란 1920년대로부터 1950년까지 에큐메니칼 '세계선교사협의회'(IMC)가 1961년 제3차 WCC 뉴델리 총회에서 WCC에 하나의 분과로 합병되어 그 명칭이 '세계 선교와 복음화위원회'(CWME)로 바뀌게 된 것이다.
[57] Schilling, W., Das Rätsel der ökumenischen Mao-Begeisterung, in : *Reich Gottes oder Weltgemeinschaft?* Bad Lidbenzell 1975, 145f.
[58] Sautter, G., 129.
[59] Sautter, G., 129-174.

숙한 연합을 위하여 남녀를 해방하며, 이 연합이 다시금 종속으로 이어 지면 또다시 파괴한다고 주장함으로써[60], 나이로비 회의의 주제였던 "그리스도는 해방하고 연합한다"를 공산주의 계급투쟁과 혁명으로 표방한 것이다.

위와 같이 맑스주의적인 유토피아 사상은 WCC 중앙위원회 간부들에 의해 보강되어 점차 세계 교회로 확산되고 있는 것이다.[61]

WCC는 하나님과의 우선적 관계 개선 없이, 스스로 무력 혁명을 통해 현재 시민사회와 그 구조를 파괴하여 구조악을 없앨 수 있다는 유토피아적 맑스주의 입장에 동조하였다. 이는 비록 세계교회협의회의 중직자라 할지라도 그들은 창조주 하나님을 인격적으로 알지 못하고, 인간의 타락한 본성도 대수롭지 않게 생각하고, 하나님의 말씀을 소홀히 여기는 영적 무지로 인해, 무신론적 사상과 이념을 받아들여 다른 동식물처럼 땅의 것과 육신을 위한 것만 바라보고 오직 인본주의적이고 타락한 본성 그대로 생각해 낸 신세계적 유토피아를 건설하려고 한다.

이러한 세속화 신학들은 구소련의 붕괴를 겪으면서도 일체 깨달음 없이 되풀이하여 모든 유토피아들의 결말과 동일하게 아주 파멸에 이르기까지, 그 피흘린 손으로 지상낙원인 유토피아를 건설한다는 것이다.

그러나 성경은 새사람과 새 사회가 위와 같은 혁명적 행동에 의해 만들어지는 것이 아님을 밝히고 있다. 본래 가난과 비참과 억압의 원인은 인간의 타락에서 기원되었으며, 또 그 결과로 나타난 것이다. 그러나 우리를

---

60 *Bericht aus Nairobi '75*, hg. v. H. Krüger u. Müller Römheld, Frankfurt 1976, 251.
61 맑스주의는 WCC와 해방신학 및 그와 같은 내용의 여러 상황화 신학들(흑인신학, 정치신학, 여성신학, 민중신학 등)과 산업선교, 그리고 제3세계 신학자 대회(상황화 신학과 토착화 신학의 발전을 위한 신학자연합회)등을 통해 전 세계로 확산되었다. 제3세계 신학자협회(Ecumenical Association of Third World Theologians)의 제1차 대회는 다르에스살람(Daresalam)에서 개최했고, 아시아, 아프리카, 라틴아메리카, 미국의 흑인신학자들이 모여 상황화 신학을 발전시키기 시작했다. Wiedenmann, L. (Hg.), *Herausgefordert durch die Armen*, Freiburg 1983, 9-11.

한없이 사랑하시는 하나님께서는 우리를 구원의 길로 인도하시며 온 세상에 복음을 전파하게 하시고, 우리로 하여금 예수 그리스도의 대속을 통하여 새로운 피조물이 되게 하신다(고후 5:7).

우리는 먼저 하나님과 화목한 관계가 형성된 연후에 비로소 이웃과도 새로운 관계를 형성할 수 있게 하신 하나님의 섭리와 그 복음을 땅끝까지 전파하여 더 많은 잃은 영혼이 하나님의 나라에 들어갈 수 있도록 노력해야만 할 것이다.

'공산당 선언문'에서 공산주의의 자칭 유령(마귀)은 속이는 자로서, 무신론을 이용하여 이 세상에 존재하지도 않는 유토피아라는 허구를 끊임없이 추구하게 만들고, 하나님의 나라에 들어가지도 못하게 하고 그 허황된 유토피아를 세운다고 유혈 혁명으로 무수한 영혼과 육체를 죽이는 짓은 "…처음부터 살인한 자요 진리가 그 속에 없음으로 진리에 서지 못하고 거짓을 말할 때마다 제 것으로 말하나니 이는 그가 거짓말쟁이요 거짓의 아비가 되었음이니라"(요 8:44)라고 요한복음에서 마귀에 관하여 선언한 바와 같다.

'공산당 선언문'의 서두에서 맑스와 레닌이 공산주의를 유령(Gespenst, spectre[62])이라고 소개하였듯이 이 공산주의 영혼들은 마지막에 어디로 갈 것인가?

끝날까지 회개하지 않고 하나님께 돌아오지 않은 무신론자들과 살인과 불법을 행하며 살아 계신 하나님을 배척한 무법주의자들은 모두 그 불법 행위대로 하나님의 심판을 받고, 성경대로 마귀들을 위해 예비하신 불지옥으로 유령들과 함께 떨어지게 되는 것이다. 아래는 우주 창조자시며 구원자이신 하나님이 한 영혼이라도 더 구원하고자 하셔서 계시하신 창조자 하나님이 친히 창조하시는 새 하늘과 새 땅에 관한 종말론과 마지막 심판

---

62 'Manifesto of the Communist Party', 1847.

에 관한 메시지다.

> 주의 약속은 어떤 이들이 더디다고 생각하는 것같이 더딘 것이 아니라 오직 주께서는 너희를 대하여 오래 참으사 아무도 멸망하지 아니하고 다 회개하기에 이르기를 원하시느니라 그러나 주의 날이 도둑 같이 오리니 그날에는 하늘이 큰 소리로 떠나가고 물질이 뜨거운 불에 풀어지고 땅과 그중에 있는 모든 일이 드러나리로다 이 모든 것이 이렇게 풀어지리니 너희가 어떠한 사람이 되어야 마땅하냐 거룩한 행실과 경건함으로 하나님의 날이 임하기를 바라보고 간절히 사모하라 그날에 하늘이 불에 타서 풀어지고 물질이 뜨거운 불에 녹아지려니와 우리는 그의 약속대로 의가 있는 곳인 새 하늘과 새 땅을 바라보도다(벧후 3:9-13).

필자는 하나님께 돌아오고 싶은 불법자와 구도자에게 진정한 종말론을 알게 하고, 돌아와 구원을 받을 수 있기를 소망하여 아래 성경 말씀을 전하고자 한다.

> 또 그들을 미혹하는 마귀가 불과 유황 못에 던져지니 거기는 그 짐승과 거짓 선지자도 있어 세세토록 밤낮 괴로움을 받으리라(계20:10).

> 또 내가 크고 흰 보좌와 그 위에 앉으신 이를 보니 땅과 하늘이 그 앞에서 피하여 간 데가 없더라 또 내가 보니 죽은 자들이 큰 자나 작은 자나 그 보좌 앞에 서 있는데 책들이 펴있고 또 다른 책이 펴졌으니 곧 생명책이라 죽은 자들이 자기 행위를 따라 책들에 기록된 대로 심판을 받으니 바다가 그 가운데서 죽은 자들을 내주고 또 사망과 음부도 그 가운데에서 죽은 자들을 내주매 각 사람이 자기의 행위대로 심판을 받고 사망과 음부도 불못에 던져지니 이것은 둘째 사망 곧 불못이라 누구든지 생명책에 기록되지 못한 자는 불못에 던져지더라(계 20:11-15).

그러나 두려워하는 자들과 믿지 아니하는 자들과 흉악한 자들과 살인자들과 음행하는 자들과 점술가들과 우상 숭배자들과 거짓말하는 모든 자들은 불과 유황으로 타는 못에 던져지리니 이것이 둘째 사망이라(계 21:8).

또 내가 새 하늘과 새 땅을 보니 처음 하늘과 처음 땅이 없어졌고 바다도 다시 있지 않더라 또 내가 보매 거룩한 성 새 예루살렘이 하나님께로부터 하늘에서 내려오니 그 준비한 것이 신부가 남편을 위하여 단장한 것 같더라 내가 들으니 보좌에서 큰 음성이 나서 이르되 보라 하나님의 장막이 사람들과 함께 있으매 하나님이 그들과 함께 계시리니 그들은 하나님의 백성이 되고 하나님은 친히 그들과 함께 계셔서 모든 눈물을 그 눈에서 닦아 주시니 다시는 사망이 없고 애통하는 것이나 곡하는 것이나 아픈 것이 다시 있지 아니하리니 처음 것들이 다 지나갔음이러라 보좌에 앉으신 이가 이르시되 보라 내가 만물을 새롭게 하노라 하시고 또 이르시되 이 말은 신실하고 참되니 기록하라 하시고 또 내게 말씀하시되 이루었도다 나는 알파와 오메가 요 처음과 마지막이라 내가 생명수 샘물을 목마른 자에게 값없이 주리니 이기는 자는 이것들을 상속으로 받으리라 나는 그의 하나님이 되고 그는 내 아들이 되리라(계 21:1-7).

필자는 예수께서 가르치신 진정한 구원에 관한 성경 말씀을 아래와 같이 소개한다.

죄를 지은 모든 사람은 구원을 받지 못한다. 모든 사람이 죄를 지었지만 멸망하지 않는 사람이 있다. 그는 회개하고 돌이킴으로 재판자이신 하나님께 용서를 받기 때문이다.

혹 네가 하나님의 인자하심이 너를 인도하여 회개하게 하심을 알지 못하여 그의 인자하심과 용납하심과 길이 참으심이 풍성함을 멸시하느냐 다만 네 고집과 회개하지 아니한 마음을 따라 진노의 날 곧 하나님의 의로운 심판이 나타나는 그날에 임할 진노를 네게 쌓는도다(롬 2:4-5).

행위로는 구원을 받지 못하지만 대신 사형을 받으심으로 죗값을 지불해 주신 예수님을 믿는 믿음으로 구원을 받는다.

> 곧 예수 그리스도를 믿음으로 말미암아 모든 믿는 자에게 미치는 하나님의 의니 차별이 없느니라 모든 사람이 죄를 범하였으매 하나님의 영광에 이르지 못하더니 그리스도 예수 안에 있는 속량으로 말미암아 하나님의 은혜로 값없이 의롭다 하심을 얻은자 되었느니라 (롬 3:22-24).

> 하나님이 죄를 알지도 못하신 이를 우리를 대신하여 죄로 삼으신 것은 우리로 하여금 그 안에서 하나님의 의가 되게 하려 하심이라(고후 5:21).

> 네가 만일 네 입으로 예수를 주로 시인하며 또 하나님께서 그를 죽은 자 가운데서 살리신 것을 네가 믿으면 구원을 받으리라 사람이 마음으로 믿어 의에 이르고 입으로 시인하여 구원에 이르느니라(롬 10:9-10).

회개한 자에게 성령을 주심으로 하나님의 영이 내주하는 사람은 구원을 받는다.

> 사도와 함께 모이사 그들에게 분부하여 이르시되 예루살렘을 떠나지 말고 내게서 들은바 아버지의 약속하신 것을 기다리라 요한은 물로 세례를 베풀었으나 너희는 몇 날이 못되어 성령으로 세례를 받으리라 하셨느니라(행 1:4-5).

> ... 죽을 것이 생명에 삼킨바 되게 함이라 곧 이것을 우리에게 이루게 하시고 보증으로 성령을 우리에게 주신이는 하나님이시니라(고후 5:5).

> 내가 아버지께 구하겠으니 그가 또 다른 보혜사를 너희에게 주사 영원토록 너희와 함께 있게 하리니 그는 진리의 영이라 세상은 능히 그를 받지 못하나니 이는 그를 보지도 못하고 알지도 못함이라 그러나 너희는 그를 아나니 그는 너희와 함께 거하심이요 또 너희 속에 계시겠음이라(요 14:16-17).

> 너희는 믿음 안에 있는가 너희 자신을 시험하고 너희 자신을 확증하라 예수 그리스도께서 너희 안에 계신 줄을 너희가 스스로 알지 못하느냐 그렇지 않으면 너희는 버림받은 자니라(고후 13:5).

6. 성경적 종말 전 역사와 마지막 종말: 예수 그리스도의 재림

기독교 종말관의 동기와 목표 그리고 맑스주의 유토피아의 동기와 목표 사이에는 오직 한 가지의 공통점이 있다. 그것은 장래에 대한 희망이다. 맑스주의 이상 사회는 유혈 혁명이라는 파괴적인 과정을 거쳐 인간 스스로가 새로운 사회를 건설하려는 것이다.

이에 반해 기독교는 장래 하나님의 나라를 성도들이 세우는 것이 아니라, 성도들은 하나님이 새로 창조하신 하나님의 나라에 초청되어 이끌려 들어가기만 하면 되는 것이다. 그리고 기독교도는 현재도 하나님의 나라를 체험하고 사는 것이다. 이와 대조적으로 공산주의는 오직 증오와 투쟁으로 과거의 모든 부권사회적 문화를 타도하는 행동과 탈가족적, 탈국가적, 탈억압적 미래의 유토피아 건설에 대한 희망을 가지고 자신을 그것에 투신한다. 현재의 평안과 기쁨과 행복은 없다.

예수께서 선포하신 최초의 말씀은 "회개하라 천국이 가까이 왔느니라"(마 4:17)였다. 이 한 말씀에서 우리는 예수께서 이 땅에 오신 가장 중요한 목적이 '하나님의 나라'를 소개하는 것이며, 이 고난의 땅에 거하는 백성들에게 하나님의 나라에 들어갈 수 있는 소망을 주신 말씀이다. 예수 그리스도는 죄인들이 회개만 하면 그들의 죄와 그 형벌(사형)로부터 사함을 받고 하나님의 나라에 들어갈 수 있음을 소개하신 것이다. 이 말씀은 예수께서 잡히시기 전날 밤에 두려워하는 제자들에게 주신 위로의 말씀이다.

> 너희는 마음에 근심하지 말라 하나님을 믿으니 또 나를 믿으라 내 아버지 집에 거할 곳이 많도다 … 내가 너희를 위하여 거처를 예비하러 가노니 가서 너희를 위하여 거처를 예비하면 내가 다시 와서 너희를 내게로 영접하여 나 있는 곳에 너희도 있게 하리라 (요 14:1-3).

예수님 자신이 말씀하시는 하나님의 나라는 두 가지가 있다. 하나는 현재적인 하나님의 나라이고 또 하나는 미래적인 하나님의 나라이다. 예수 그리스도께서 말씀하셨다.

> 내가 하나님의 성령을 힘입어 귀신을 쫓아내는 것이면 하나님의 나라가 이미 너희에게 임하였느니라(마 12:28).

귀신(유령)이 정복했던 사람을 예수께서 귀신으로부터 해방하심은 현재 하나님의 나라가 임한 증표하고 말씀하신 것이다. 이 말씀은 이미 주전 650년에 이사야 61:1의 이 땅에 오실 메시아에 대한 예언이 이루어진 것이다.[63] 그리고 하나님 나라의 복음이 전파되는 모든 곳에서 현재까지 이러한 기적은 계속되는 것이다.

---

[63] 주전 4세기 제2 이사야로 보는 신학자도 있고, 제3 이사야로 보는 학자도 있다. 유대인들은 제1 이사야라고 하는 선지자 한 분만 알고 있다.

> 주 여호와의 영이 내게 내리셨으니 이는 여호와께서 내게 기름을 부으사 가난한 자에게 아름다운 소식을 전하게 하려 하심이라 나를 보내사 마음이 상한 자를 고치며 포로된 자에게 자유를, 갇힌 자에게 놓임을 선포하며(사 61:1).

귀신에 포로된 사람을 해방하신 예수 그리스도는, 가난한 사람들(프롤레타리아)을 해방하기 위하여 모든 브루주아지[64]를 박멸하고 그들의 모든 재산을 빼앗아 하나의 새로운 세계통합적인 프롤레타리아 사회를(유토피아)를 세우려는 무력 혁명군과는 달리, 천지를 창조하시고 지배하시는 하나님이다. 그 하나님만이 착취자들과 혁명가들과 살인자들의 마음을 변화시킬 수 있고 회개하고 하나님의 나라에 들어갈 수 있게 하시는 분이다.

K. 맑스와 F. 엥겔스의 '공산당 선언문'은 공산주의라는 유령(귀신)이 출몰하여 유럽을 배회한다고 선언하고 있으나, 예수께서는 귀신(유령)의 지배를 받고 괴롭힘을 받는 사람을 죄악의 결과와 귀신의 결박으로부터 해방하고 자유로운 사람이 되게 하시는 것이다.

성령을 힘입어 귀신을 쫓아내어 귀신들린 사람이 새사람이 되게 한 사건은 살인적인 전쟁 무기를 통해서가 아니라, 영적 싸움을 통해 이루어진 것이다.

이 사건은 이미 하나님으로부터 오신 왕이 현재적으로 이 땅을 통치하신다는 뜻이다. 예수께서는 당시 율법주의자들(바리새인들)에게 가르치시며,

> 하나님의 나라는 볼 수 있게 임하는 것이 아니요(눅 17:21).

> 또 여기 있다 저기 있다고도 못하리니 하나님의 나라는 너희 안에 있느니라(눅 18:16).

---

64 노동자를 고용하여 이윤을 얻는 계급.

고 가르치시면서, 하나님의 나라는 성령이 성도들 안에 내주하시고 함께 하심으로 이미 이 땅에서 현재적으로 이루어지고 있다는 것을 설명하신 것이다. 성령은 인간처럼 속된 영이 아니라 하나님의 거룩하신 영이고 예수 그리스도의 영이시다.

> 만일 너희 속에 하나님의 영이 거하시면 너희가 육신에 있지 아니하고 영에 있나니 누구든지 그리스도의 영이 없으면 그리스도의 사람이 아니라.예수를 죽은 자 가운데서 살리신 이의 영이 너희 안에 거하시면 그리스도 예수를 죽은 자 가운데서 살리신 이가 너희 안에 거하시는 그의 영으로 말미암아 너희 죽을 몸도 살리시리라(롬 8:9-11).

요한복음 4:24에 "하나님은 영이시니 예배하는 자는 영과 진리로 예배할지니라"라고 하신 말씀대로 하나님은 거룩하신 영이고, 그 영은 아래와 같이 죄 사함을 받은 정결해진 영혼에게 와서 함께 사심으로, 성도들은 영과 진리로 예배드릴 수 있게 되는 것이다.

성경은 성령이 성도들 안에 계시고 성도들과 함께 하시는 사람을 거듭난 사람이라고도 하고, 새사람이라고도 하고, 새로운 피조물이라고도 한다. 기독교에서 새로운 피조물이 되는 때는 이미 이 세상에서 살아 있는 동안에 되는 것이고, 이렇게 변화된 새사람만이 천국에 들어가는 것이다.

> 그런즉 누구든지 그리스도 안에 있으면 새로운 피조물이라 이전 것은 지나갔으니 보라 새것이 되었도다(고후 5:17).

> 너희는 믿음 안에 있는가 너희 자신을 시험하고 너희 자신을 확증하라 예수 그리스도께서 너희 안에 계신 줄을 너희가 스스로 알지 못하느냐 그렇지 않으면 너희는 버림받은 자니라(고후 13:5).

하나님의 거룩하신 영을 받은 성도들은, 영이신 하나님께 영으로 예배하고 또한 진리로 예배하게 되는 것이다.

> 내가 아버지께 구하겠으니 그가 또 다른 보혜사를 너희에게 주사 영원토록 너희와 함께 있게 하리니 그는 진리의 영이라 세상은 능히 그를 받지 못하나니 이는 그를 보지도 못하고 알지도 못함이라 그러나 너희는 그를 아나니 그는 너희와 함께 거하심이요 또 너희 속에 계시겠음이라 내가 너희를 고아와 같이 버려두지 아니하고 너희에게로 오리라 (요 14:16-18).

아래 로마서는 하나님이 사도 바울을 통해서 사형수들이 누구인지를 보여 주고 있다.

> 하나님의 진노가 불의로 진리를 막는 사람들의 모든 경건하지 않음과 불의에 대하여 하늘로부터 나타나나니 …
> 하나님을 알되 하나님을 영화롭게도 아니하며 감사하지도 아니하고 오히려 그 생각이 허망하여지며 미련한 마음이 어두워졌나니 … 썩어지지 아니하는 하나님의 영광을 썩어질 사람과 새와 짐승과 기어다니는 동물 모양의 우상으로 바꾸었느니라…
> 이 때문에 하나님께서 그들을 부끄러운 욕심에 내버려 두셨으니 곧 그들의 여자들도 순리대로 쓸 것을 바꾸어 역리로 쓰며, 그와 같이 남자들도 순리대로 여자 쓰기를 버리고 서로 향하여 음욕이 불 일듯 하매 남자가 남자와 더불어 부끄러운 일을 행하여 그들의 그릇됨에 상당한 보응을 그들 자신이 받았느니라.
> 또한 그들이 마음에 하나님 두기를 싫어하매 하나님께서 그들을 그 상실한 마음대로 내버려 두사 … 모든 불의, 추악, 탐욕, 악의가 가득한 자요, 시기, 살인, 분쟁, 사기, 악독이 가득한 자요 수군수군하는 자요, 비방하는 자요 하나님께서 미워하시는 자요 능욕하는 자요 교만한 자요 자랑하는 자요 악을 도모하는 자요 부모를 거역하는 자요 우매한 자요 배약하는 자요 무정한 자요 무자비한 자라.

> 그들이 이 같은 일을 행하는 자는 사형에 해당한다고 하나님께서 정하심을 알고도 자기들만 행할 뿐 아니라 또한 그런 일을 행하는 자들을 옳다 하느니라(롬 1:18-32)

예수께서는 또한 제자들에게 '종말적인 하나님의 나라'에 관해 말씀하셨다. 그것은 예수께서 수난을 당할 것과 사흘 만에 부활하실 것과 이 땅에 다시 오실 것을 예언하셨다. 이것이 제자들의 질문인 '종말적인 하나님의 나라'에 관한 설명이다. 이때 재림하시는 예수 그리스도는 수난당하는 속죄양이 아니라, 이 세상 모든 살아 있는 자와 죽은 자를 심판하시는 심판자이다. 이 세상을 심판하시는 분은 하나님의 아들 예수 그리스도이다.[65]

그런데 왜 하나님 아버지가 심판권을 아들에게 다 맡기셨는지에 관해 성경은 설명하고 있다(요 5:21-27). 세상 모든 사람이 죄를 짊어지고 사형수로 돌아가셨던 예수님은 본래 죄가 없으심으로 부활하신 분이다(요 16;10; 행 7:52; 고후 5:21; 약 5;6; 벧전 2:22). 그러나 종말에는 모든 인간도 부활한다는 사실을 알리신 것이다(고전 15:22f; 살전 4:16). 그때의 부활은 두 종류인데, 그것은 생명의 부활과 심판의 부활이다.

> 아버지께서 아무도 심판하지 아니하시고 심판을 다 아들에게 맡기셨으니, 이는 모든 사람으로 아버지를 공경하는 것 같이 아들을 공경하게 하려 하심이라 … (요 1:22f.).

> 죽은 자들이 하나님의 아들의 음성을 들을 때가 오나니 곧 이 때라. 듣는 자는 살아나리라. 아버지께서… 또 인자됨으로 말미암아 심판하는 권한을 주셨느니라(요 1:27).

65　하나님은 아버지와 아들과 성령이라는 세 위 격의 동일본질이시면서 공동체적 본질을 가지고 계시는 분이다. 그러므로 모든 피조물은 하나님이신 성부와 성자와 성령께만 예배와 경배를 드려야 하고, 하나님은 어떤 다른 천사나 인간이나 생물이나 무생물을 포함한 모든 피조물은 숭배하지 말도록 명하셨다.

> … 무덤 속에 있는 자가 다 그의 음성을 들을 때가 오나니, 선한 일을 행한 자는 생명의 부활로, 악한 일을 행한 자는 심판의 부활로 나오리라(요 1:28-29).

위의 말씀에서 우리는 기독교 종말론에서 세상 끝에 일어나는 독특한 사건 두 가지를 볼 수 있다. 하나는 세상 끝날 심판자는 하나님의 아들 예수님이라는 것과 다른 하나는 예수님처럼 모든 사람이 부활하는 것이다.

전자는 세상 끝날에 재림하실 예수께서 모든 인류를 심판하는 권세는 인류의 죄악을 대속하기 위해서 십자가의 고난을 당하셨기 때문에 받는 보상이다.

후자는 하나님이 창조하셨던 인간들이, 영혼만이 아니라 몸도 부활하여 예수님의 심판을 받게 된다는 사실이다. 선한 일을 행한 자들의 부활은 생명의 부활로, 악한 일을 행한 사람은 심판의 부활로 다시 일어나 심판자이신 예수 그리스도 앞으로 나아가야 한다는 말씀이다.

우리는 이 하나님의 말씀에서 생명의 부활이 무슨 뜻인지, 심판의 부활이 무슨 뜻인지를 알아야 한다. 종말에 모든 사람은 부활한다. 그리고 영원히 살게 된다. 그러나 그 살아난 사람들이 모두 하나님의 나라에 들어가는 것은 아니다.

인류의 일부는 생명의 부활을 얻고, 일부는 심판의 부활을 얻는다는 것이 무슨 뜻일가?

요한계시록에는 심판의 부활을 아래와 같이 설명하고 있다. 인간의 모든 행위는 하나님의 책들에 기록되어 있고, 그 부활한 모든 사람은 각인의 행위가 기록되어 있는 그대로 하나님의 심판을 받게 되는 것이다.

> 또 내가 크고 흰 보좌와 그 위에 앉으신 이를 보니 땅과 하늘이 그 앞에서 피하여 간데 없더라 또 내가 보니 죽은 자들이 큰 자나 작은 자나 그 보좌 앞에 서 있는데 책들이 펴 있고 또 다른 책이 펴졌으니 곧 생명책이라 죽은 자들이 자기 행위를 따라 책들에 기록

> 된 대로 심판을 받으니 바다가 그 가운데에서 죽은 자들을 내주고 또 사망과 음부도 그 가운데에서 죽은 자들을 내주매 각 사람이 자기의 행위대로 심판을 받고 사망과 음부도 불못에 던져지니 이것은 둘째 사망 곧 불 못이라 누구든지 생명책에 기록되지 못한 자는 불 못에 던져지더라 (계 20:11-15).

위의 성경적 진술은 하나님을 떠나 자기가 하나님의 자리에 앉아 스스로 유토피아를 세우겠다는 무신론적이고 인본주의적인 통치자와 그 마지막에 당할 하나님의 심판에 관한 예언이다.

하나님이 계시하신 새로운 창조물은 성경에서 새 하늘과 새 땅이라고 한다. 요한계시록은 새 하늘과 새 땅에 관해서 이렇게 설명하고 있다.

> 또 내가 새 하늘과 새 땅을 보니 처음 하늘과 처음 땅이 없어졌고 바다도 다시 있지 않더라 또 내가 보매 거룩한 성 새 예루살렘이 하나님께로부터 하늘에서 내려오니 그 준비한 것이 신부가 남편을 위하여 단장한 것 같더라 내가 들으니 보좌에서 큰 음성이 나서 이르되 보라 하나님의 장막이 사람들과 함께 있으매 하나님이 그들과 함께 계시리니 그들은 하나님의 백성이 되고 하나님은 친히 그들과 함께 계셔서 모든 눈물을 그 눈에서 닦아 주시니 다시는 사망이 없고 애통하는 것이나 곡하는 것이나 아픈 것이 다시 있지 아니하리니 처음 것들이 다 지나갔음이러라 (계 21:1-5).

2000년 전에 임하신 예수님이 대속자로 오셔서 고난을 받고 사형수로 죽으신 것은, 하나님이 우리를 사형죄에서 해방해 주시기 위함이었다.

그러면 하나님의 나라에 들어가기 위해 물과 성령으로 거듭나야 한다는 뜻이 무엇인지 모든 구도자들은 알아야 한다. 성경은 아주 자세하게 구원의 길을 알려 주시고 있다. 물은 세례의 뜻이고, 세례는 옛사람이며 죄인이었던 사람이 예수 그리스도의 대속적인 죽음과 함께 십자가에 못 박혀 죽었음을 인정하는 것이다 (롬 6:11).

> 이와 같이 너희도 너희 자신을 죄에 대하여는 죽은 자요, 그리스도 예수 안에서 하나님께 대하여는 살아 있는 자로 여길지어다(롬 6:11).

예수께서 죗값인 사망을 죄인 대신 받아 주셨음으로, 그 죄인은 이 세상 법적 사형수가 보속을 받는 것 같이, 죄로 인해 정죄함을 받지 않는 것이다. 그는 예수께서 정죄 받으심으로 인해 죄로부터 해방되고, 죗값인 사망으로부터 해방되고, 예수께서는 하나님의 심판을 받아 죽기까지 하심으로 믿는자는 하나님의 심판에서 해방됨으로, 과거의 죄악과 불신앙에서 돌이켜, 말로 할 수 없는 감사와 찬양으로 하나님께 드리며 돌아옴을 의미한다. 이렇게 방향을 바꾸어 하나님께 돌아오는 것을 회개라고 한다.

그러면 구원을 받고 하나님의 나라에 들어갈 수 있는 사람들은 누구일까?

성경은 위와 같은 구원 얻는 방법을 아래와 같이 자세하게 가르쳐 주고 있다.

> 그러므로 우리가 그의 죽으심과 합하여 세례를 받음으로 그와 함께 장사되었나니 …우리로 또한 새 생명 가운데서 행하게 하려 함이라(롬 6:4).

> 우리가 알거니와 우리의 옛사람이 예수와 함께 십자가에 못 밖힌 것은 죄의 몸이 죽어 다시는 우리가 죄에게 종노릇하지 아니하려 함이니 이는 죽은 자가 죄에서 벗어나 의롭다 함을 얻었음이라(롬 6:6f.)

그러나 이렇게 다 했어도 구원의 완성은 아니다. 그다음에는 하나님이 구약과 예수님이 약속하셨던 대로, 죄인이 회개하고 하나님께로 돌아올 때 하나님께서는 그 즉시 그에게 하나님 지신의 영인 성령을 부어 주신다.

> 베드로가 이르되 너희가 회개하여 각각 예수 그리스도의 이름으로 세례를 받고 죄 사함을 받으라 그리하면 성령의 선물을 받으리니 이 약속은 너희와 너희 자녀와 모든 먼데 사람 곧 하나님이 얼마든지 부르시는 자들에게 하신 것이라 (행 2:38f.).

하나님은 이렇게 성령을 받은 사람을 성령으로 거듭난 사람, 새사람, 새로운 피조물이라고 하며, 그는 하나님의 나라에 들어가게 되는 사람이다 (요 3:5; 고후 5:17).

> 내가 아버지께 구하겠으니 그가 또 다른 보혜사를 너희에게 주사 영원토록 너희와 함께 있게 하리니 그는 진리의 영이라 세상은 능히 그를 받지 못하나니 이는 그를 보지도 못하고 알지도 못함이라 그러나 너희는 그를 아나니 그는 너희와 함께 거하심이요 또 너희 속에 계시겠음이라 (요 14:16).

하심과 같이 성령을 받은 사람은 하나님이 함께하는 사람이고, 하나님이 함께하지 않는 사람은 성령을 받지 못한 사람이다. 성령(聖靈)은 하나님의 영이고 동시에 예수 그리스도의 영이다. 그러므로 우리 안에 성령이 계신 것은 그리스도가 계신 것이고 동시에 하나님이 계신 것이다.

> 너희는 믿음이 안에 있는가 너희 자신을 시험하고 너희 자신을 확증하라 예수 그리스도께서 너희 안에 계신줄을 너희가 스스로 알지 못하느냐 그렇지 않으면 너희는 버림받은 자니라 (고후 13:5).

성경은 인간이 천국(유토피아)을 만드는 것이 아니라, 우리를 창조하신 하나님이 우리가 있을 곳을 예비하시고 먼저 새사람이 되게 하여, 그들을 위해 하나님이 만드신 새 하늘과 새 땅에 들어가게 하시는 것이다. 새 하늘과 새 땅에는 죄를 사함받고, 성령을 받아 거듭난 사람이 들어가는 곳이다. 성경은 물과 성령으로 거듭난 사람 또는 새사람은 이 땅에서 이미 만들어진다는 것을 가르친다(요 3:5). 사실로 우주의 창조자이고 역사의 주인이신 하나님의 사랑과 예언의 말씀은 하나도 변함이 없이 이루어졌으며, 2000년간의 기독교 역사 속에서 사실로 이루어지고 있음이 체험되고 있는 것이다.

그리스도인들에게 현재하고 있는 하나님 나라에 대한 믿음은 대속함을 받은 자들에게 약속대로 하나님이 부어주신 성령이 임함을 체험적으로 알 수 있다. 성령은 우리에게 믿음을 주시고 우리를 '새사람'이 되게 하시는 것이다. 예수 그리스도는 우리에게 '새사람'이 되지 못하면 (거듭나지 아니하면) 하나님의 나라에 들어가지 못한다고 분명하게 가르치셨고, 또 "사람이 물과 성령으로 나지 아니하면 하나님의 나라에 들어갈 수 없다"고 가르치셨다(요 3:3-5).

우리가 종말적으로 하나님의 나라에 들어갈 수 있는 자격은 오직 하나님이 친히 우리에게 천국에 들어갈 수 있는 길을 마련해 주셨기 때문이다. 그 길은 **죄와 허물을 용납하시지 않는** 하나님께서 자신의 아들 독생자 예수 그리스도를 이 땅에 보내 주셔서 우리의 죄악을 대신하여 그를 가장 무서운 사형죄로 집행하시고, 십자가에서 대속의 죽음을 당하게 하셨시 때문에, 예수 그리스도만이 우리가 구원을 얻을 유일한 길이요 진리요 생명이심을 믿는 믿음 뿐이다(요 14:6; 행 4:12).

우리는 하늘나라에 들어가기 위하여 무엇이든 우리 손으로 이 땅에 건설할 수도 없고, 건설할 이유도 없다. 오직 하나님이 크신 사랑과 은혜로 부어주신 구원의 길을 받아들이고 아래와 같은 말씀대로 예수 그리스도를 영접하는 것이다.

> 영접하는 자 곧 그 이름을 믿는 자들에게는 하나님의 자녀가 되는 권세를 주셨으니 (요 1:12).

> 너희는 다시 무서워하는 종의 영을 받지 아니하고 양자의 영을 받았으므로 우리가 아빠 아버지라고 부르짖느니라(요 8:15).
>
> 그 때에 너희는 그 가운데서 행하여 이 세상 풍조를 따르고 공중의 권세 잡은 자를 따랐으니 곧 지금 불순종의 아들들 가운데서 역사하는 영이라 전에는 우리도 다 그 가운데서 우리 육체의 욕심을 따라 지내며 육체와 마음의 원하는 것을 하여 다른 이들과 같이 본질상 진노의 자녀이었더니 … 너희는 그 은혜에 의하여 믿음으로 말미암아 구원을 받았으니 이것은 너희에게서 난 것이 아니요 하나님의 선물이라(엡 2:2-8).

하나님의 구원은 학식이나 명성이나 업적이나 지위와는 아무 상관이 없다. 하나님께서는 오직 죄 문제에 대하여 심판하시는 것이다. 그런데 우리 인간은 죄를 저지를 수는 있지만 스스로 죄를 도말할 수가 없다는 것이다. 그리고 온 인류는 죄를 지었다는 사실이다.

가장 큰 문제는 죄를 죄로 여기지 않도록 죄의식을 도말하는 무정부주의자 또는 무법주의자나 무신론 맑스주의 이데올로기에 있다. 하나님이 주신 모든 윤리를 '가부장적' 억압이라고 거부하는 위의 이데올로기주의자들은 죄의식이 죽어 있다.

하나님은 짐승들을 심판하지 않는다. 그들에게는 양심의 가책이나 율법을 주시지 않았기 때문이다. 그러나 동성애, 항문성교, 성전환은 짐승들도 범하지 않는데 오직 인간들만 범하는 죄악이고, 항상 죄를 범하면서도 양심이 파괴되어 죄의식이 없는 것이다. 그러니 어떻게 회개를 할 수 있겠는가.

심판은 준법자가 하는 것이 아니라 입법자가 하는 것이다. 죄는 입법자이신 하나님이 심판하시는 것이다. 하나님은 인간에게 양심을 만들어 주셨고, 율법을 계시해 주셨다. 그러므로 모든 준법자들의 타협이나 핑계는 하나님께 통하지 않는다.

하나님의 나라에 들어가려면 예수 그리스도의 대속의 죽음으로 말미암아 모든 죄를 깨끗하게 용서받고, 하나님으로부터 무죄 판결을 받아야 한다. 요한계시록 7:13-17에 우리를 위한 예수 그리스도에 희생으로 말미암아 구원을 받고 하나님 나라에 들어간 영혼들이 무엇을 하는가를 기록해 놓았다.

> 장로 중 하나가 응답하여 나에게 이르되 이 흰옷 입은 자들이 누구며 또 어디서 왔느냐? 내 주여 당신이 아시나이다 하니, 그가 나에게 이르되 이는 큰 환란에서 나오는 자들인데 어린양의 피에 그 옷을 씻어 희게 하였느니라 그러므로 그들이 하나님의 보좌 앞에 있고 또 그의 성전에서 밤낮 하나님을 섬기매, 보좌에 앉으신 이가 그들 위에 장막을 치시리니, 그들이 다시는 주리지도 아니하며 목마르지도 아니하고 해나 아무 뜨거운 기운에 상하지도 아니하리니, 이는 보좌 가운데서 계신 어린양이 그들의 목자가 되사 생명수 샘으로 인도하시고 하나님께서 그들의 눈에서 모든 눈물을 씻어주실 것임이라(계 7:13-17).

7. 결론

성경적인 종말관은 예언적인 종말 전 역사를 포함한다. "여호와께서는 자기의 비밀을 그 종 선지자들에게 보이지 아니하고는 결코 행하심이 없으시리라"(암 3:7)는 말씀대로 성경적 역사는 하나님의 언약과 성취라는 틀을 두고 진행되고 있다.

예수님의 제자들은 다른 유대인들과 마찬가지로 로마의 통치로부터 해방되기를 소원하고 있었다. 그러므로 그들은 예수께 정치적인 뜻으로 주의 재림과 세상 끝에 무슨 징조가 있겠는가를 물어보았고, 예수님은 영적인 역사에 관해서 설명하셨다.

예수님의 종말론은 종말 전 역사로부터 시작된다. 예수 그리스도의 이름으로 오는 거짓 그리스도의 임함과 전쟁과 기근 지진과 같은 자연재해들과 큰 환난이 있을 것이며, 그리스도인들은 미움과 핍박의 대상이 되지만, 온 세상에 복음이 전파된다는 말씀으로 대답을 하셨다.

특히, 거짓 그리스도들과 거짓 선지자들이 기적을 행하면서 성도들을 미혹할 것을 미리 말씀하셨다. 그 후 최종적으로 심판자이신 예수 그리스도께서 홀연히 재림하심으로 이 땅의 종말이 이루어지며 (마 24:3-42) 예수 그리스도의 심판에 의해서 영생을 얻는 자들과 영벌을 받는 자들로 나누어질 것을 성경은 말씀하고 있다.

21세기 교회는 포스트모던적 해체주의와 병행하여 유토피아주의와 혼합된 혼합주의의 왕국으로 변해하고 있다. 그러므로 점차 진리가 혼미하게 되어, 복음을 믿고 회개하여 창조주 하나님께로 돌아오게 하는 선교 대신, 인본주의와 혼합된 신학들과 무신론적 맑스주의 이데올로기가 손을 잡고 인간의 힘으로 유토피아 왕국을 세우는 유토피아운동에 동참하게 된다.

동시에 창세기 3:5의 꿈이 실현되고 하나님의 보좌를 정복하려는 데살로니가후서 2:5-8의 종말적 배도기를 맞이하게 될 것이다. 회개도 하지 않고 주께로 돌아오지도 않는 교회와 세계는 서로 닮아 가고 함께 손을 잡을 것이다. 그러나 현실적으로는 평화 공동체가 실현되는 대신 전쟁과 재앙이 더해 가고, 무신론적 이데올로기와 기독교 세속주의가 함께 온 세계에 사랑의 복음을 가져다주는 선교사들 핍박에 동참할 것이다.

예수께서는 이때에 회개와 개종을 요청하는 복음주의적 선교사들이 이러한 혼합주의적 다수에 의해 지구촌 공동체의 평화를 깨뜨리는 죄인으로 낙인찍혀 핍박을 받는 시대가 다가올 것을 예언하신 것이다.

독일의 복음주의 선교신학자 페터 바이어하우스(P. Beyerhaus)는 에큐메니칼 선교관이 하나님 중심에서 인간 중심 사상으로 변한 것과 하나님을 바라보는 대신 인간만을 바라보는 것과 하나님 찬양 없는 이웃 사랑, 인간 스스로가 구원을 실현하려는 왜곡된 신념을 시정하기바라면서, 하나님을 찬양함은 우리에게 주신 그 크신 구원을 근거로 하고 있음이라고 고백하였다.[66]

21세기 교회 내부의 혼합주의 이단 사상은 예수 그리스도의 신성을 거부하여 전통적인 기독론에 치명적인 손상을 가져올 것이며, 그것을 위해 성령론을 먼저 파괴할 것이다. 이미 20세기 말기 캔버라 총회에서 시작된 바와 같이 우주 창조주의 영은 인간의 "영성"이라는 혼합적 개념에 흡수되어 한편으로 마술, 강신술, 비인격인 기(氣), 여신, 모신(母神), 세계 영 등과 혼용하여 사용하기 시작하였다.

종교혼합주의 운동은 종교와 문화를 통일한 세계통합공동체와 단일종교를 만들어가는 전주곡이다. 이 야망은 그리스도의 재림을 앞두고 마침내 교회 중심부에서 실현하게 되는 것이다(살후 2:1-8).

> 형제들아 우리가 너희에게 구하는 것은 우리 주 예수 그리스도의 강림하심과 우리가 그 앞에 모임에 관하여 영으로나 또는 말로나 또는 우리에게서 받았다 하는 편지로나 주의 날이 이르렀다고 해서 쉽게 마음이 흔들리거나 두려워하거나 하지 말아야 한다는 것이라 누가 어떻게 하여도 너희가 미혹되지 말라 먼저 배교하는 일이 있고 저 불법의 사람 곧 멸망의 아들이 나타나기 전에는 그날이 이르지 아니하리니 그는 대적하는 자라 신이라고 불리는 모든 것과 숭배함을 받는 것에 대항하여 그 위에 자기를 높이고 하나님의 성전에 앉아 자기를 하나님이라고 내세우느니라 내가 너희와 함께 있을 때에 이 일을 너희에게 말한 것을 기억하지 못하느냐 너희는 지금 그로 하여금 그의 때에 나타나게 하려

---

66 Beyerhaus, P., *Humanisierung*, Bad Liebenzel,l 1980, 60-63. 1968년 제 4차 WCC 웁살라 대회가 끝나자 1969년에 『인간화』라는 책을 출판하여 WCC의 선교개념 변동으로 일어난 선교의 이유와 목적의 혼돈에 대해서 선교학적으로 규명하였다. 이것이 1970년에 발표된 '프랑크푸르트 선언문'(Frankfurter Erklärung)의 기초가 된 것이다.

하여 막는 것이 있는 것을 아나니 불법의 비밀이 이미 활동하였으나 지금은 그것을 막는 자가 있어 그중에서 옮겨질 때까지 하리라 그 때에 불법한 자가 나타나리니 주 예수께서 그 입의 기운으로 그를 죽이시고 강림하여 나타나심으로 폐하시리라(살후 2:1-8).

이때를 예감하고 선언한 로잔 복음주의 언약문은 복음을 믿고 그리스도를 사랑하는 우리 복음주의자들의 사명감을 일깨우고 있다.

이 언약은 1974년 7월 16일부터 25일까지 스위스 로잔에서 모였던 세계 복음화 국제대회의 대표 3,700여 명(150여 국가로부터 모였음)이 합의하고 서명한 것이다. 이 글의 초안은 세계적인 복음주의자 존 스토트(John Stott)가 작성하였다. 그 머리말은 아래와 같다.

로잔에서 열린 세계 복음화 국제 대회에 참가하기 위하여 150여 개 나라에서 온 예수 그리스도의 교회의 지체인 우리는 그 크신 구원을 주신 하나님을 찬양하며, 하나님께서 우리로 하나님과 교제하게 하시며 우리 상호 간에 교제하게 하심을 기뻐한다. 우리는 하나님께서 우리 시대에 행하시는 일에 깊은 감동을 받으며 우리의 실패를 통회하고 아직 미완성으로 남아 있는 복음화 사역에 도전을 받는다. 우리는 복음이 온 세계를 위한 하나님의 좋은 소식임을 믿으며 이 복음을 온 인류에 선포하여 모든 민족으로 제자 삼으라 분부하신 그리스도의 명령에 순종할 것을 그의 은혜로 결심한다. 그러므로 우리는 이 신앙과 그 결단을 확인하고 이 언약을 공포하려 한다.

결국 자유주의 이념과 혼합주의를 수용할 수 없는 로잔 운동은 기독교인의 사회적 책임을 중시하면서도 땅끝까지 복음을 전달해 줌으로써 세계 복음화의 사명을 수행할 것을 더욱 크게 각성하게 된 것이다.

'로잔 언약'은 온 교회가 온전한 복음을 온 세계에 전파한다는 세계 복음화라는 포괄성을 선교목표로 알고 있다. 필히 예수 그리스도를 믿고 영접한 믿음에 의해서만 구원을 받는다는 전제가 확고하기 때문이다(요 1:12).

WCC의 세계 연합적 포괄주의는 로잔운동과 같이 믿음을 바탕으로 하고 있지 않다는 점이 다른 것이다. 로마서 3:19-22은 온 세상이 하나님의 심판 아래 있다고 선언하며 예수 그리스도를 믿는 믿음으로만 하나님의 의를 얻게 됨을 명시하고 있다. 로잔 언약은 WCC의 비복음적인 세계 연합 운동의 신학적 문제점을 지적하고 모든 잃은 영혼들을 구원하기를 소원하여 세계복음화를 촉구하며, 어떤 환경에서라도 세계 복음화를 실행해야 할 의무를 천명하는 것이다.

Lausanne 참가자들은 성령의 감동으로 기록된 하나님의 말씀인 성경에 충실하고, 복음전도와 구원과 회심에 대해 성경적 견해를 고수해야 한다고 고백하였다.[67] 그러므로 모든 족속, 온 인류, 모든 피조물이라는 총체를 인류연합 그 자체를 위한 목적으로 삼고 있는 WCC의 목표와는 달리, 로잔 언약은 모든 족속과 온 인류는 모든 영혼들의 구원을 위한 복음 전달 대상임을 명백히 표명하고 있다.

우리는 이 땅에 인간 자신이 세우는 세속주의 무신론자들의 유토피아가 아니라, 종말적인 계획을 가지고 우리를 위하여 이루어 주시는 하나님의 나라를 증거하고 있다. 로잔 언약은 예수 그리스도의 재림과 하나님의 심판에 관한 마지막 사건에 대하여 다음과 같이 고백한다.

> 우리는 예수 그리스도께서 친히 권능과 영광중에 인격적으로 그리고 눈으로 볼 수 있도록 재림하시어 그의 구원과 심판을 완성시킬 것을 믿는다. 이

---

67 A. 존스톤, "로잔 세계복음화 선교대회", 『에큐메닉스』, 한국복음주의 선교학회 편역, 성광문화사 1988, 283.

재림의 약속은 우리의 전도를 가속화시킨다. 이는 먼저 복음이 모든 민족에게 전파되어야 한다고 하신 그의 말씀을 우리가 기억하기 때문이다. 그리스도의 승천과 재림 사이의 중간 기간은 하나님의 백성의 선교 사역으로 채워져야 한다고 우리는 믿는다. 그러므로 종말이 오기 전에는 우리에게 이 일을 멈출 자유가 없다.

우리는 또한 마지막 적그리스도의 선행자로서 거짓 그리스도들과 거짓 선지자들이 일어나리라는 그의 경고를 기억한다. 그러므로 우리는 인간이 땅 위에 유토피아를 건설할 수 있다는 생각은 오만한 자기 확신의 환상으로 간주하여 이를 거부한다.

우리 그리스도인들은 하나님께서 그의 나라를 완성하실 것이요, 우리는 그 날을 간절히 사모하며 또 의가 거하고 하나님께서 영원히 통치하실 새 하늘과 새 땅을 간절히 고대하고 있음을 확신한다. 그때까지 우리는 우리의 삶 전체를 지배하시는 그의 권위에 기꺼이 순종함으로 그리스도를 섬기고 사람에게 봉사하는 일에 우리 자신을 재 헌신한다.

- 로잔 언약 제15항 -

참고 문헌

Ökumene Lexikon, Frankfurt 1983, 741-744. Greinacher, N., *Konflikt um die Theologie der Befreihung*, Zürich 1985.

Bayerhaus, P., *Ausbruch der Armen*, Bad Liebenzel 1981.

Beyerhaus, P., *Bangkok '73. Anfang oder Ende der Weltmission?*, Neuhausen, 1973.

Beyerhaus, P., *Humanisierung*, Bad Liebenzel,l 1980.

Bericht aus Nairobi '75, hg. v. H. Krüger u. Müller Römheld, Frankfurt 1976.

Bonino, J. M., *Theologie in Konfliket der Befreihung*, Göttingen 1977.

Chilling, W., Das Rätsel der ökumenischen Mao-Begeisterung, in : *Reich Gottes oder Weltgemeinschaft?* Bad Lidbenzell 1975.

Comblin, J., Theologie der Befreihung in Latenamerika, in : *Lateinamerika, Bd, 2.* hg. v. H.

J. Prien.

Feil, F/ Weth, R.(Hg.), *Diskussion zur "Theologie der Revolution"*, München, 292-96.

Frieling, R., *Befreihungstheologien,* Göttingen 1984.

Gutierrez, G., *Theologie der Befreihung*, München 1986.

Hoekendijk, J. C., Bemerkungen zur Bedeutung von Mission, in; *Mission als Strukturprinzip,* Genf 1965.

Hoffmann, M., "die Auflösung der Geschlechter Ordnung und die Gender-Ideologie", *diakrisis Schüpfungsordnung und Gender-Ideologie*, 29.Jg. Juni 2008.

Hollenweger, W. J., *Christus intra et extra muros ecclesiae,* Genf 1965, 54-57.

Lehmann-Habeck, M., *Dein Reich Komme,* Frankfurt 1980,

Margull, H. J., Gemeinde für andere, in ; *Mission als Strukturprinzip*, Genf 1965.

Potter, Ph. *Das Heil der Welt heute,* Stuttgart, 1973.

Prien, H. J., *Lateinamerika Bd 2,* Göttingen, 1981.

Wiedenmann, L. (Hg.), *Herausgefordert durch die Armen*, Freiburg 1983.

고영민 편저, 『성서원어대사전』, 기독교문사. 1973, 389.

레훼버, E. W., 『암스텔담에서 나이로비까지』, 전호진 역, 한국기독교교육연구원 1981, 100-107.

만하임, K. 『이데올로기와 유토피아』, *Ideologie und Utopie,* (1929), 황성근 역, 삼성출판사, 1976.

『세계를 위한 교회』, 세계교회 협의회 편, 박근원 역, 대한 기독교 출판사 1991, 27.

존스톤, A., 로잔 세계복음화 선교대회, 『에큐메닉스』, 한국복음주의 선교학회 편역, 성광문화사 1988.

호켄다익 J. C., 『흩어지는 교회』, 이계준 역, 대한기독교서회 1988, 92.

http://blog.daum.net/dfgiyo/6087585

http://cafe.daum.net/aspire7/9zAE/2000?q=WCC%20%EC%9D%B8%EA%B5%AC

https://100.daum.net/encyclopedia/view/b07m1468a

https://ko.wikipedia.org/wiki/%ED%86%A0%EB%A7%88%EC%8A%A4_%EB%AE%8C%EC %B2%98

https://blog.naver.com/carlo8435/221938120021

https://ko.wikipedia.org/wiki/%ED%86%A0%EB%A7%88%EC%8A%A4_%EB%AE%

8C%EC%B2%98
https://blog.naver.com/ceb4747/221483748885
http://blog.daum.net/skxogkswhl/17962353
http://blog.daum.net/dfgiyo/6087585